KB170547

한 반 도
스케치北

한반도 스케치北

초판 1쇄 인쇄 2021년 2월 20일
초판 2쇄 발행 2021년 9월 1일

공 저 정일영 정대진 강우철 김 혁 노현종 윤세라 윤인주
 이혜란 정유석 조진희 최순미 황소희 황주희

발행인 이세경
발행처 책마루
주 소 서울 금천구 벚꽃로 18길 36(독산동 1002) 806호.
전 화 02-445-9513
팩 스 070-7610-2728
이메일 book@bookmaru.org
웹 www.bookmaru.org
디자인 캠프커뮤니케이션즈

ISBN 978-89-98553-15-9 93340

• 한반도데스크는 통일과 평화를 논하는 책마루의 임프린트입니다.
• 잘못된 책은 구입한 서점에서 바꿔 드립니다.
• 이 책에 실린 모든 내용, 디자인, 편집 구성의 저작권은 책마루와 저자에게 있습니다. 허락 없이 복제하거
 나 다른 매체에 옮겨 실을 수 없습니다.

한 반 도
스케치北

정일영
정대진
강우철
김 혁
노현종
윤세라
윤인주
이혜란
정유석
조진희
최순미
황소희
황주희

공저

한 학기, 한눈에 보는 북한·통일·평화 길라잡이!

한반도데스크

1강

북한 이해를
위한 첫걸음

학습 목표

❶ 북한이 갖는 다중적 성격에 대해 이해

❷ 북한을 이해하는 데 제기되는 어려움은 무엇인지 조사

❸ 북한 이해의 어려움을 해결하기 위한 방법은 무엇인지 토론

열쇠말

다중성, 현지방문, 자료부족, 남남갈등, 북한정보

북한의 다중성

북한은 우리에게 어떤 존재인가?

북한, '조선민주주의인민공화국'은 한국전쟁에서 대결했던 적이자, 분단된 민족의 반쪽이며, 우리가 꿈꾸는 통일의 대상이다. 남북은 휴전선으로 나뉘어 있지만, 북한이란 존재는 수많은 뉴스로, 정치적 논쟁으로, 술자리의 이야깃 거리로 우리의 일상 속에 살아 숨 쉬고 있다.

북한이란 대상은 하나이지만 우리 사회의 곳곳에서 회자되며 살아 숨 쉰 다. 북한은 우리 국민의 수 만큼이나 많은 듯하다. 그만큼 북한은 우리에게 다 중적인 대상이다. 북한은 대한민국의 정치, 사회, 경제 속에서 분리할 수 없는 변수로 영향을 미쳐왔다.

다음의 조사는 북한에 대한 우리 국민의 인식을 나타내고 있다.

우리 국민들은 북한을, '우리의 안전을 위협하는 대상'(78.4%)이자, '우리 가 경계해야 할 대상'(70.2%)인 동시에, '우리가 힘을 합쳐 협력해야 할 대 상'(77.6%)이자, '궁극적으로 통일의 대상'(76.3%)으로 인식하고 있다.

우리 국민의 대북 인식은 이와 같이 다양한 인식이 중첩되어 나타나는 경 우가 많다. 북한은 그만큼 우리에게 애증의 대상이라 할 수 있다. 사이좋게 지

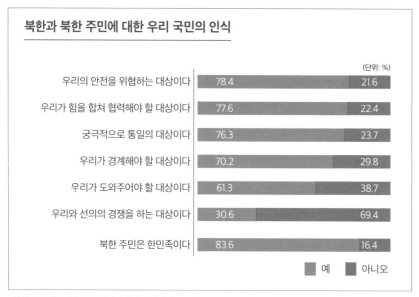

북한과 북한 주민에 대한 우리 국민의 인식

(단위: %)

	예	아니오
우리의 안전을 위협하는 대상이다	78.4	21.6
우리가 힘을 합쳐 협력해야 할 대상이다	77.6	22.4
궁극적으로 통일의 대상이다	76.3	23.7
우리가 경계해야 할 대상이다	70.2	29.8
우리가 도와주어야 할 대상이다	61.3	38.7
우리와 선의의 경쟁을 하는 대상이다	30.6	69.4
북한 주민은 한민족이다	83.6	16.4

* 출처: 문화체육관광부, 『북한관계에 대한 인식 여론조사』(2018)

내야 하지만 얄밉고, 가끔 우리에게 위협적인 존재가 되지만 또한 통일의 대상이기 때문이다.

북한의 다중적인 성격은 사안에 따라 북한을 자의적으로 해석하고 이해하는 오류를 발생시켰다. 북한에 대한 이슈가 발생할 경우, 사실관계를 제대로 파악하지 않고 개인이 갖고 있는 북한에 대한 인식에 의존해 북한을 이해하고 규정하는 경우가 종종 발생하게 된다.

북한이란 존재가 우리 국민에게 다중적인 대상으로 인식되는 것은 그들의 존재를 부정할 수 없고, 또한 함께 살아갈 수밖에 없는 대상이기 때문이다. 결국, 북한은 대한민국을 살아가는 우리에게 위기 요인이자, 기회 요인이다. 이런 이유로 북한을 제대로 이해하는 것은 우리의 삶, 그리고 대한민국의 미래와 연결될 수밖에 없다. 북한에 대한 연구 또한 한반도가 분단된 시간만큼이나 줄기차게 진행되어 왔다. 그러나 북한을 제대로 이해하는 것은 생각보다 쉽지 않다.

북한을 이해하기 어려운 이유는 무엇일까?

판문점의 남과 북

북한 이해의
어려움

북한은 우리와 가장 가까운 곳에 있는 듯하지만 미지의 세계와 같이 가려져 있다. 북한은 우리 사회에서 가장 관심 있게 다루어지는 주제이자, 가장 어려운 연구 대상 중 하나이다. 북한을 이해하는 데 제기되는 어려움은 크게 세 가지로 나누어 설명할 수 있다.

첫째, 북한은 우리 국민이 자유롭게 방문하지 못하는 장소이다. 어떤 대상을 이해하기 위해서는 직접 방문하고 조사하는 것이 가장 좋은 방법일 것이다. 그러나 북한은 여행 목적의 방문을 제외하면, 외부로부터의 접근을 철저히 차단하고 있다. 특히 한국 국민의 북한 방문은 여타 국가보다 더욱 제한되어 있다. 우리는 북한에 대한 궁금증을 직접 방문해 해결하지 못하고 우회적인 간접 체험을 통해 극복해야 하는 어려운 문제를 해결해야 한다.

둘째, 북한 이해의 어려움은 정보의 부족과 정보 왜곡의 가능성으로 가중된다. 북한의 자료는 철저히 국가(당)의 통제하에 작성되고 있다. 북한 당국이 공개하지 않는 이상 외부에서 중요한 자료나 통계를 얻기란 쉽지 않다. 또한, 공개된 자료라 하더라도 통계를 조작하거나 과거의 역사적 사건을 왜곡하는 문제, 즉 자료의 오염이 의심되는 경우가 많다.

금수산기념궁전

셋째, 북한 문제에 따른 사회적 갈등, 즉 남남갈등은 북한 연구를 위축시키거나 제한하는 결과를 가져온다. 합리적 의심이나 논리적 분석의 결과라 하더라도, 정치적 지향에 따라 연구자의 연구결과를 특정한 정치적 의도로 왜곡하는 문제가 발생하는 것이다. 이런 연구환경에서 연구자는 종종 자기검열을 통해 분석결과를 보수적으로 평가하게 된다.

이와 같은 북한 이해의 어려움은 우리의 시야를 가리고, 하나의 현상에 대한 서로 다른 결론에 다다르게 한다. 그렇다면 북한을 좀 더 객관적으로, 사실에 가깝게 이해하는 방법은 무엇일까?

03

How to solve

북한을 이해하는 데 있어 제기되는 문제들에도 불구하고 북한에 대한 분석은 멈출 수 없다. 북한은 우리에게 가장 중요한 연구주제이며 앞으로 그 중요성은 더욱 커질 가능성이 높다.

그렇다면 북한 연구에서 제기되는 문제들을 극복하기 위해 어떤 노력이 필요할까?

첫째, 북한에서 생산되는 자료나 연구결과는 북한 당국의 의도를 읽는 데 초점을 맞춰 분석할 수 있다. 북한의 모든 자료와 통계는 조선노동당의 통제 속에 공개되거나 출판된다. 우리는 이런 자료를 통해 북한에서 발생하는 정치, 경제, 사회 현상에 대해 북한 당국이 어떻게 대응하고 있는지, 그들의 인식이 어떻게 변화하고 있는지 발견할 수 있을 것이다.

둘째, 제한적이나마 진행되고 있는 현지 방문조사 자료를 적절히 활용할 필요가 있다. 국제기구들이 북한을 방문해 진행하고 있는 인구조사나 사회조사 자료는 중요한 1차 자료로 활용될 수 있다.

최근에 북한을 방문한 외국인 관광객이나, 북한 주재 외교관, 그리고 유학생 등이 공개한 자료 또한 북한 사회를 이해하는 좋은 자료이다.

외국인 관광객이 촬영한 최근 평양 모습

　셋째, 연구주제에 관한 다양한 방법론을 활용할 필요가 있다. 먼저 한국에 정착해 살아가는 북한이탈주민의 증언은 중요한 자료원이다. 다만, 북한이탈주민의 증언이 북한의 모든 것을 설명해줄 수 없다는 것을 감안하여 2차 자료로 활용하는 지혜가 필요하다. 또한, 최근의 발전된 과학기술을 활용하는 방법, 예를 들어 인공위성 사진을 활용하는 연구도 가능할 것이다.

　북한을 연구하는 것은 미지의 세계를 탐험하는 것과 같다. 이제 북한이란 미지의 세계로 여행을 시작해보자.

인공위성 사진을 통해 본 평양

북한 자료 창고

통일부 북한자료센터
- 북한 자료 검색
- 센터 방문 문헌 조사
- 북한 문헌 대여
https://unibook.unikorea.go.kr

통일부 북한정보포털
- 북한 정보 검색
- 북한 지도 검색
- 분야별 현황 소개
https://nkinfo.unikorea.go.kr

통계청 북한통계포털
- 북한 통계 검색
- 경제 관련 통계 조사
- 통계 해설 자료
www.kosis.kr/bukhan

통일법제 데이터베이스
- 남북 법령 정보
- 남북합의서 검색
- 통일법제 연구자료
www.unilaw.go.kr

학습 정리

❶ 한반도 분단이 구조화된 상황에서 북한은 우리 국민에게 다중적인 대상으로 인식되고 있다.

❷ 북한체제의 폐쇄성과 자료의 부족, 그리고 남남갈등은 북한을 이해하는 데 어려움으로 작용한다.

❸ 북한을 이해하기 위해서는 북한 자료를 적절히 활용하고 새로운 자료와 방법론을 발굴하는 노력이 필요하다.

추천문헌

김보성 외, 『사진과 그림으로 보는 북한 현대사』 서울: 웅진지식하우스, 2014.
김영희, 『당신의 꽃은 어데서 피었습니까』 파주: 한울, 2016.
박순성, 홍민(편), 『북한의 일상생활세계』 파주, 한울, 2010.
백낙청, 『한반도식 통일, 현재진행형』 파주, 창비, 2006.
정일영, 정대진(편), 『북한의 변화와 한반도 미래』 서울: 한반도데스크, 2017.
정창현, 『키워드로 본 김정은시대의 북한』 서울: 선인, 2014.
조영주(편), 『북한 연구의 새로운 패러다임』 파주: 한울, 2015.
테사 모리스 스즈키(저), 서미석(역), 『길 위에서 만난 북한 근현대사』 서울: 현실문화, 2015.
헤이즐 스미스(저), 김재오(역), 『장마당과 선군정치』 파주: 창비, 2017.

참고자료

문화체육관광부, "남북관계에 대한 인식 여론조사," 『보도자료』 (2018.7.31.).
북한도시사연구팀(편), 『사회주의 도시와 북한: 도시사연구방법』 파주: 한울, 2013.
장달중(편), 『현대 북한학 강의』 서울: 사회평론, 2013.
통일부 통일교육원, 『2021 북한 이해』 서울: 통일부 통일교육원, 2021.
통일부 통일교육원, 『2021 통일문제 이해』 서울: 통일부 통일교육원, 2021.
통일부, 『2021 통일백서』 서울: 통일부, 2021.
홍민 외, 『북한 전국 시장 정보』 서울: 통일연구원, 2016.
통계청 북한통계포털 www.kosis.kr/bukhan
통일교육원 www.uniedu.go.kr
통일부 북한자료센터 https://unibook.unikorea.go.kr
통일부 북한정보포털 https://nkinfo.unikorea.go.kr
통일법제 데이터베이스 www.unilaw.go.kr

북한의 역사
part 1
해방과 국가 건설

학습 목표

❶ 해방 이후 남북에 독자적인 정부가 수립된 과정을 이해

❷ 한국전쟁의 발발 원인은 무엇이며 한국전쟁이 북한에 어떤 영향을 미쳤는지 이해

❸ 전후 김일성 유일체제가 수립된 배경과 그 특징을 이해

열쇠말

해방, 신탁논쟁, 한국전쟁, 휴전협정, 유일체제

01

해방과 두 개의
Korea

1) 소련의 한반도 진주

해방과 미·소의 분할점령

1945년 8월, 미 공군 수송기 2기가 일본의 히로시마와 나가사키로 향하고 있었다. 인류의 전쟁사에서 처음이자 마지막으로 원자폭탄이 사용된 것이다. 그렇게 일본은 8월 15일 무조건 항복을 선언하였다.

일본의 항복 소식은 라디오를 통해 전해졌다. 해방을 꿈꿔온 한민족은 환호했다. 그러나 해방의 기쁨도 잠시, 한반도는 미국과 소비에트연방(이하 소련)의 분할점령으로 혼돈에 빠지게 된다. 미국과 소련은 한반도에서 일본의 무장해제를 명분으로 38선의 남과 북을 분할점령하게 된다. 한반도에서 강대국에 의한 군정체제가 등장한 것이다.

소련의 한반도 점령정책

한반도 북반부에 진주한 소련은 점령 지역에 인민민주주의 정권을 수립하려 했다. 해방 당시 식민지 조선은 후진 농업 국가였기 때문에 노동자 계급이 형

38도선

성되어 있지 못했다는 점에서 사회주의 국가 건설에는 한계가 존재했다.

소련은 북한과 같이 식민지배를 경험한 제3세계 국가에서 프롤레타리아 독재 이전 단계로 인민민주주의 독재를 상정하고 정치, 경제, 사회의 전 분야에서 개혁을 단행함으로써 봉건제도와 식민지배 세력을 청산하려 했다.

1945년 9월 스탈린이 보낸 암호전보에는 북한 점령에 따른 소련군 최고사령부의 지시내용이 담겨 있다.

스탈린의 암호전보 내용

첫째, 북한 영토 내에 소비에트 및 그 밖의 소비에트 정권의 기관을 수립하지 않으며 소비에트 질서를 도입하지 않을 것,

둘째, 북한에서 반일적인 민주주의 정당, 단체가 광범위하게 연합한 형태의 부르주아 민주주의 정권을 확립할 것,

셋째, 한반도 각 지역에 반일민주주의 단체, 정당이 형성되는 것을 방해하지 않으며 그 활동을 지원할 것

* 출처: "스탈린과 안토노프가 바실리에프키 원수, 연해주군관구군사회의, 제25군군사회의에게," 서동만, 『북조선사회주의체제성립사』 (서울: 선인, 2005), pp. 59-60 재인용.

인민위원회 건설

해방과 함께 한반도 전역에서 다양한 성격의 자치조직이 인민들에 의해 건설되었다. 자치조직들은 정치세력의 성격에 따라 다양한 이름으로 건설됐지만, 그 목적은 한민족의 독립 국가 건설을 지향하고 있었다.

한반도 북반부에서는 공산주의 세력과 우파 민족주의 세력이 주도한 자치조직이 곳곳에서 등장했다. 다양한 정치세력의 자치조직들은 소련군의 진주와 함께 좌우가 연합한 형태의 자치조직, 즉 인민위원회로 통합되었다. 소련군은 공산주의 세력이 약한 지역의 경우 좌우가 1:1로 인민위원회를 구성할 것을 요구함으로써 자치조직 속에 공산주의 세력의 영향력을 강화해나갔다.

2) 김일성의 등장

김일성은 누구인가?

한반도 북반부를 점령한 소련은 점령지의 정치지도자로 김일성을 내세우게 된다. 당시 김일성은 소련군 88여단에 소속된 장교로서 백두산을 근거로 빨치

'김일성 장군 환영대회' 당시 김일성

산 부대를 이끌었던 젊은 지도자였다. 그렇다면 김일성은 어떤 인물이었을까?

김일성은 누구인가?

- 출생: 1912년 4월 15일 평양 대동강 기슭 만경대 출생
- 가정환경: 김형직(父)과 강반석(母) 사이에서 삼형제 중 첫째로 태어났으며, 기독교 신앙을 가진 부모 아래 성장
- 빨치산 활동: 1931년 중국 공산당 입당 후, 1936년 동북항일연군 제1로군 제2군 6사사장으로 항일무장투쟁에 참여했으며, 1937년 6월 함경남도 갑산군 보천면 보전리 주재소를 습격하며 전국적인 명성을 얻음
- 해방 이후 활동: 소련의 지지하에 1948년 조선민주주의인민공화국의 내각 수상이 되었으며, 사망할 때까지 북한에서 수령의 절대 권력을 누렸음
- 사망 당시 직함: 영원한 수령, 국가주석, 조선노동당 제1비서, 인민군 최고사령관

해방 초기 북한의 권력투쟁

해방 당시 북한의 정치지형은 국내 세력과 국외에서 입국한 세력으로 나누어져 있었다. 국내의 정치 세력으로는 조만식을 대표로 하는 우파 기독민족주의 세력, 그리고 박헌영을 대표로 하는 국내 공산당 세력(이후 국내파)이 영향력을

조만식의 도전과 좌절

조만식(曺晩植, 1883년 2월 1일 ~ 1950년 10월 18일) 그는 평양을 중심으로 기독교 민족주의 운동을 펼쳤던 우파 민족주의 지도자이다. 해방 이후 평안남도 인민위원회 위원장으로 활동했으며 조선민주당을 창당해 김일성 당시 임시인민위원회 수상과 경쟁하였다. 그러나 신탁통치에 대한 반대 입장을 굽히지 않아 가택연금(家宅軟禁)된 후 한국전쟁 중 사망하였다.

해방 시기 주요 경쟁세력 정리

무정
(연안파)

김일성
(빨치산파)

허가이
(소련파)

조만식
(민족주의)

박헌영
(국내파)

행사하고 있었다.

　국외에서 입국한 정치세력으로는 소련군과 함께 북한에 입국한 고려인 소련공산당원들(이후 소련파), 중국 연안 지역에서 중국공산당과 연대했던 항일세력(이후 연안파), 그리고 김일성의 빨치산 세력(이후 빨치산파)이 대표적인 정치집단이었다. 이들은 해방 이후 정치 현안에 따라 경쟁하거나 협력 관계를 맺기도 하였다.

　소련의 군정체제 아래 공산주의 세력이 국내 정치의 주도권을 갖게 되었고 소련이 지지한 김일성이 임시인민위원회의 수상으로 토지개혁 등 개혁조치를 추진하였다.

민주개혁조치

소련의 군정체제하에서 성립된 행정조직인 북조선 임시인민위원회(이하 임시

북조선 토지개혁에 대한 법령

제1조 북조선 토지개혁은 역사적 또는 경제적 필요성으로 된다.
토지개혁의 과업은 일본인 토지소유와 조선인 지주들의 토지소유 및 소작제를 철폐하고 토지이용권은 경작하는 자에게 있다.

제2조 몰수하여 농민소유지로 넘어가는 토지들은 아래와 같다.
ㄱ. 일본인, 일본인 단체의 소유토지, ㄴ. 조선 민중의 반역자–조선 민중의 리익에 손해를 주며 일본제국주의자의 정권기관에 적극 협력한 자의 소유 토지와 또는 일본 압박 밑에서 조선이 해방될 때에 자기의 지방에서 도주(逃走)한 자들의 소유지.

제3조 몰수하여 무상으로 농민에게 소유로 넘어가는 토지들은 아래와 같다.
ㄱ. 한 농호에 5정보 이상 소유한 조선인 지주의 소유지, ㄴ. 자경치 않고 전부 소작주는 소유자의 토지, ㄷ. 면적에 불문하고 계속적으로 소작주는 전토지, ㄹ. 5정보 이상으로 소유한 성당(聖堂), 승원(僧院), 기타종교단체의 소유지

* 출처: 서대숙(편), "북조선토지개혁에 대한 법령"(1946.3.5)," 『북한문헌연구: 문헌과 해제 Ⅴ』(서울: 경남대학교 출판부, 2004), pp. 233-235.

인민위원회)는 해방정국의 혼란 상황에서 '인민민주주의 개혁'을 빠르게 이행하였다. 특히 토지개혁은 당시로써는 혁명적인 조치였다.

임시인민위원회는 1946년 무상몰수, 무상분배 방식의 토지개혁을 2개월여의 짧은 기간 동안 단행하였다.

북한의 주장에 따르면, 토지개혁의 결과 100만 8,178정보의 토지가 몰수되었는데 이는 북한 전체 토지 182만 98정보 중 약 55.4%에 해당하는 면적이었다. 총 경지면적 98만 1,390정보 중에서 2만 2,387정보(2.3%)는 고용농에게, 60만 3,407정보(61.5%)는 토지 없는 소작농에게, 34만 5,974정보(35.2%)는 토지가 적은 농민에게, 9,622정보(1%)는 이주한 지주에게 무상으로 분배되었다. 1946년의 총 농업호수는 112만 1,295호인데, 토지개혁을 통해 토지분배를 받은 농가의 수는 72만 4,522호였다. 다만, 분배받은 토지는 매매할 수 없었다.

임시인민위원회는 이 외에도 산업국유화 조치 등 사회주의 개혁조치를 순차적으로 단행하였다. 이와 같은 '인민민주주의 개혁' 조치는 프롤레타리아 정권의 수립에 앞서 민족주의 세력을 포함한 부르주아 개혁을 이행하려는 소련의 점령정책에 따른 것이었다.

한국에서의 농지개혁

- 1946년 북한의 토지개혁에 자극받은 한국은 1949년 유상매입, 유상분배의 농지개혁을 골자로 하는 「농지개혁법」을 공포하였다. 1950년 5월 이후 토지개혁 사업이 착수되었으나 한국전쟁으로 중단되었다. 결국, 휴전협정이 체결된 이후 농지개혁이 재개되었으며 1960년대까지 농지의 매수와 분배가 진행되었다.

『조선력사』로 보는 김일성

북한의 역사는 '김일성의 역사'라 해도 과언이 아닙니다. 물론 있는 그대로의 역사이기 보다는 김일성을 중심으로 신화화된 역사라 할 수 있습니다. 북한의 역사, 즉『조선력사』에서 김일성은 어떤 인물로 기록되어 있을까요?

　북한의 역사교육은 소학교(초등학교)에서부터 시작되는데, 김일성·김정일 부자로 시작해서 그 부자로 끝납니다. 소학교의 역사교과는「경애하는 아버지 김일성 대원수님 어린시절」이라는 제목으로 김일성의 남달랐던 어린 시절을, 초급·고급중학교(중고등학교)에서는「위대한 수령 김일성 대원수님 혁명력사」와 같은 역사 교과를 통해 항일혁명 등에서의 김일성의 위대함을 본격적으로 가르칩니다.

　유치원, 소학교, 중고등학교까지 김일성의 역사는 중요 과목으로, 시기 별로 눈높이에 맞춰 교육합니다. 유치원에선 찬양하는 노래로, 소학교 때는 어린 김일성의 비범하고 특별한 모습을 그린 이야기로, 중고등학교에서는 성인 이후 탁월한 리더십을 발휘하는 김일성에 대해 교육시키기 위해 흡사 위인전과도 같은 교재를 만들어 활용합니다.

　학습능력과 판단능력이 생기기 전부터 체계적으로 김일성의 위대함을 노래와 이야기로 주입받으면서 성장하다보니 북한 주민들에게 김일성은 인간의 모습을 한 신이나 다름없는 존재일 수밖에 없습니다.

김일성 우상화 관련 우표

3) 조선민주주의인민공화국의 탄생

모스크바 3상 회의

1945년 12월, 2차 세계대전 승전국인 미국, 소련, 영국의 외상들이 모스크바에 모여 전후 처리 문제, 특히 한반도의 미래에 대해 논의하게 된다. 이것이 한반도를 격동의 회오리로 몰아넣은 모스크바 3상 회의이다. 3상 회의에서 합의된 한반도 관련 내용은 다음과 같다.

모스크바 3상 회의 합의 내용

첫째, 한국을 독립국가로 재건설하며, 민주주의적 원칙하에 발전시키고, 일본 통치의 잔해를 빨리 청산할 조건들을 조성할 목적으로 민주주의 임시정부(a provisional democratic government)를 수립한다.

둘째, 연합국이 한국 임시정부의 수립을 원조·협력할 방안의 작성은 민주주의적 정당·사회단체들과의 협의를 통해 미소공동위원회가 수행한다.

셋째, 5년 이내를 기한으로 하는 4대 강국에 의한 신탁통치의 협정은 한국 임시정부와의 협의를 거쳐 4개국이 심의한 후 제출한다.

모스크바 3상 회의는 한반도에 대한 신탁통치를 결정하였고 이는 국내 정치세력 간 극심한 찬, 반탁 논쟁을 불러일으켰다. 신탁논쟁은 신탁통치를 찬성하는 사회주의 진영(북)과 신탁통치를 반대한 자유주의 진영(남)의 정치적 대결로 비화되며 남북의 이질성이 강화되는 결과를 가져왔다.

남북의 단독정부 수립

모스크바 3상 회의에서 제시된 신탁통치안은 남과 북의 정치적 대결을 가져왔고 통일정부 수립에 대한 논의를 약화시켰다. 당시 통일정부를 수립하기 위

신탁통치 반대운동

해 김구 선생이 추진한 남북 제정당사회단체 연석회의 또한 실패로 돌아가고 만다. 결국, 남과 북에서 정치적 우위를 점하고 있었던 각각의 정치세력은 통일정부 수립에서 멀어져 갔다.

미소공동위원회와 UN한국임시위원단의 활동이 벽에 부딪히며 남북은 각각 단독정부를 수립하게 된다. 한반도에 두 개의 국가가 등장한 것이다. 먼저 1948년 8월 대한민국 정부가 수립된 후, 김일성은 9월 9일 조선민주주의인민공화국 수립을 선언하였다.

북한의 초대 내각은 김일성을 수상으로 박헌영이 부수상과 외무상을 겸임하는 등 남조선노동당과 북조선노동당이 균형을 이루는 방식으로 구성되었다.

불운한 2인자 박헌영

박헌영(朴憲永, 1900년 ~ 1956년 12월 5일)
박헌영은 조선공산당 책임비서로 조선민주주의인민공화국 수립 이후 부수상겸 외상으로 활동하였다. 김일성과의 권력투쟁에서 밀려 북한의 2인자로 활동하다가 한국전쟁 막바지에 '미제의 간첩'이란 혐의로 구속되어 처형되었다.

한국전쟁

1) 한국전쟁의 기원은 무엇인가?

한국전쟁은 남북의 정부가 수립된 지 채 2년이 지나지 않은 1950년 6월 25일 새벽, 북한 인민군의 기습작전으로 시작됐다. 남과 북, 그리고 한반도 주변 강대국들은 이 전쟁을 막을 수 없었을까? 한국전쟁은 왜 일어났는가?

한국전쟁의 기원에 대한 논의는 다음과 같은 세 가지 시각으로 설명될 수 있다.

국제정치 시각: 동북아에서 힘의 불균형과 전쟁의 발발

2차 세계대전이 종결된 이후 동북아 정세는 변화를 맞게 된다. 한반도에서 대한민국 정부가 수립된 이후 미국은 소수의 고문단을 제외한 자국의 군대를 철수했으며, 중국은 국공내전 끝에 공산화되었다. 이와 같은 변화 속에 미 국무장관 애치슨이 발표한 동북 지역에서 미국의 방어선, 즉 애치슨 라인의 설정은 시사하는 바가 크다.

애치슨의 주장은 미국의 아시아 방어선에서 한국이 제외됨을 의미했다. 최

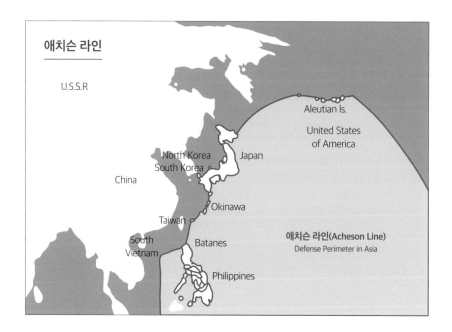

소한 그렇게 읽힐 소지를 제공했다. 북한은 한반도 주변에서 발생한 힘의 불균형을 직시하였고 무력통일을 감행했다는 것이 현실주의 국제정치의 시각이다.

계급충돌론

美 시카고대의 브루스 커밍스 교수는 한국전쟁의 기원을 계급충돌이라는 시각으로 설명하였다. 북한은 해방 이후 인민민주주의 개혁을 통해 당시 인구의 대다수였던 농민(중농과 빈농)들의 지지를 얻게 된다. 이와 반대로 북한의 탄압을 피해 지주 등 엘리트 계층이 남하하면서 계급적 갈등구조가 형성되었고 전쟁은 이러한 갈등구조가 물리적으로 충돌한 결과라는 것이다.

한국산업은행이 발간한 『한국산업경제십년사: 1945-1955』에 따르면, 1949년 5월 현재 당시 북한 지역에서 월남한 주민은 약 160만 명으로 추산된다. 이들 월남자들이 모두 북한의 인민민주주의 개혁에 저항해 이탈한 구성원이라 확정하긴 어렵다. 강정구의 연구에 따르면(1992), 1948년 토지개혁 등 소위 '민주개혁'으로 경제적 토대를 빼앗긴 지주층과 종교인사들, 친일 세력,

중상류층 등 구지배층의 다수가 월남했을 가능성이 높다.

행위자 결정론: 북한의 국토완정론

마지막으로 행위자 결정론은 김일성의 침략 의지와 결정이 전쟁의 원인이라는 시각이다. 한국전쟁은 김일성의 무력통일 의지와 소련과 중국의 동의가 있었기에 가능했다. 결국, 한국전쟁을 일으킨 것은 북한의 정책결정자, 김일성이라는 점에서 설득력을 얻고 있다.

한국전쟁에 대한 소련과 중국의 비밀문서

"조선 동지들과의 회담에서 필리포프*와 그의 동지들은 국제 정세가 변화하고 있으므로 조선의 통일 과업 착수 제안에 동의한다고 했습니다. 하지만 이 문제에 대한 최종 결정은 조선과 중국이 함께 내려야 한다는 조건이 붙어 있고, 중국 동지들이 찬성하지 않을 경우에는 문제 해결을 위한 새로운 논의가 이루어질 때까지 연기해야 할 것이라고 했습니다."

– 소련 외상이 중국 주재 소련대사에게 보낸 비밀문서

*집필자주: 필리포프는 스탈린을 의미

* 출처: 국사편찬위원회(편), "소련외무상이 중화인민공화국 주재 소련대사에게 보낸 전문," 『한국전쟁, 문서와 자료, 1950년-53년』 (과천: 국사편찬위원회, 2006), p. 58.

결과적으로, 어떤 하나의 시각이 한국전쟁의 기원을 설명하기보다는 세 가지 시각이 구조와 행위의 중첩된 결과로 한국전쟁이 발생했다고 할 수 있다.

2) 한국전쟁의 발발과 피점령

전쟁의 발발과 초기 전황

1950년 6월 25일 북한은 대한민국을 침략했다. 당시 언론은 북한의 개전을 전격적인 것으로 보도했으나 이미 전쟁은 수년 전부터 준비되었고 수개월 전부터 38선 주변에 군사력이 집결하고 있었다. 그러나 한국은 특별한 대비를 하지 못한 채 전쟁을 맞이했다.

　김일성은 6월 26일 방송연설을 통해 한국군이 38선 이북 지역을 침략했으며 인민군대가 이를 격퇴하고 남한으로 진격하고 있다고 주장했다. 그러나 미국을 비롯한 국제사회는 북한의 명백한 침략임을 선언하고 UN 연합군을 구성하게 된다.

전선의 이동

조선인민군(이하 인민군)은 전쟁 발발 3일만인 28일 서울에 진입했고 대전을 거쳐 낙동강까지 진격해나갔다. 그러나 9월 15이 UN 연합군의 인천상륙작전이 성공하면서 전선은 급격히 북상하게 된다. UN 연합군은 여세를 몰아 38선을 넘어 북·중 국경 지역까지 진격하였고 크리스마스 이전에 전쟁이 종결되는 듯했다.

　그러나 전쟁의 종결을 목전에 두고 중국인민지원군이 참전하면서 전선은 다시 남하했고 조중연합군은 2월 초 서울을 재점령하게 된다. 그러나 물자보급에 어려움을 겪던 조중연합군에게 UN 연합군이 다시 반격하면서 서울을 재탈환하였다. 이후 38선을 중심으로 양측은 힘의 균형을 이루며 교착상태를 맞게 된다.

피점령의 경험

한국전쟁의 특징은 급격한 전선의 이동과 함께 상호 점령과 피점령을 경험했다는 점이다. 피점령의 경험은 전시에 북한 주민들이 어떤 선택을 했는지 극명하게 드러내는 결과를 가져왔다. 중국인민지원군의 참전으로 피점령지를 회복한 이후 북한에서는 대대적인 체포와 군중심판회가 개최되었다.

　군중심판회는 보통 '두문근신'의 처벌을 내렸는데, 두문근신을 받은 자는 집 대문과 가슴에 '두문(杜門)'이라 써 붙이도록 하였다. 이들은 자유롭게 외출

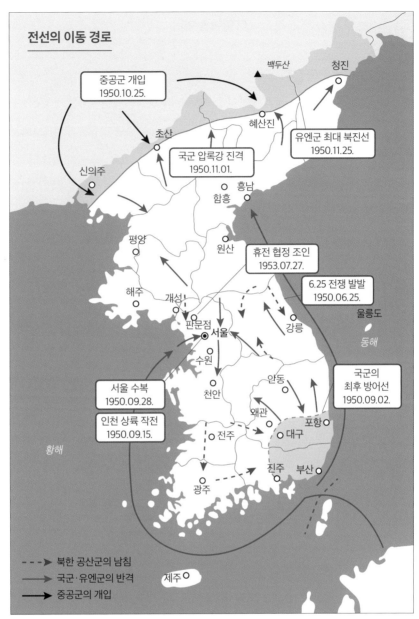

전선의 이동 경로

중공군 개입
1950.10.25.

백두산

청진

유엔군 최대 북진선
1950.11.25.

혜산진

초산

국군 압록강 진격
1950.11.01.

신의주

흥남

함흥

평양

원산

휴전 협정 조인
1953.07.27.

6.25 전쟁 발발
1950.06.25.

해주

개성

울릉도

판문점

서울

동해

수원

강릉

서울 수복
1950.09.28.

천안

안동

국군의
최후 방어선
1950.09.02.

인천 상륙 작전
1950.09.15.

왜관

포항

대구

황해

전주

진주

부산

광주

- - - → 북한 공산군의 남침

제주

──→ 국군·유엔군의 반격

──→ 중공군의 개입

* 출처: 통일부 통일교육원, 『2020 통일문제 이해』 (서울: 통일부 통일교육원), p. 35.

할 수 없었고, 지금의 경찰이라 할 수 있는 내무원들의 감시를 받았다. 피점령
의 경험은 전후 북한에서 전 사회적인 숙청을 통해 억압적 사회통제체제가 형
성되는 시발점이 되었다.

북한이 말하는 한국전쟁

북한에서는 한국전쟁을 어떻게 부를까요? 결론부터 말하면 북한에서는 한국전쟁을 '조국해방전쟁'이라고 부릅니다. 그 이유는 '미제국주의의 한반도 침략의 야욕으로부터 조선민족의 자유와 독립을 지켜낸 전쟁'이기 때문이라는데요.

그러면 이러한 전쟁을 북한에서는 어떻게 가르칠까요? 북한에서는 유치원 시절부터 60세 정년에 이르기까지 '조국해방전쟁'을 1950년 6월 25일 새벽 미제의 조종으로 전쟁을 준비한 이승만과 국방군이 북반부를 침공한 '북침전쟁'으로, 북반부를 점령한 미제와 그 앞잡이들이 북반부인민을 무참히 학살한 전쟁으로 가르칩니다.

이렇게 북침으로 시작된 '조국해방전쟁'에서 조선인민과 인민군대는 김일성의 '탁월한 령도 아래 똘똘 뭉쳐' 승리할 수 있었다는 것입니다. 즉 조국해방전쟁이 미제국주의를 비롯한 남조선 이승만 괴뢰도당의 한반도 침략 야욕을 꺾어 놓았기 때문에 승리한 전쟁이라는 논리인 것이죠. 그래서 북한에서는 해마다 6월 26일이면 공장, 기업소, 인민반, 학교 등 모든 기관들이 전국에서 '미제국주의를 반대'하는 결의대회를 열고 있습니다. 또한 정전협정일인 7월 27일을 '제국주의 강대국인 미국의 무릎을 꿇린

역사적인 날'로 규정해 '조국해방
전쟁승리'의 날로 기념하고 있습
니다.

결과적으로 북한에서 말하는
한국전쟁은 미제국주의에 의한
'북침전쟁'이며 이를 성과적으로
막아낸 북한에게는 승리한 전쟁인
것입니다.

조국해방전쟁승리기념관 벽화

* 출처: 노동신문, "날강도 미제를 천백배로 복수하고야말 결의로 가슴 불태운다: 김책시계급교양관에서", 2014년 6월 26일 3면

3) 휴전협정의 체결과 분단의 고착화

휴전협상의 장기화

UN 연합군과 조중연합군은 전선이 교착상태에 이르자 휴전협상을 개시하였다. 다만 휴전 협상 초기의 기대와 달리 협상은 2년여간 지속되었다. 휴전협상이 장기화된 이유는 무엇이었을까? 또 휴전협상의 장기화는 북한에 어떤 영향을 끼쳤을까?

휴전협상의 주요 안건

주요 쟁점	대립점		합의점
	UN 연합군 측	공산군 측	
외국군 철수문제	군사문제	외국군 철수	각국에 권고
군사분계선	현 접촉선	북위 38도선	조인시 접촉선
비무장지대의 폭	3.2Km	2Km	4Km
연안수역	12마일	3마일	3마일
병력교대 규모	월 75,000명	월 5,000명	월 35,000명
중립국 지명(指名)	스위스, 스웨덴, 노르웨이	소련, 체코, 폴란드	스위스, 스웨덴, 체코, 폴란드
출입구의 수	12개소	3개소	쌍방 각 5개소
포로송환 방법	자발적 송환 (1대1)	강제 송환 (전체 대 전체)	귀환 거부 포로는 중립국송환위원회를 통해 정치회담 후 석방
민간인 교환	포로와 동일 (1대1)	포로와 별도	희망에 의한 송환
정치회담시 논의사항	한국문제에 국한	한국 및 아시아문제	한국문제의 평화적 해결

* 출처: 한국정치외교사학회(편), 『한국전쟁과 휴전체제』 (서울: 집문당, 1998), pp. 166-167.

길지 않을 것만 같았던 휴전협상은 포로송환 문제로 난행을 거듭하며 장기간 지속되었다. 양측은 휴전협정이 체결될 때까지 159회의 본회담을 포함해 765회의 회담을 지속해나갔다.

휴전협상이 길어지면서, 전선에서는 치열한 전투가 지속된 반면, 후방에서는 전시체제하에서 각종 동원이 일상화되었고 이를 제도화하는 조치가 순차적으로 이행됐다.

전시체제에서 후방의 일상

- 증산운동: 전선 브리가다 운동, 청년작업반운동, 전선돌격대 운동, 2인분, 3인분 초과생산운동, 원가저하운동 등 각종 전시증산 경쟁운동 전개
- 조국보위복권: 1951년 10월 복권발행(북한은 10일만에 목표액 5억 원을 초과하여 6억 원 달성 주장)
- 전선원호사업: 인민군 식사 및 부식물 지원, 의복 수리, 위문품과 위문편지 보내기, 전쟁고아 양육사업 등

김일성의 승리: 정적의 숙청

휴전협상이 장기화되는 사이 김일성은 전시체제의 특수성을 활용해 자신의 정적들을 하나둘 숙청해나갔다. 연안파의 거두 무정은 자신의 부하를 총살한 혐의로 좌천됐으며, 당 조직비서로 소련파를 대표했던 허가이 또한 당 조직문제를 들어 숙청되고 만다. 이들은 모두 원인 불명으로 전시에 사망하였다. 조선공산당의 책임비서로 남로당의 거두였던 박헌영은 휴전협상이 체결되기 전에 간첩죄로 체포되었다. 이후로 북한에서 남로당 출신은 박헌영 계열로 인식되어 숙청과 차별을 받게 된다.

휴전협정의 체결

휴전협상의 걸림돌이 됐던 포로송환 문제가 "귀환 거부 포로는 중립국송환위원회를 통해 정치회담 후 석방"한다는 모호한 방식으로 타결되면서 양측은 휴전협정에 합의하게 된다. 휴전협정은 1953년 2월 27일 UN연합군 사령관 마크 클라크, 중국인민지원군 사령원 팽덕회, 조신민주주의인민공화국 최고 사령관 김일성의 명의로 체결되었다.

휴전협정은 한국문제의 평화적 해결을 위해 협정 조인 이후 3개월 이내에

휴전협정의 체결

쌍방의 정치회의 소집을 권고했으나 이루어지지 못했다. 한국전쟁은 그것이 시작된 곳에서 끝났으나 한반도는 수많은 인명피해와 전 국토가 파괴되는 참혹한 결과를 감내해야 했다.

　휴전체제의 성립은 미소 냉전의 서막이었다. 이후 한반도는 한미동맹과 조소·조중동맹이 대결하는 미소 냉전의 최전방으로 자리잡게 된다.

북한의 전쟁고아

한국전쟁으로 남북한에는 수많은 전쟁고아가 생겨났는데요. 북한에는 전쟁고아가 얼마나 있었을까요? 3년간의 한국전쟁으로 모두 10만여 명의 전쟁고아가 생겨났는데요. 그중 남한에는 48,322명, 북한에는 5만여 명으로 확인되고 있습니다.

북한의 전쟁고아들은 어떻게 살았을까요? 전쟁 이전 북한에는 40개소의 고아원이 있었습니다. 그러나 전쟁으로 인해 급증하는 고아들을 모두 수용할 수 없었기에 마을마다 회관을 임시숙소로 사용해 보호하는 수준이었습니다.

북한은 1951년부터 전쟁고아문제를 해결하기 위해 국내에는 고아입양을 장려하고 해외 사회주의 국가들에는 위탁양육을 요청했습니다. 그 결과 국내에 입양된 고아들은 1952년 말 5,200명, 중국을 비롯한 사회주의 국가들에는 33,474명의 고아들이 위탁교육을 받았습니다.

해외로 보내진 전쟁고아들 중에는 유독 남쪽 출신들이 많았는데요. 그 이유는 북한군이 후퇴하면서 데려간 고아들을 맡아줄 친척이 북한에 없었기 때문입니다. 또한 해외 위탁 고아들 중에는 전쟁고아로 볼 수 없는 혁명학원 유자녀, 주요 간부 자녀들도 다수 포함되었으며 전쟁고아들과 분리되어 특별대우를 받으며 생활했습니다.

정전 후 전쟁고아들은 어떻게 되었을까요? 정전 후 전쟁고아들은 고등학교 과정부터 졸업생들까지 모두 해당국가의 전문기술교육을 받았습니다. 하지만 1956년 10월 헝가리사태(헝가리군중이 소련의 지배에 저항한 사건)가 발생하면서 위탁고아들은 1957년부터 1960년 8월까지 강제 귀국했습니다. 귀국 후 고아들의 일부는 북한의 여러 분야 전문가로 활동했으며 일부는 신분문제로 어려운 하층민의 삶을 살았습니다.

6.25전쟁의 전쟁 고아

03

김일성
유일체제의 성립

1) 전후 국가의 재건

국토의 파괴와 재건

전쟁은 휴전협정을 통해 일단락됐으나 한반도, 특히 북한의 국토는 폐허와 다름없었다. 한국전쟁 기간 지속된 UN 연합군의 공중폭격으로 대부분의 도시가 70~80%가량 파괴되었으며, 농경지는 황폐화되었다.

국토재건은 남북 모두에게 감당하기 어려운 과제였다. 북한은 소련 등 사회주의 형제국가들에게 전후복구에 필요한 차관과 물자를 받아들였으며 군중동원을 통해 사회주의 개조에 나서게 된다.

사회주의적 개조

전쟁으로 인한 파괴는 아이러니하게도 사회주의적 개조의 토대가 됐다. 무엇보다도, 폐허가 된 국토를 복구하는 과정에서 생산단위의 국·공유화가 추진되었다. 북한은 특히 농지를 개건하는 과정에서 농업집단화를 강행한 결과 1958년 8월에 이르러 사회주의적 개조가 완성되었다고 선포하였다. 상업 분

원산폭격 장면

야 또한 소상공 활동을 반사회주의적 요소로 비판하며 소멸시켰다.

행정과 산업체계 또한 새롭게 재편되었다. 북한은 한국전쟁이 막바지에 다
다른 1952년 12월 면(面)을 폐지하고 군(郡)을 중심으로 행정체계를 재편하였
다. 이를 통해 도(특별시)-시·군-리의 3단계 행정체계를 정착시키게 된다. 또

북한의 산업별 국·공유화

구 분	1949년	1953년	1956년	1957년	1958년 8월
공 업	90.7	96.1	98.0	98.7	100
상 업	1.9	5.2	68.8	85.7	100
농 업	56.5	67.5	87.3	87.9	100

* 출처: 조선중앙통신사, 『조선중앙년감』 조선중앙통신사(1959); 허문영, 전강수, 남기업, 『통일대비 북한토지제도 개편방향 연구』 통일연구원(2009), p. 50 참조 후 재구성

한, 지역 간 연계성이 강했던 산업체계를 개편해 단위 지역별로 자생력을 강화시키게 된다. 이는 당의 통제와 전시 대응력을 강화하기 위한 조치였다.

준전시체제의 지속: 일상적 동원과 감시

전쟁은 끝난 듯했으나 전시체제의 억압성은 지속됐다. 휴전체제 아래서 북한 당국은 전 사회를 전시에 준한 상태, 즉 준전시체제를 제도화하였다. 특히 국토재건을 이유로 주민들에 대한 동원이 일상화됐으며 간첩과 이적행위자의 활동을 감시한다는 이유로 억압적 감시체계를 강화하였다.

5가작통조직사업

5가작통조직은 5가를 기본으로 하여 당원, 자위대원, 열성농민 등의 핵심일군을 조장으로 조직되어 친척, 친우를 막론하고 모르는 사람이 숙박을 요하는 경우 신속히 조장에게 통보하도록 하였다. 보고를 접수한 조장은 리(里)정권기관이나 자위대본부에 보고하여 위협분자로 판명될 경우 인근부락의 자위대와 협동하여 체포하도록 하였다.

* 출처: 남상호, "5가작통조직 강화에 대하여(1951.7.29)," 국사편찬위원회(편), 『북한관계사료집 ⅩⅥ』 (과천: 국사편찬위원회, 1993), pp. 360-361.

전쟁은 멈췄으나 휴전체제는 전시에 준한 감시와 처벌을 가능하게 했다. 전후 북한에서 사회적 일탈행위는 이적행위로 규정되었고 국가의 억압적 처벌과 통제가 정당화되었던 것이다.

2) 8월 종파사건과 김일성 유일지도체계의 성립

8월 종파사건

8월 종파사건은 김일성에 대한 여타 정치세력들의 마지막 도전이었다. 한국 전쟁을 통해 그 세력이 약화된 소련파와 연안파는 1956년 8월 전원회의를 통해 김일성을 비판하고 그를 제거하려 했으나 결과적으로, 그들 스스로의 파멸을 앞당기게 된다.

소련파와 연안파의 소련대사 면담 내용

"김일성의 개인숭배는 참아주기 어려운 양상으로 나가고 있다. 그는 여하한 비판이나 자아비판도 수용하지 않고 있다. … (이와 관련하여) 한 무리의 지도급 인사들이 가까운 시일 내에 불가피하게 김일성과 그의 가까운 측근들을 반대하는 어떤 행동을 취할 수밖에 없다고 생각하고 있다. … 이 그룹은 조선로동당 중앙위원회와 정부 내의 일부 지도급 인사를 교체하는 것을 자신들의 과제로 삼고 있다."

　　　　　　　　　　　　　　　　　　　－ 연안파 이필규와 소련대사 페트로프

* 출처: 안드레이 란코프, "페트로프와 이필규 간의 대담록(1956.7.20)," 김광린(역), 『소련의 자료로 본 북한 현대정치사』 (서울: 오름, 1995), pp. 208-209 재인용.

김일성의 중공업 우선정책 등 국가발전 전략과 우상화 강화에 불만을 품고 있던 소련파와 연안파는 소련과 중국의 지지 내지, 묵인 속에 두 세력이 연합하여 김일성을 공개적으로 비판하고 그를 숙청하는 계획을 세우게 된다. 스탈린 사후 새롭게 등장한 흐루쇼프(Nikita Sergeevich Khrushchyov)의 우상화 비판은 이들에게 강한 동기를 부여했다.

소련파와 연안파의 정치적 도전은 1956년 8월 30일 조선노동당 중앙위원회 전원회의에서 결행됐다. 김일성은 동유럽 순방을 마치고 조기 귀국한 상황이었다. 전원회의가 개최되자 상업상 윤공흠이 단상에 올라 김일성에 대한 비판을 시작했다. 그러나 그의 연설은 계속되지 못했고 전원회의를 장악하고 있던 빨치산 세력에 의해 단상에서 끌려 내려왔다. 빨치산 세력은 이미 소련파와 연안파의 도전을 준비하고 있었던 것이다.

전원회의는 곧바로 소련파와 연안파 세력의 종파행위를 비판하는 자리로 전환됐으며 그들의 당직을 박탈하고 출당하는 결의안을 통과시켰다. 김일성과 빨치산 세력은 이미 당을 장악한 상태에서 이들의 저항을 역으로 이용했던 것이다.

전원회의가 끝나자 신변의 위협을 느낀 연안파는 밤을 틈타 중국으로 망명하였다. 소련과 중국은 대표를 북한에 파견해 간섭하려 했으나 실패로 돌아간다. 김일성은 소련 공산당원이었던 소련파들의 지위를 고려해 본국으로 돌아갈 수 있는 기한을 부여했다. 결국, 8월의 종파사건은 북한 정치에서 그나마 남아 있던 다양성이 소멸된 사건이라 할 수 있다.

조선노동당과 전 사회적 숙청

8월 종파사건의 영향은 북한의 권력층과 전 사회로 확대되어나갔다. 먼저 1958년 12월부터 2년간 중앙당 집중지도가 진행되며 당내 불순분자를 색출하고 처단하는 숙청 작업이 전국적으로 집행되었다. 당내 숙청과 함께, 사회조사사업이 1970년대까지 지속되며 전 사회적 숙청으로 이어졌다.

당과 전사회적 숙청 작업

사업 명칭	시 기	내 용
중앙당 집중지도	'58.12~'60.12	불순분자 색출, 처단 및 산간벽지 강제 이주
주민재등록사업	'66.4~'67.3	100만 적위대의 무장을 위한 주민 성분을 분류(직계 3대, 처가와 외가 6촌까지 내사)
3계층 51개 부류 구분사업	'67.4~'70.6	주민재등록사업 결과를 토대로 전 주민을 핵심 계층, 동요계층, 적대계층으로 구분, 이를 다시 세분하여 51개 부류로 재분류

* 출처: 이금순, 『북한주민의 거주·이동: 실태 및 변화전망』(서울: 통일연구원 2007), p. 33.

10년 이상 진행된 당과 전 사회에 대한 숙청 작업은 김일성과 빨치산 세력이 조선노동당과 전 사회에 대한 유일적인 지배구조를 확립하는 기회로 활용되었다.

김일성 '유일지도체계'의 성립

8월 종파사건 이후 진행된 피의 숙청은 1961년 제4차 조선노동당 대회를 통해 건설된 김일성 '유일지도체계'로 마무리된다. 제4차 당 대회는 북한 정치에서 빨치산 세력의 완전한 승리를 축하하는 대회였다. 제4차 당 대회에서 선출된 85명의 중앙위원회 정위원 중 37명, 5명의 중앙위원회 부위원장 중 4명, 11명의 정치위원 중 6명이 빨치산 세력이었다. 김일성은 조선노동당을 장악하고 당은 사회단체들을 통제함으로써 수직적인 통제체제를 구축한 것이다.

조선노동당 대회

북한에서 노동자 계급의 독재 정당은 조선노동당이다. 조선노동당은 북한에 존재하는 모든 사회조직과 기관, 주민을 통제한다. 조선노동당은 국가와 동일시된다 해도 과언이 아니다. 당 대회는 조선노동당의 최고 의사결정 기구로서, 당 중앙위원회 구성원을 교체하거나 당의 노선을 결정하는 회의체라 할 수 있다.

3) 자주노선과 김일성 우상화

중소분쟁과 자주노선

1960년대 중소분쟁은 스탈린 사후 권력자로 등장한 흐루쇼프가 평화공존론을 주창하고 중국이 이를 비판하며 격화되었다. 중소분쟁은 소련파와 연안파와의 경쟁으로 승리한 김일성이 소련과 중국을 비판하며 자주노선을 선택하는 계기가 되었다.

중소분쟁 초기에 중국을 지지하던 북한은 중국 홍위병들의 김일성 비판 이후 자주노선을 선택하게 된다. 북한은 소련을 수정주의로, 중국을 교조주의로

김일성 우상화

비판하며 '자주'를 주창하였다.

　1962년 12월 노동신문은 무기명으로 실린 논설에서 "조선혁명 수행에서 주체를 확립한다는 것은 조선혁명의 주인은 조선로동당과 조선 인민이라는 주견을 가지는 것이며 마르크스-레닌주의의 일반적 원칙을 우리나라의 구체적 현실에 창조적으로 적용하며 모든 것을 조선혁명의 성과적 수행에 복무하게 한다는 것을 의미한다"고 주장하였다.

　이와 관련하여, 1965년 4월 인도네시아를 방문한 김일성은 사상에서의 주체, 정치에서의 자주, 경제에서의 자립, 국방에서의 자위를 천명하게 된다. 특히 사상에서의 주체를 제기한 이후 주체사상을 통치이데올로기로 발전시키는 작업이 진행되며 수령으로서 김일성 우상화가 강화되었다.

수령 우상화

8월 종파사건으로 경쟁세력을 숙청한 김일성은 당과 사회적 지배를 공고히 하고 소련과 중국으로부터 자주를 주창함으로써 외부로부터의 개입 또한 차단하였다. 이 과정에서 수령에 대한 우상화가 북한 사회 전체로 확대·강화되었다. 수령 우상화 정책은 사회문화와 교육 분야에서 수령을 형상화하는 작업을 통해 빠르게 진행되었다.

수령, 즉 김일성에 대한 우상화는 주체사상에서 사회정치적 생명체의 뇌수 즉, 수령의 지위를 신격화하는 과정과 함께 진행되었다. 김일성은 그가 사망할 때까지 사회정치적 생명체의 뇌수로서 수령의 지위를 유지했다.

학습 정리

❶ 해방 이후 미소의 한반도 분할점령과 신탁통치에 대한 국내 정치의 갈등은 남북에 독
자적인 정부가 수립되는 결과를 가져왔다.

❷ 김일성의 남침은 UN 연합군의 대응으로 실패하였으나 휴전협상이 진행되는 동안 정
적을 숙청하는 등 정치적인 승리를 얻게 되었다.

❸ 전후 김일성의 빨치산 세력은 8월 종파사건을 기점으로 억압적인 유일체제를 수립하
였다.

추천문헌

김성보, 『북한의 역사 1』 서울: 역사비평사, 2011.

김학재, 『판문점 체제의 기원』 서울: 후마니타스, 2015.

신동흔 외, 『한국전쟁 체험담 연구』 서울: ㈜박이정, 2016.

한국역사연구회 현대사분과(편), 『역사학의 시선으로 읽는 한국전쟁』 서울: 휴머니스트, 2010.

와다 하루키(저), 서동만, 남기정 (역), 『북조선』 서울: 돌베개, 2002.

찰스 암스트롱(저), 김연철, 이정우(역), 『북조선 탄생』 파주, 서해문집, 2006.

참고자료

강정구, "해방후 월남인의 월남동기와 계급성에 관한 연구," 한국사회학회(편), 『한국전쟁과 한
국사회변동』 서울: 풀빛, 1992.

국사편찬위원회(편), 『북한관계사료집 XVI』 과천: 국사편찬위원회, 1993

국사편찬위원회(편), 『한국전쟁, 문서와 자료, 1950년–53년』 과천: 국사편찬위원회, 2006.

박명림, 『한국전쟁의 발발과 기원 Ⅰ, Ⅱ』 파주: 나남출판, 1996.

서동만, 『북조선사회주의체제성립사』 서울: 선인, 2005.

서대숙(편), 『북한문헌연구: 문헌과 해제 V』 서울: 경남대학교 출판부, 2004.

이금순, 『북한주민의 거주·이동: 실태 및 변화전망』 서울: 통일연구원 2007.

정일영, 『북한 사회통제체제의 기원』 서울: 선인, 2018.

통일부 통일교육원, 『2021 통일문제 이해』 서울: 통일부 통일교육원 2021.

한국산업은행조사부, 『한국산업경제십년사: 1945–1955』 서울: 한국산업은행조사부, 1955.

한국정치외교사학회(편), 『한국전쟁과 휴전체제』 서울: 집문당, 1998.

허문영, 전강수, 남기업, 『통일대비 북한토지제도 개편방향 연구』 서울: 통일연구원, 2009.

브루스 커밍스(저), 김자동(역), 『한국전쟁의 기원』 서울: 일월서각, 1986.

안드레이 란코프(저), 김광린(역), 『소련의 자료로 본 북한 현대정치사』 서울: 오름, 1995.

1970~1980년대
역사적 사건

푸에블로호 나포(1968년 1월 23일)

푸에블로호 나포사건은 1968년 1월 23일 미국 해군 정보수집함인 푸에블로호가 원산 앞바다에서 북한 해군에 의해 나포된 사건이다. 당시 미군의 발표에 따르면, 이날 푸에블로호는 13시 45분에 동경 127°54′3″, 북위 39°25′ 공해상에서 무장한 4척의 북한 초계정과 미그기 2대의 위협 아래 원산항으로 납치됐다. 그러나 북한은 북한의 영해가 침범당했다고 주장하면서 푸에블로호를 귀환시키지 않았다.

당시 푸에블로호에는 함장이었던 로이드 피트 부커 중령을 비롯하여 6명의 해군장교, 수병 75명, 민간인 2명 등 총 83명이 승선하고 있었다. 미국은 이들의 송환을 위해 북한을 국가로 인정하지 않았던 기존의 대외정책을 선회하여 북한(North Korea)대신, 조선민주주의 인민공화국(Democratic People's Republic of Korea) 공식 호칭을 사용하여 북한 영해침범을 사과하는 승무원 석방문서에 서명하였다. 이로써 나포 11개월이 지난 1968년 12월 23일, 푸에블로호 승선인원 83명(사망자 13명 포함)은 판문점 '돌아오지 않는 다리'를 통해 귀환하였다.

대동강 유역에 전시된 푸에블로호

군복을 입은 북한 가이드가 외국인 관광객들에게 푸에블로호 사건에 대해 설명하고 있는 모습

북한의 국제기구 가입과 서유럽 실리외교(1970년대)

북한은 1970년대부터 서방권에 대한 외교를 적극적으로 추진하였다. 그 배경에는 냉전시대 동서진영 간의 긴장완화로 1971년 중국의 UN가입, 1972년 닉슨 미국대통령의 중국방문과 미중관계 개선, 미소 전략무기제한협정(SALT) 체결, 중일 국교정상화와 국제사회에서 남한과 북한의 대결 등이 있었다.

1973년부터 북한은 유엔을 포함한 여러 국제기구에 가입을 시작하였다. 동시에 제3세계에 속하는 국가들을 대상으로 국교수립을 맺기 시작하면서 외교적으로 남한과 체제경쟁을 벌였다. 1973년 7월 북한은 유엔의 옵서버(observer) 자격을 획득하였고, 같은 해 9월, 상주 대표부를 유엔본부에 개설하였다. 북한은 1973년 제28차 유엔총회부터 한반도 문제에 대한 토의에 참여하면서 한반도의 정당한 정권은 북한이라는 입장을 개진하였다.

북한은 유엔 산하기구와 기타 국제기구에도 가입하기 시작하였는데, 1973년에는 세계보건기구(WHO)와 유엔무역개발회의(UNCTAD)에 가입하였고, 1974년에는 만국우편연합(UPU), 유엔교육과학문화전문기구(UNESCO), 세계지적재산권기구(WIPO)에 가입하여 활동하기 시작하였다.

국교수립의 측면에서 1973년 4월부터 7월까지는 스웨덴, 핀란드, 노르웨이, 아이슬란드 등 북유럽 국가들과 국교를 수립하였고, 이어서 1974년 오스트리아, 스위스, 1975년 포르투갈과도 수교하였다. 그러나 경제협력 중심의 대서유럽 관계개선은 석유파동에 따른 무역수지의 악화로 1975년 북한이 모라토리움(지불유예)을 선언하며 중단되었다.

7.4 남북공동성명과 북한의 평화협정 체결 제안(1974년 3월 25일)

1970년대 미중데탕트 국면에 맞춰서 남북도 관계 개선에 대한 노력이 있었다. 1972년의 7.4 남북공동성명이 그것인데, 이는 남북이 최초로 발표한 공동성명으로 핵심은 통일의 원칙을 합의한 데 있다. 국제적인 데탕트 분위기에 시작된 남북대화였으나 1973년 8월에 다시 중단되었다.

조국통일의 3대 원칙

첫째, 통일은 외세에 의존하거나 외세의 간섭을 받음이 없이 자주적으로 해결해야 한다.

둘째, 통일은 서로 상대방을 반대하는 무력행사에 의거하지 않고, 평화적 방법으로 실현하여야 한다.

셋째, 사상과 이념, 제도의 차이를 초월하여 우선 하나의 민족으로서 민족적 대단결을 도모하여야 한다.

한편, 북한은 1974년 이전까지는 남북평화협정 체결을 제안하였으나 1974년 3월 25일 최고인민회의 제5기 제3차 회의에서 '미합중국 국회에 보내는 편지'를 채택하면서 평화협정체결의 당사자를 남한이 아닌 미국으로 규정하였다. 이후 미국이 4자회담을 역제안했으나, 북한이 거부하였다. 이 시기 북한은 정전협정의 당사자로서 한국을 배제하고 북미 간의 평화협정체결을 지속적으로 고수하였다.

비동맹운동(Non-Aligned Movement, NAM) 가입(1975년 8월 30일)

북한은 1975년 8월 25일 비동맹운동 정식회원국으로 가입하였다. 북한에서는 '쁠럭(block)불가담(不加擔)운동'이라고 부른다. 이 국제조직은 냉전시대 주요 강대국 블록에 속하지 않은 나라를 중심으로 1955년 반둥회의를 거쳐 1961년 세르비아의 수도 벨그리아에서 25개국으로 창설되었다.

북한은 비동맹운동 국가들과 억압의 역사를 바탕으로 '반식민주의'에 공감대가 있었다. 이를 기반으로 북한은 '일국가 일표제'를 원칙으로 하는 UN에서 외교적 지지기반을 확보하고 북한에 우호적인 국제여론을 조성하기 위해 비동맹 운동에 적극적으로 참여해왔다. 북한은 이러한 지지기반으로 1975년 제30차 유엔총회에서 한반도 평화와 안보를 위해 유엔사 해체와 미군 철수를 촉구하는 내용의 결의안을 찬성 54표, 반대 43표, 기권 42표로 통과시켰는데,

이 중 제3세계 국가들의 표가 44표였다.

8.18 판문점 도끼만행사건(1976년 8월 18일)

판문점 도끼만행사건은 1976년 8월 18일, 판문점의 공동경비구역(JSA)에서
북한이 미국 장교 2명을 도끼로 살해한 사건이다. 당시 미군과 한국 노무자는
UN군 측 제3초소 근방에서 초소의 시야를 가리는 미루나무 가지치기 작업을
진행하고 있었다. 이때 북한군이 미군에게 작업 중지를 요구하면서 시비가 붙
었고, 북한군이 도끼, 삽 등으로 이들을 공격하면서 미군 중대장 대위와 소위
가 살해되었고 8명이 중상을 입었다.

　미군은 즉시 북한 측에 해명과 배상을 요구하면서 무력시위를 단행했다. 항
공모함이 호위함과 함께 한국 해역으로 항진하였고 괌과 오키나와에 배치되었
던 미군 전투기, 폭격기가 한반도로 이동하였다. 핵 탑재가 가능한 F111 전투
기가 대구 비행장으로 전진배치되었다. 유엔군도 단호한 태도를 고수하였다.

판문점 도끼만행사건

1976년 8월 21일 미군이 문제의 미루나무를 절단하는 과정에서 JSA 내 북한군 초소가 파괴되었다. 이를 북한군이 침묵하면서 확전되지는 않았다. 이 사건은 김일성이 직접 유감서명을 표하면서 일단락되었다. 이것이 계기가 되어 JSA 군사분계선이 남북으로 나뉘고 '돌아오지 않는 다리'가 폐쇄되었다.

미얀마 아웅산 폭탄 테러(1983년 10월 9일)

아웅산 폭탄 테러는 1983년 10월 9일, 미얀마(당시 버마) 국립묘지인 아웅산에서 전두환 대통령의 참배를 준비하던 수행 관료들이 북한의 폭탄 테러를 받은 사건이다. 대통령이 도착하기 전에 자행되어 본래 북한의 전두환 대통령 암살계획은 무산되었으나 이로 인해 당시 남한의 수행 관료 중 17명이 사망하고 14명이 부상당했다.

미얀마 정부는 그해 10월 17일, 이 사건을 북한의 특수공작원에 의해 자행된 테러임을 공식 발표하고 11월 4일 북한과 외교를 단절하고 정권승인을 취소하였다.

이 시기 북한은 1980년 제6차 당 대회에서 "자주, 친선, 평화"를 외교정책의 기본이념으로 수립하고 '구라파의 자주화를 위한 연대성'을 강화한다는 명목으로 자본주의 국가와의 경제협력을 통한 대외무역의 확대를 추진하고 있었다. 그러나 이 테러사건은 자본주의 국가들의 북한에 대한 불신을 확대시켰고 북한은 결국, 이 국가들과의 경제협력에 대한 성과를 얻지 못하였다.

KAL기 폭파사건(1987년 11월 29일)

KAL기 폭파사건은 1987년 11월 29일, 바그다드에서 아부다비, 방콕을 경유하여 서울로 가던 대한항공(KAL) 858기가 북한 공작원에 의해 미얀마 안다만 해역에서 공중 폭발한 사건으로 탑승자 115명이 전원 사망하였다. 당시 사고 비행기에 한국 입국 금지자 2명이 탑승했었다가 1차 경유지에서 내렸다는 보도를 통해, 아부다비 공항을 빠져나가는 북한 대남공작원 김현희, 김승일이

대한항공(KAL) 858기의 모습

체포되었다. 체포된 김승일은 독약을 먹고 자결했으나 김현희는 소량을 삼켜 자결에 실패하였다. 이후 김현희는 1988년 1월 15일 TV기자회견을 통해, 본인이 대한항공 858기 폭파범이며 1987년 10월 7일 김정일의 친필 지령을 받아 수행하였다고 발표하였다.

　미국 정부는 이 사건을 국제테러행위로 규탄하고 대북한 외교접촉허가 취소 등 통상·외교적 제재조치를 결정하면서 북한을 테러지원국으로 지정하였다.

세계청년학생축전(1989년 7월 1일)

세계청년학생축전은 1947년부터 세계민주 청년동맹과 국제학생동맹이 공동으로 제3세계 청년학생들의 평화, 친선도모를 목적으로 개최되었는데, 북한은 1989년 7월 1일부터 8일까지 제13차 세계청년학생축전을 평양에서 개최하였다.

제13차 세계청년학생축전
엠블럼(위)과 기념우표(아래)

당시 북한은 경제사정이 악화되고 있는 상황에서도 1988년 서울올림픽이 개최되자 체제경쟁의 일환으로 평양축전을 개최하였다. 북한은 이를 위해 대규모 경기장, 공연장, 호텔 등을 무리하게 준비하였다.

한편, 이 축전에 남한의 전국대학생협의회 대표로 임수경이 참가하면서 평화협정 체결과 주한미군 단계적 철수 등을 내용으로 하는 남북청년학생 공동 선언문을 채택하였다. 임수경은 방북 46일만에 판문점으로 귀환하였으나 국가보안법 위반 혐의로 체포되었다.

특별세션 참고자료

고태우, 『북한사 다이제스트100』 서울: 가람기획, 2015.
국가기록원 홈페이지(기록으로 보는 남북회담).
김학준, 『북한50년사』 서울: 동아출판사, 1995.
정일영, "북한의 대(對) 유럽정책: 전략과 김정은 시대의 함의," 『아태연구』 제25권 제2호(2018).
통일교육원, 『북한지식사전』 서울: 통일교육원, 2015.

북한의 역사
part 2
새로운 길의 모색

학습 목표

❶ 1990년대 중반 북한에서 발생한 체제 위기의 원인은 무엇인지 이해
❷ 김정일 체제의 등장과 선군정치의 특징을 이해
❸ 김정은 체제 이후 한반도 정세와 북한 사회의 변화를 이해

열쇠말

북핵 위기, 고난의 행군, 선군정치, 남북정상회담, 새로운 길

01

1990년대
북한의 위기

1) 사회주의의 붕괴와 한반도

소련과 동구 사회주의의 붕괴

1985년 등장한 소련의 미하일 고르바초프(Mikhail Gorbachev)는 페레스트로이카(Perestroika, 개혁), 글라스노스트(Glasnost, 개방) 정책을 추진하게 된다. 미국과 소련의 무한 군비경쟁과 사회주의 계획경제의 한계로 소련 경제는 돌이킬 수 없는 위기를 맞게 되었다. 소련의 변화 노력에도 불구하고 경제적 위기는 정치적 민주화와 함께 소비에트연방의 해체로 귀결되었다. 소련 공산주의의 몰락은 소련을 중심으로 유지되었던 동구 사회주의의 해체와 체제전환으로 이어졌다.

마르크스의 사상과 레닌의 혁명, 그리고 스탈린의 절대 권력을 정점으로 미국과 함께 세계를 양강으로 분할했던 소련은 그렇게 역사의 뒤안길로 사라졌다.

짧았던 한반도의 봄

동유럽에서 불어온 훈풍은 한반도에 새로운 변화를 가능하게 했다. 남북은

소련해체 및 독립국가연합(CIS) 수립 합의서에 서명하고 있는 모습

1991년 「남북기본합의서」를 체결하고 전면적인 관계개선에 합의했다. 그러나 한반도의 봄은 길지 않았다. 한반도 냉전의 한 축이었던 소련과 중국이 한국과 국교정상화를 이룬 반면, 북한은 미국, 일본과 관계정상화에 미온적으로 대응하면서 고립되고 말았다.

노태우 정부의 북방정책

소련과 동유럽 사회주의 국가들의 체제전환은 한반도 냉전 체제에 새로운 변화를 가져왔다. 한국의 노태우 정부는 적극적인 북방정책으로 소련과 중국, 그리고 동유럽 사회주의 국가들과 국교를 정상화했으며 북한과도 적극적인 대화를 추진했다.

한국은 1988년 국교가 수립되어 있지 않았던 헝가리, 폴란드, 유고슬라비아와 국교를 정상화하였고 1990년에는 소련과 체코, 불가리아, 루마니아, 몽골, 그리고 1992년에는 중국과 외교를 정상화함으로써 적극적인 북방정책을 통해 한반도 냉전체제를 해체하기 위해 노력하였다.

한국은 북방정책의 성공을 바탕으로 남북 협상을 통해 1991년 역사적인

「남북기본합의서」를 체결하였으며 1992년 「한반도의 비핵화에 관한 공동선언」에 합의하는 성과를 이루었다.

2) 북한의 핵 개발과 한반도 위기

제1차 북핵 위기

1989년 프랑스의 상업 위성이 북한 영변의 핵시설을 촬영하면서 한반도는 새로운 위기에 직면했다. 1992년 국제원자력기구(IAEA)는 북한의 핵시설을 사찰하는 과정에서 플루토늄의 조작과 신고되지 않은 핵시설에 대한 특별사찰을 요구했으나 북한은 이를 거부했다. 결국은 북한이 1993년 3월 핵확산금지조약(NPT) 탈퇴를 선언하면서 제1차 북핵 위기가 발발하였다.

당시 미국은 북한 핵시설에 대한 타격을 계획했으나 전쟁으로 확대 시 엄청난 인명피해가 발생할 것으로 예상되면서 군사작전이 아닌 협상을 통한 문제해결을 시도하게 된다.

전쟁 위기와 카터의 중재

북핵 위기로 조성된 한반도의 긴장은 1994년 6월 카터 전(前) 미국 대통령이 방북해 김일성 주석과 회담하며 새로운 전환점을 맞았다. 두 사람은 관련국들이 경수로원자로를 북한에 건설하는 대신 북한이 NPT에 복귀하고 사찰을 수용하는 데 합의하게 된다. 이와 같은 합의는 1994년 10월 「북미 제네바 합의」를 통해 명문화되었다.

또한, 카터 전 대통령이 김일성 주석에게 남북정상회담을 전격 제안하고 당시 김영삼 대통령이 이를 수용하면서 역사적인 남북정상회담에 합의하게 된다.

그러나 남북정상회담을 준비하던 김일성 주석이 1994년 7월 갑작스레 사망하면서 한반도는 또다시 격랑 속에 진입하였다.

3) 김일성 주석의 사망과 유훈통치

수령의 죽음

남북정상회담 준비가 한창이던 1994년 7월 8일 김일성 주석의 사망 소식이 타전됐다. 사회정치적 생명체의 뇌수로 여겨졌던 김일성의 사망은 북한 사회에 큰 충격을 가져왔다.

남북정상회담을 앞둔 상황에서 김일성 주석의 죽음은 북한만큼이나 한국 사회에도 커다란 혼란을 야기했다. 당시 한국의 일부 대학가에서 비밀리에 김일성 주석의 사망을 추모하고 일부 개인과 단체가 조문을 위한 방북을 추진하였다. 결국, 한국 정부가 장례식 참석을 불허하면서 일명 '조문파동'이 발생하였고 남북관계는 다시 악화되고 만다.

죽은 수령의 유훈통치

북한 사회에서 김일성의 죽음은 사회정치적 생명체의 뇌수가 그 활동을 중단했음을 의미했다. 그만큼 그의 죽음은 그 무엇으로도 대체 불가한 통치체제의 위기를 가져왔다.

오랜 기간 후계자 수업을 받은 김정일조차도 그를 대신하기에는 역부족이었다. 결국, 김정일은 죽은 김일성의 유훈을 통치의 도구로 활용하는 유훈통치에 상당 기간 의존하게 된다.

유훈통치

유훈통치란, 김일성 주석 사후 권력을 계승한 김정일 국방위원장이 김일성의 유훈임을 내세워 국내 정치의 정통성과 권위를 강화했던 통치형태를 의미한다. 그만큼 김일성의 죽음은 후계자인 김정일조차 감당하기 어려운 통치권력의 공백을 가져왔다.

김일성의 유훈을 담은 벽화의 모습

김정일 체제와
선군정치

1) 후계자 김정일

검은 선글라스에 작은 키, 은둔의 지도자로 알려진 김정일은 수령의 죽음과
사회주의 형제국가들의 붕괴, 최악의 경제 위기로 체제붕괴론이 한창이던 상
황에서 북한의 최고지도자로 등장하였다.

김정일은 누구인가?

- 출생: 1942년 2월 16일 러시아 하바롭스크
- 가정환경: 김일성(父)과 김정숙(母) 사이에서 삼남매 중 첫
  째로 태어났으며, 1949년 생모 김정숙 사망
- 학업: 1964년 김일성종합대학 경제학부 정치경제학과
  졸업
- 후계수업: 당 조직지도부, 선전선동부에서 후계수업
- 후계자 지명: 1980년 제6차 당 대회에서 후계자로 지명
- 사망 당시 직함: 국방위원회 위원장, 인민군 최고사령관,
  조선노동당 총비서

김정일의 후계수업

1964년 김일성종합대학을 졸업한 김정일은 1973년 전개된 3대혁명 소조운동을 주도하고 1975년 '3대혁명 붉은기쟁취운동'을 발기하며 새로운 시대를 대변하는 후계자로 성장해 갔다. 김정일은 당 조직지도부와 선전선동부에서 후계수업을 받았는데, 특히 혁명역사를 상징하는 대규모의 상징물을 건설하고 '피바다' 등 혁명가극을 통해 혁명원로들의 지지를 이끌어낸 것으로 평가된다.

  김정일이 후계자로 공식화된 것은 1980년 10월에 개최된 조선노동당 제6차 당 대회였다. 이 대회를 통해 김정일은 정치국(상무위원)과 비서국(비서), 군사위원회(군사위원) 등 당내 권력을 이양받으며 2인자의 자리를 차지하게 된다.

3대혁명소조운동

3대혁명소조운동은 사상, 기술, 문화의 3대혁명을 달성하기 위한 목적으로 소그룹을 각 분야와 지역에 파견한 혁신운동이다. 3대혁명소조는 정치사상적으로 단련되고 현대적인 교육을 받은 선진자들, 즉 청년지식층과 당원, 과학자와 기술자 등으로 구성되었다. 이들은 3대혁명이 강조되는 산업분야 또는 농촌 지역에 파견되어 당의 정책과 노선을 전파하는 역할을 담당하였다.

---

2) 고난의 행군과 선군정치

고난의 행군

국가 경제가 붕괴되다시피 한 1990년대 중반, 북한은 이 시기를 '고난의 행군' 시기로 명명하였다. 김일성이 일제 관동군에 쫓겨 백두산 인근에 은둔한 시기를 빗댄 표현이다. 그만큼 고난의 행군 시기는 북한 주민들에게 죽음의 공포로 남아 있다.

고난의 행군

고난의 행군은 1938년 김일성의 항일빨치산이 일본군의 추격을 따돌리기 위해 100여 일간 진행한 행군을 말한다. 북한에서 고난의 행군은, "자력갱생, 간고분투의 정신, 어떠한 어려운 역경 속에서도 패배주의와 동요를 모르는 낙관주의 정신, 불굴의 혁명정신"으로 강조된다. 북한은 1990년대 중반 김일성 주석의 사망과 식량난으로 인한 체제 위기를 '고난의 행군' 정신으로 헤쳐나갈 것을 강조하였는데, 지금도 당시를 '고난의 행군' 시기로 표현한다.

김일성과 김정일 그림

무엇보다도 경제 위기는 국가 공급의 위기를 가져왔다. 물자공급의 위기는 생산활동의 중단을 가져왔고, 식량난은 배급제의 붕괴를 가져왔다. 결국, 공급의 위기는 대량 아사와 탈북으로 이어졌다.

사회적 혼란과 비공식 영역의 확대

국가 공급체계의 붕괴는 북한 사회 전반의 혼란을 가져왔다. 국가가 의식주를 공급하고 생산물자와 에너지를 공급하는 체계에서 이와 같은 공급의 붕괴는 공장을 멈춰 세웠고 주민들이 식량을 구하기 위해 일상 공간으로부터 이탈하는 결과를 가져왔다.

또한, 국가 공급이 붕괴됨에 따라 새로운 공간, 즉 암시장이 전국적으로 확대되어 갔다. 스스로 생존을 추구해야 하는 주민들은 국가(당)가 통제하는 조직 생활로부터 이완되어 갔으며 시장은 비공식적인 사적 네트워크가 확산되는 공간이 되었다.

선군정치의 등장

그렇다면 국가는 북한 사회의 변화와 주민들의 소극적 저항에 어떻게 대응했을까? 북한은 군대를 앞세우는 선군정치를 주창하며 사회통제로부터 구성원의 이탈을 방지하려 했다.

선군정치

선군정치는 군(軍)을 우선하는 통치방식이라 할 수 있다. 북한에서 선군정치란 "군사선행의 원칙에서 혁명과 건설에서 나오는 모든 문제를 해결하고 군대를 혁명의 기둥으로 내세워 사회주의 위업 전반을 밀고 나가는 영도방식"을 말한다.

북한은 또한 위로부터의 개혁을 통해 사회의 변화를 흡수하려 하였다. 북한은 2002년 7.1경제관리개선조치(이하 7.1 조치)를 통해 이완된 계획경제를 재건하기 위해 노력했다. 그러나 국가 주도의 개혁은 실패로 돌아갔다. 공급

비공식 시장 영역에서 장사 준비를 하는 북한 주민

의 한계로 계획경제체제가 이완된 상태에서 암시장의 확산과 주민들의 이동을 과거와 같이 통제할 수는 없었다. 결국, 북한은 2003년 종합시장을 공식화하고 생산현장의 자율성을 점차 확대해나가게 된다.

3) 새로운 남북관계의 모색

김일성 주석의 사망 이후 악화되었던 남북관계는 햇볕정책을 내세운 김대중 정부의 등장과 함께 새로운 전환을 맞게 되었다.

남북정상회담의 개최

2000년 6월 14일, 김대중 대통령 내외를 태운 비행기가 평양 순안공항에 내려앉았다. 역사적인 남북정상회담이 개최된 것이다. 양 정상의 만남은 남북이 정부를 수립한 이후 처음으로 이루어지는 정상 간 만남이었다.

2000년 6월의 남북정상회담은 정치, 군사, 경제, 그리고 사회의 전 분야에

2000년과 2007년 남북정상회담

서 교류와 협력을 강화할 것을 담은 6.15 남북공동선언을 탄생시켰다. 또한,
2007년 10월에 개최된 두 번째 남북정상회담은 금강산 관광사업과 개성공단

개발사업 등 남북경제협력을 본격화하는 계기가 되었다.

남북경제협력의 확대

남북 간 경제협력사업은 2000년 남북정상회담을 전후로 시작되었다. 먼저 금강산 관광사업은 1998년 현대아산과 북한이 「금강산 관광사업에 관한 합의서」를 체결하며 구체화되었다. 금강산 관광은 해로관광으로 시작되었으나 2003년 육로관광으로 확대되었다. 2008년까지 약 193만 명의 대한민국 국민이 금강산을 관광하였다.

개성공단 개발사업은 2000년 8월 현대아산과 북한이 「공업지구 건설 운영에 관한 합의서」를 체결하며 시작되었다. 북한은 해주 개발을 제안했으나 현대아산이 개성을 역제안하며 개성에 공단을 건설하게 된다. 개성공단은 총 3단계 개발을 목표로 추진되었는데 2016년 개성공단이 중단될 때까지 125개의 우리 기업이 진출해 약 32억 달러의 누적생산액을 기록했다.

두 차례의 남북정상회담은 남북 간 교류와 협력을 통해 한반도에서 군사적 긴장을 완화함으로써 통일을 향한 한민족의 염원을 실천하는 디딤돌이 되었다. 다만 양 정상의 정치적 합의가 사회 전반의 교류와 협력으로 확산되지 못했으며 제도화되지 못하는 한계를 내재하고 있었다.

또한, 북한이 핵개발을 포기하지 않고 무력도발을 지속하면서 남북관계는 악화되었을 뿐만 아니라 기존에 진행되던 남북경협이 전면 중단되는 위기를 맞았다.

남북 최초의 관광협력지대인 금강산의 전경

개성공단의 모습

더 알아봅시다!

북한이탈주민의 남한정착

현재 한국에는 몇 명의 북한이탈주민이 살고 있을까요? 한국에서 생활하고 있는 북한이탈주민은 2020년 6월 기준 33,670명입니다. 그중 남성은 9,404명, 여성이 24,266명으로 여성이 전체 북한이탈주민 중 72.1%를 차지하고 있습니다. 북한이탈주민은 한국에서 어떻게 정착할까요? 현재 한국에서는 북한이탈주민의 정착을 돕기 위한 제도를 마련하고 있습니다. 사회 정착이후 5년 동안 보호기간을 정해 초기정착금, 주거지원금, 의료보호, 취업지원, 교육지원 등 정착에 필요한 제도를 마련하고 있습니다.

한국에서 살고 있는 북한이탈주민에게는 어떤 어려움이 있을까요? 북한이탈주민의 여러 가지 어려움 중에는 북한이탈청소년의 학업중단 문제가 있습니다. 물론 10년 전 북한이탈청소년의 높은 학업 중단율을 비교하면 현재 학교적응이 상당히 안정화 되었다고 할 수 있습니다. 하지만 여전히 일반인 학생들의 낮은 학업 중단율에는 크게 미치지 못하고 있는데요. 그 이유는 북한이탈청소년의 가정환경에 있습니다. 북한이탈청소년의 경우 한부모가정이 많고 부모의 경제활동 참여가 증가하면서 자녀를 돌볼 수 있는 시간이 부족하기 때문입니다. 이로 인해 학업문제, 교우관계문제, 대인관계문제, 가족내 갈등으로 학업을 중단하는 사례가 많아지는 것입니다. 이러한 북한이탈청소년의 학업 중단율을 낮추고 학교생활에 잘 적응하게 하는 것은 향후 북한이탈청소년들의 사회적응에 중요한 요소라는 점에서 한부모가정에 대한 국가적, 사회적 관심과 배려가 절실해 보입니다.

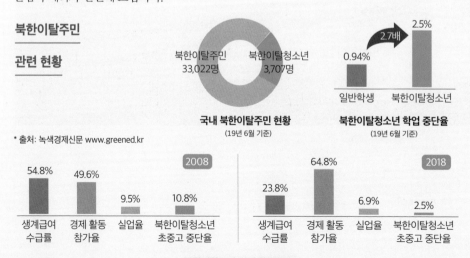

북한이탈주민

관련 현황

북한이탈주민
33,022명

북한이탈청소년
3,707명

국내 북한이탈주민 현황
(19년 6월 기준)

0.94%

2.7배

2.5%

일반학생   북한이탈청소년

북한이탈청소년 학업 중단율
(19년 6월 기준)

* 출처: 녹색경제신문 www.greened.kr

2008

54.8%

49.6%

9.5%

10.8%

생계급여
수급률

경제 활동
참가율

실업률

북한이탈청소년
초중고 중단율

2018

23.8%

64.8%

6.9%

2.5%

생계급여
수급률

경제 활동
참가율

실업률

북한이탈청소년
초중고 중단율

북한이탈주민 경제 활동 현황

03

김정은 시대의
개막

1) 김정은의 등장

김정일의 사망과 김정은의 등장

2012년 강성대국 건설의 꿈을 품고 있었던 김정일 국방위원장이 2011년 12월에 사망하였다. 김정일이 20년 이상 후계자 수업을 받았던 것과 달리 그의 후계자는 짧은 기간의 후계수업을 마친 뒤 최고권력자의 지위를 물려받게 되었다.

김정일 위원장의 후계자는 그의 세 아들 중 막내였던 김정은이었다. 당시 한국의 언론에서 후계자로 언급조차 되지 않았던 김정은은 어떤 인물인가?

김정은은 김정일 당시 국방위원장의 건강이 악화된 2009년 초 후계자로 부상한 것으로 추정된다. 그는 2009년 최고인민회의 위원으로 선출되었고, 2010년 9월 당대표자회를 통해 당 정치국 위원, 당중앙군사위원회 부위원장, 인민군 대장으로 임명되며 후계자로 공식 지명되었다.

김정은의 통치전략

김정일 국방위원장 사후인 2012년 4월, 당 제1비서와 국방위원회 제1위원장

김정일의 운구차를 호위하는 김정은

* 출처: 연합뉴스

2010년 9월 28일 당 대표자회의에 참석한 김정은

* 출처: 연합뉴스

김정은은 누구인가?

- 출생: 1984년 1월 8일생
- 가정환경: 김정일(父)과 고용희(母) 사이에서 삼남매 중 둘째로 태어났으며, 배다른 형제로 김정남(사망)과 김설송이 있음
- 학업: 스위스 베른 귀믈리겐 국제학교 수학, 김일성군사종합대학교 졸업
- 후계자 지명: 김정일의 건강 악화로 2010년 9월 당 중앙군사위원회 부위원장, 당 중앙위원회 위원으로 지명되며 후계자로 등장
- 현재 직위: 조선노동당 총비서, 국무위원회 위원장, 인민군 최고사령관

에 선출된 김정은은 통치엘리트에게는 공포 정치를, 북한 주민들에게는 친서민 이미지를 구축하는 모습을 보여왔다.

특히, 고모부인 장성택을 처형함으로써 세대교체에 대한 저항을 무력화시키는 한편, 주민 친화적인 현지 시찰을 지속함으로써 아버지인 김정일 국방위원장과 차별화된 지도자의 모습을 보여왔다.

장성택의 숙청

장성택은 김정일 국방위원장의 여동생 김경희의 남편으로, 김정은 위원장의 고모부이다. 그는 김정일 시대의 2인자로서 2009년 국방위원회 부위원장에 올랐으나 김정은이 권력을 장악한 후인 2013년 12월 당 중앙위원회 현장에서 체포된 후 특별군사재판과 함께 사형에 처해졌다.

2) 김정은 시대의 북한

권력을 장악한 김정은은 조선노동당을 정상화하는 동시에 국무위원회를 강화함으로써 정상국가로서 북한의 정치체제를 변모시켜 나갔다.

7차 당 대회 개최

김정은 시대는 당의 지배를 복원하는 것으로부터 시작되었다. 김정은은 2016년 5월 6일 36년 만에 조선노동당 대회를 개최하고 당-국가 체제를 재정비하게 된다. 북한은 7차 당 대회를 통해 선군정치의 상징이었던 국방위원회를 대신할 국무위원회를 설립하였다. 김정은은 스스로 국무위원장으로 취임한 후 국무위원회를 중심으로 친위체제를 구축했다.

북한은 또한, 2018년 4월 조선노동당 제7기 3차 전원회의를 개최하고 기존의 '경제·핵무력 건설 병진 노선'을 '경제집중노선'으로 변경하고 경제문제 해결에 국가역량을 집중하게 된다.

김정은 친위체제의 구축

2019년 4월 11일 개최된 최고인민회의 제14기 제1차 회의는 진정한 의미에서 김정은 시대의 시작을 대내외에 공표한 사건이라 할 수 있다. 북한은 최고인민회의를 통해 과학기술을 강조하는 등 새로운 시대에 맞는 사회주의 헌법 개정을 단행하였다. 또한, 김일성 시대부터 최고인민위원회 상임위원장의 직책을 수행한 김영남을 최룡해로 교체하였으며, 국무위원회를 김정은의 인물들로 새롭게 재구성하는 등 대대적인 권력구조 개편을 단행하였다.

김정은 시대의 북한은 경제 위기의 극복과 미국과의 북핵협상을 해결해야 하는 과제를 안고 출범했으나 아직까지 구체적인 성과를 보여주지 못하고 있다.

북한의 2기

국무위원회 구성

위원장
김정은

제1부위원장
최룡해 최고인민회의
상임위원장

부위원장
박봉주 조선로동당
부위원장

김재룡
당중앙위원회
정치국 상무위원

리만건 조선로동당
부위원장 겸
조직지도부장

김형준 조선로동당
부위원장 겸
국제부장

리병철 조선로동당
부위원장 겸
군수공업부장

김영철 조선로동당
부위원장 겸
통일전선부장

리선권
외무상

김수길
총정치국장

김정관
인민무력상

김정호
인민보안상

정경택
국가보위상

최선희 외무성
제1부상

* 당시 국무위원회 위원으로 선임되었던 박봉주, 리만건, 김수길, 김형준, 김정호 등은 현재 국무위원회에 소환된 것으로
추정되며, 내각 총리는 김재룡에서 김덕훈으로 교체(2020.8)

3) 한반도 위기와 대안의 모색

북한의 핵 개발과 대북제재

북한은 2016년 두 차례의 핵실험, 그리고 2017년 9월의 6차 핵실험과 12월
의 대륙간탄도미사일 발사까지 거침없는 속도전으로 핵무력 완성을 천명하
였다. 이에 대응해 UN 안전보장이사회(이하 안보리)는 대북제재 결의안의 수

평창 동계올림픽 남북단일팀 입장 모습과 북한응원단 응원 모습

위를 높여갔다. 2016년 이후 결의된 UN안보리의 대북제재는 이전에 없었던 가장 강력한 수준의 제재라 할 수 있다.

국제사회의 대북제재는 북한의 물자와 인력, 자금을 전면적으로 통제하는 광범위한 봉쇄조치였다. 특히 기존에 대북제재에 미온적이었던 중국이 대북제재에 동참함으로써 이전과 다른 강력한 제재가 지속되고 있다.

평창 동계올림픽과 북핵협상의 시작

2017년 12월 새롭게 등장한 트럼프 미국 대통령이 북한과의 무력충돌을 불사하겠다고 주장하면서 한반도는 전쟁의 먹구름이 가득했다. 그러나 2018년 평창 동계올림픽을 계기로 한반도는 새로운 전기를 맞게 된다.

북한이 김정은 위원장의 여동생 김여정과 당시 최고인민회의 상임위원회 위원장이었던 김영남을 파견하고 미국에서 마이크 펜스 부통령이 참석함으로써 한반도 평화의 새로운 전환을 가능케 했다.

평창 동계올림픽에 남북단일팀이 참여하고 북한이 고위급 인사를 파견하면서 북핵 문제 해결을 위한 대화가 본격적으로 재개되었다. 2018년 두 차례의 남북정상회담이 개최됐으며, 같은 해 6월 12일 역사적인 싱가포르 북미정상회담이 개최되기도 하였다.

다만 기대를 모았던 2019년 2월 하노이 북미정상회담이 성과 없이 종료되면서 북핵협상은 난관에 봉착하였다.

국내외의 위기와 북한의 '정면돌파' 선언

북미 간 북핵협상이 지지부진한 상황에서 북한은 2019년 12월 조선노동당 중앙위원회 제7기 제5차 전원회의를 개최하고 국제사회의 대북제재에 맞서 '정면돌파'를 선언하였다.

북한은 미국과 한국 등 국제사회의 대화재개 요구에도 불구하고 일방적인 양보를 허용할 수 없음을 분명히 한 것이다. 북한은 전원회의를 통해 '핵억지력'을 강화하고 대북제재에 따른 경제 위기를 '자력갱생'으로 돌파할 것을 강조하였다.

북미관계와 남북관계가 경색된 상황에서 2020년 불어닥친 코로나19 바이러스의 전세계적 유행은 국가 간 대화를 제약하는 또 다른 원인이 되었다. 북한은 코로나19 바이러스가 중국에서 확산된 이후 국경을 봉쇄하며 강력하게 대응했으나 국경봉쇄에 따른 외부 물자공급의 중단은 경제위기를 가중시켰다. 결국 김정은 체제는 2021년 1월 제8차 당대회를 통해 국가경제발전 5개년 전략의 실패를 인정하고 내각을 중심으로 내부자원을 최대한 동원하는 방식으로 경제위기를 극복하겠다는 새로운 국가전략을 제시하였다. 그러나 코로나19 팬데믹 상황이 지속되는 상황에서 북한이 내외의 위기를 단기간에 극복하기는 어려울 것으로 전망된다.

학습 정리

❶ 1990년대 중반 북한에서 발생한 체제 위기는 북한의 정치, 경제, 사회의 모든 영역에서 변화를 가져왔다.

❷ 김정일 체제는 체제 위기를 극복하기 위해 군(軍)을 우선시하는 선군정치를 주창하였으나 시장의 확대 등 사회변화를 막지 못했다.

❸ 현재 한반도는 북한의 핵개발과 미국을 중심으로 한 국제사회의 대북제재로 위기를 맞고 있으나 대화를 통한 한반도 문제 해결을 위해 노력하고 있다.

추천문헌

김연철, 『70년의 대화』 파주: 창비, 2018.

전미영(편), 『김정은 시대의 문화』 파주: 한울, 2014.

조정아, 최은영, 『평양과 혜산, 두 도시 이야기』 서울: 통일연구원, 2017.

이상만 외, 『이제는 통일이다』 서울: 헤럴드경제, 2014.

이우영(편), 『북한 도시주민의 사적 영역 연구』 파주: 한울, 2008.

임동원, 『피스메이커』 서울: 중앙books, 2008.

임동원, 백낙청 외, 『다시 한반도의 길을 묻다』 서울: 삼인, 2010.

필립 젤리코, 콘돌리자 라이스(저), 김태현, 유복근(역), 『독일 통일과 유럽의 변환』 서울: 모음북스, 2008.

참고자료

남성욱, 『현대 북한의 식량난과 협동농장 개혁』 파주: 한울, 2016.

박영자, 『김정은 시대 조선노동당의 조직과 기능』 서울: 통일연구원, 2017.

성기영 외, 『남북관계 발전과 북한주민 의식 변화』 서울: 통일연구원, 2018.

양문수(편), 『김정은 시대의 경제와 사회』 파주: 한울, 2014.

우승지(편), 『김정은 시대의 정치와 외교』 파주: 한울, 2014.

이종석, 『북한의 역사 2』 서울: 역사비평사, 2011.

최대석, 장인숙(편), 『북한의 시장화와 정치사회균열』 서울: 선인, 2015.

통일부 통일교육원, 『2021 북한 이해』 서울: 통일부 통일교육원, 2021.

통일부 통일교육원, 『2021 통일문제 이해』 서울: 통일부 통일교육원, 2021.

통일부, 『2021 통일백서』 서울: 통일부, 2021.

홍민, 『북한의 시장화와 사회적 모빌리티: 공간구조·도시정치·계층변화』 서울: 통일연구원, 2015.

북한의 정치

학습 목표

❶ 북한의 통치이데올로기에 대한 이해

❷ 북한의 주요 정치기구에 대한 이해

❸ 북한 법제도의 특징에 대해 이해

열쇠말

통치이데올로기, 주체사상, 조선노동당, 북한법

통치이데올로기

1) 김일성 시대의 통치이데올로기

북한의 유일한 통치이데올로기: 주체사상

주체사상은 북한 사회를 이끌어가는 대표적인 통치이데올로기(ideology)이다. 이는 김일성-김정일-김정은 시대로 이어지는 전통적인 정치적 신념이자 사상으로 개인과 집단을 조율하는 기능을 담당한다. 북한의 통치이데올로기는 시대를 거듭하면서 조금씩 그 의미와 이름을 달리했지만, 결국 뿌리는 주체사상에 있다고 하겠다.

주체사상의 등장

주체사상은 외부로부터 무분별하게 유입되는 사상과 문화를 막기 위한 방어수단으로 등장하였다. 당시 소련에서는 1인 독재 지배체제를 반대하는 사회적 분위기가 있었는데, 북한은 이에 대한 유입을 차단하기 위한 논리로 주체사상을 내세웠다. 또한 중국과 소련 사이에 벌어진 이념 갈등 속에서 북한은 외교적인 중립을 지키기 위하여 주체사상이라는 그들만의 논리를 제시하게 된다.

주체사상의 형성과정

당중앙위원회 전원회의
- 대외원조 감소(5개년 경제계획 수립 차질)
- 당내 반 김일성 움직임 고조

경제에서의 자립

1956.12.11.

당중앙위원회 제4기 제5차 전원회의
- 중·소 분쟁 심화
- 미·소 공존 모색
- 한국의 5·16 군사쿠데타

국방에서의 자립

1962.12.10.

1955.12.28.
사상에서의 주체

당 선전선동원대회
- 스탈린 사망
- 당내 남로당파 숙청

1957.12.05.
정치(내정)에서의 자주

당중앙위원회 확대 전원회의
- 공산권내 개인숭배 반대 운동
- 당내 연안파, 소련파 숙청

1966.10.05.
정치(외교)에서의 자주

제2차 당대표자회
- 중·소 분쟁 확대
- 비동맹 운동의 발전

제4차 당대표자회
김정은 체제 출범

김일성-김정일주의의
유일지배이념화

2012.4.11.

제6차 당 대회
- 김일성-김정일 세습체제 공고화

온사회의 주체사상화

1980.10.10.

유일사상체계 확립

1967.5.28.   1974.2.12.

당중앙위원회   **당중앙위원회**
제4기 제15차 전원회의   **제5기 제8차 전원회의**
- 김일성 1인 지배체제 확립 · 김일성 개인숭배 운동 전개
- 김일성-김정일 세습체제 출범

2010.9.28.

주체사상, 선군사상의
유일지배이념화

제3차 당대표자회
- 김일성-김정일-김정은
  세습체제 공식화

* 출처: 통일부 통일교육원, 『2020 북한이해』(서울: 통일부 통일교육원, 2019), p. 36.

1950년대 중반 '주체성'에 관한 논의가 시작되면서부터 북한에서 주체
사상에 관한 이론들이 등장하기 시작하였다. 주체사상은 '사상에서의 주
체'(1955년), '경제에서의 자립'(1956년), '내정에서의 자주'(1957년), '국방에서
의 자위'(1962년), '외교에서의 자주'(1966년) 등의 과정을 거치면서 이론적인
기초를 마련하였다. 이후 1967년에 주체사상의 개념이 대부분 완성되었으며,

1970년 제5차 당 대회를 통해 북한의 공식이념으로 채택되었다.

주체사상의 기능과 내용

북한의 체제 유지를 위해 만들어진 주체사상은 인간의 사고방식까지 규정하는 일종의 철학에 가깝다. 대중이 역사의 주인이 되어야 한다는 사명아래 인간의 주체적인 사고와 행위를 통해 사회경제 구조를 변화시켜 역사를 만들어 간다는 논리이다. 주체사상은 북한의 핵심적인 통치이념으로 체제 유지의 근간이 되는 강령들로 구성되어 있다.

주체사상의 내용은 인간중심철학을 담은 사회정치적 생명체론 등의 인간관과 세계관을 비롯하여, 사회역사관, 정치, 경제, 국방 등의 거의 모든 부문에서 광범위한 내용을 담고 있다. 또한 청산리 방법, 대안사업체계, 3대혁명소조운동 등의영도 방법을 제시하고 있다.

당의 유일적령도체계확립의 10대 원칙(2013)

1. 온 사회를 김일성-김정일주의화하기 위하여 몸바쳐 투쟁하여야 한다.
2. 김일성과 김정일을 우리 당과 인민의 영원한 수령으로, 주체의 태양으로 높이 받들어모셔야 한다.
3. 김일성과 김정일의 권위, 당의 권위를 절대화하며 결사옹위하여야 한다.
4. 김일성과 김정일의 혁명사상과 그 구현인 당의 노선과 정책으로 철저히 무장하여야 한다.
5. 김일성과 김정일의 유훈, 당의 노선과 방침 관철에서 무조건성의 원칙을 철저히 지켜야 한다.
6. 영도자를 중심으로 하는 전당의 사상의지적 통일과 혁명적 단결을 백방으로 강화하여야 한다.
7. 김일성과 김정일을 따라 배워 고상한 정신도덕적 풍모와 혁명적 사업방법, 인민적 사업작풍을 지녀야 한다.
8. 당과 수령이 안겨준 정치적 생명을 귀중히 간직하며 당의 신임과 배려에 높은

정치적 자각과 사업실적으로 보답하여야 한다.

9. 당의 유일적 영도 밑에 전당, 전국, 전군이 하나와 같이 움직이는 강한 조직규율을 세워야 한다.

10. 김일성이 개척하고 김일성과 김정일이 이끌어온 주체혁명위업, 선군혁명위업을 대를 이어 끝까지 계승·완성하여야 한다.

김일성은 수령제의 확립을 위하여 주체사상에 기초한 '유일사상체계'를 제시하였다. 이를 통해 김일성의 1인 지배 체제가 확립되었으며, 개인숭배의 당위성을 마련하였다. 결과적으로 김일성의 우상화가 고착되었으며, 이는 북한의 체제를 유지하는 동력으로 작용하였다. 또한 주체사상은 '대남혁명'을 통한 북한식 '통일노선'의 근거를 마련하여 그들의 대외정책을 정당화하는 기제로 사용되었다.

주체사상의 변화

주체사상은 1970년에 제5차 당 대회에서 공식적인 북한의 통치 이념으로 채택된 이후에 김일성-김정일-김정은 3대에 거쳐 계승된 북한의 유일한 지도 사상이다. 김정일 국방위원장은 주체사상을 '수령론', '온사회의 김일성주의화' 등으로 계승하여 자신의 권력 승계를 위한 사상으로 활용하였다.

구소련과 동구권의 붕괴로 위협을 느낀 북한 정권은 주체사상을 체제의 유지를 위한 통치수단으로 이용하였다. 주체사상은 '우리식 사회주의'라는 명목하에 '선군 사상'으로 이어져왔으며, 결국 2009년에 헌법을 개정하여 이를 공식

주체사상 선전 우표

주체사상의 기본체계

원리	분석(주체) 단위	테 제			
철학적 원리	인간	세계에서 사람의 지위와 역할	사회적 존재인 인간의 본질적 특성		
		사람이 모든 것의 주인이며 모든 것을 결정한다	자주성	창조성	의식성
	↓	↓	↓	↓	↓
사회역사 원리	인민대중	인민대중은 사회역사의 주체이다	인류역사는 인민대중의 자주성을 위한 투쟁의 역사	사회역사적 운동은 인민대중의 창조적 운동	혁명투쟁에서 결정적 역할을 하는 것은 인민대중의 자주적인 사상의식
	↓		↓	↓	↓
지도적 원칙	정치생활단위 (당, 국가 등)	자주적 입장을 견지하여야 한다		창조적 방법을 구현하여야 한다	사상을 기본으로 틀어 쥐어야 한다
		사상에서 주체 / 정치에서 자주 / 경제에서 자립 / 국방에서 자위		인민대중에 의거하는 방법 / 실정에 맞게 하는 방법	사상개조 선행 / 정치사업 선행

* 출처: 이종석, 『새로 쓴 현대북한의 이해』 (서울: 역사비평사, 2000)

화하였다.

　김정은 위원장 역시 3대 세습의 정당성을 확보하기 위하여 주체사상을 이용하였다. 2012년 제4차 당 대표자회의에서 당 규약을 개정하여 '김일성-김정일 주의'를 북한의 유일한 지도사상으로 규정하면서 이를 통치 이념으로 공식화하였다.

2) 김정일 시대의 통치이데올로기

선군사상(정치)의 등장

1980년대 말 동구권 사회주의 국가와 소련의 붕괴는 북한에게 체제 유지의 위협으로 받아들여졌다. 이를 계기로 김정일은 주체사상을 논리적으로 보완하여 '우리식 사회주의'를 제시하게 되었고 이른바 북한식 사회주의로의 독자 노선을 가게 된다. 김일성이 사망한 이듬해인 1995년부터 시작된 '고난의 행군'시기에 접어들면서 북한은 경제 위기에 직면하였다. 이러한 위기 속에서 북한에서 전통적으로 강조되었던 '주체사상'은 인민들에게 설득력을 잃게 된다.

　결국 2000년대 선군정치가 북한정치의 전면에 부상하였다. 이는 군을 우선하여 전면에 내세운 일종의 위기관리체제로 시작되었다. 경제난 속에서 생존을 위하여 권력의 중심을 당에서 군으로 이동한 것이다. '선군사상'은 김정일 시기에 새롭게 추가된 대표적인 통치이념으로서, 2009년 개정 헌법에서 주체사상과 함께 노동당의 지도적 지침으로 명시되었다. 이후 선군사상은 북한의 정치뿐만 아니라 교육, 문화, 예술 등 모든 영역에 영향을 미치는 핵심 통치이데올로기로 자리 잡게 된다.

선군정치의 기능과 내용

북한은 2010년 개정된 노동당 규약에서 사회주의의 기본 정치 이념으로 '선군정치'를 제시하고 있으며, 강한 군사력을 최우선하여 대내외적으로 직면한 어려움을 극복하려 하였다. 그동안 역할을 다하지 못한 당의 권한과 역할을 축소시키는 반면 군의 위상을 대폭 강화하여 북한의 사회주의체제 유지를 위한 기능을 군에 집중시킨 것이다. 선군정치는 군대를 강하게 만드는 것이 경제건설보다 중요한 것이고, 총대가 강하면 강대한 나라가 될 수 있다며 정당성을 주장하였다. 즉 선군정치는 군이 보유한 자금과 인력을 동원하여 인민경제 발전은 물론이고 사회통제의 기능까지 담당하는 군 위주의 정치체제라고 하겠다.

선군정치의 평가

선군정치는 북한의 경제 위기 극복을 위하여 제시되었지만, 선대와 마찬가지로 김정일의 권력 강화를 위한 도구에 불과하였다. 외부로부터의 제국주의 사상과 문화적 유입을 차단하고 체제 유지에만 주력한 결과 북한의 외교적 고립은 더욱 가속화되었으며, 결국 미국 등 서방국가와의 대립과 위기가 고조되는 결과를 낳았다.

조선노동당 규약의 개정

북한은 2010년 노동당 규약을 개정하여 '공산주의'의 표현을 삭제하고, 주체사상이 유일한 지도이념임을 명문화하였다. 또한 김정은 시대의 통치이념으로 '선군사상'이 공식적으로 제기되었다. 이러한 일련의 작업들은 김일성-김정일-김정은으로 이어지는 부자 세습을 정당화하기 위한 과정이었다.

3) 김정은 시대의 통치이데올로기

김일성-김정일주의의 등장

2011년 김정일이 사망한 다음 해인 2012년 4월, 북한은 헌법을 개정하면서 권력구조를 재정비하였다. 헌법의 서문에는 김일성을 영원한 주석으로, 김정일을 영원한 국방위원장으로 추대하여 명문화하였다. 이어 당규약에서 '김일성-김정일주의'를 당의 지도적 지침이라고 규정하면서 김정은은 자신의 통치 이념이 선대의 통치이데올로기를 계승하고 있음을 내보이며 권력 승계를 정당화하게 된다.

김일성-김정일주의의 기능과 내용

김정은은 제4차 당대표자회의에서 '김일성-김정일주의'는 주체의 사상·이론·방법의 종합적인 산물이며, 주체시대를 대표하는 위대한 혁명사상이라고 선포되었다. '김일성-김정일주의'는 주체사상을 계승하는 혁명사상이자, 인민대중 중심의 이론과 영도 방법이며, 이들은 하나의 체계를 이루고 있다고 설명한다. 이는 선대에서부터 이어온 유일한 지도사상이라고 정의하면서 온사회의 김일성-김정일주의화가 시대적 요구라고 강조하였다.

북한은 김일성-김정일주의가 '인민대중 제일주의'를 표방하고 있어 인민들의 자주성 실현을 위한 지도방법이라고 주장한다. 이를 위해 김정은은 '당의 유일사상체계확립의 10대 원칙'을 '당의 유일적령도체계 확립의 10대 원칙'으로 수정하고 '김일성-김정일주의'를 당의 영원한 지도사상으로 채택하게 된다.

김일성-김정일주의의 평가

김정은 집권 이후 북한은 '온사회의 김일성-김정일주의화'를 강조하였는데, 그 실천 수단으로 제시된 것이 '김정일 애국주의'이다. '김정일 애국주의'는 김

김정일 애국주의 선전 벽화

정일의 인민을 향한 애민의 마음 그리고 후대를 배려하는 애국심을 부각시킨
것이다. 이는 김정은 체제 들어 북한에서 강조되고 있는 '5대 교양'(김일성 가계
의 위대성, 김정일애국주의, 신념, 반제계급, 도덕)에서 잘 드러난다. 이를 통해 김정
은 역시 통치이데올로기를 3대 세습과 권력 강화의 수단으로 이용했다는 것
을 알 수 있다.

02

정치기구

1) 조선노동당

지위와 역할

북한의 조선노동당(이하 노동당) 규약 전문에는 '당은 수령을 위한 당'이라고 명시되어 있다. 노동당은 혁명사상에 기초하며, 수령의 유일한 영도 아래에서 노동자와 농민들을 지도하게 된다. 결국 다른 어떠한 조직도 노동당의 역할과 권위를 대신할 수 없으며, 이와 반대되는 의견을 제시하는 것은 사회주의를 포기하는 것과 마찬가지라고 규정한다.

노동당 조직

노동당은 최상위에 당 대회와 당중앙위원회가 존재하며 산하에 당중앙군사위원회와 정치국, 비서국, 검열위원회 등이 배치되어 있다. 당 대회와 당중앙위원회 전원회의가 개최되지 않는 기간에 당내 의사결정은 당중앙위원회 정치국에 위임되며, 정무국은 집행기관으로서 역할을 담당한다.

조선노동당 정치기구도

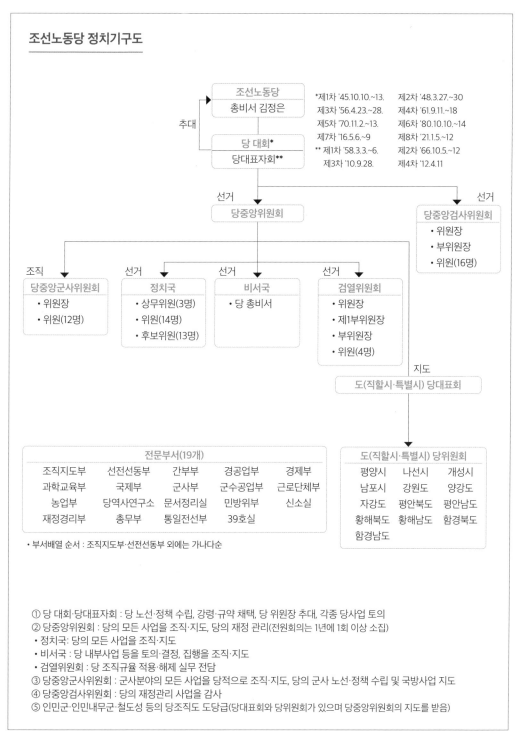

조선노동당
총비서 김정은

추대

당 대회*
당대표자회**

*제1차 '45.10.10.~13. 제2차 '48.3.27.~30
제3차 '56.4.23.~28. 제4차 '61.9.11.~18
제5차 '70.11.2.~13. 제6차 '80.10.10.~14
제7차 '16.5.6.~9 제8차 '21.1.5.~12
** 제1차 '58.3.3.~6. 제2차 '66.10.5.~12
제3차 '10.9.28. 제4차 '12.4.11

선거 → 당중앙위원회

선거 → 당중앙검사위원회
• 위원장
• 부위원장
• 위원(16명)

조직 → 당중앙군사위원회
• 위원장
• 위원(12명)

선거 → 정치국
• 상무위원(3명)
• 위원(14명)
• 후보위원(13명)

선거 → 비서국
• 당 총비서

선거 → 검열위원회
• 위원장
• 제1부위원장
• 부위원장
• 위원(4명)

지도 → 도(직할시·특별시) 당대표회

전문부서(19개)

조직지도부	선전선동부	간부부	경공업부	경제부
과학교육부	국제부	군사부	군수공업부	근로단체부
농업부	당역사연구소	문서정리실	민방위부	신소실
재정경리부	총무부	통일전선부	39호실	

도(직할시·특별시) 당위원회

평양시	나선시	개성시
남포시	강원도	양강도
자강도	평안북도	평안남도
황해북도	황해남도	함경북도
함경남도		

• 부서배열 순서 : 조직지도부·선전선동부 외에는 가나다순

① 당 대회·당대표자회 : 당 노선·정책 수립, 강령·규약 채택, 당 위원장 추대, 각종 당사업 토의
② 당중앙위원회 : 당의 모든 사업을 조직·지도, 당의 재정 관리(전원회의는 1년에 1회 이상 소집)
 • 정치국 : 당의 모든 사업을 조직·지도
 • 비서국 : 당 내부사업 등을 토의·결정, 집행을 조직·지도
 • 검열위원회 : 당 조직규율 적용·해제 실무 전담
③ 당중앙군사위원회 : 군사분야의 모든 사업을 당적으로 조직·지도, 당의 군사 노선·정책 수립 및 국방사업 지도
④ 당중앙검사위원회 : 당의 재정관리 사업을 감사
⑤ 인민군·인민내무군·철도성 등의 당조직도 도당급(당대표회와 당위원회가 있으며 당중앙위원회의 지도를 받음)

* 참고: 통일부 통일교육원, 『2020 북한이해』 (서울: 통일부 통일교육원, 2019), p. 57.

조선로동당 제8차 당 대회 모습

당 대회와 당대표자회

당 대회는 노동당의 공식적인 최고 의사결정기구로 가장 중요한 당 규약을 개정하고, 당의 노선과 정책을 결정한다. 국가의 전략전술에 관한 기본 방향 또한 이곳에서 결정된다. 하지만 실제로는 당중앙위원회나 정치국에서 결정된 사안들을 사후적으로 추인하는 형식적인 기능만을 담당한다.

당중앙위원회

당중앙위원회는 당 대회가 열리지 않는 기간 동안 당의 모든 사업을 주관한다. 당중앙위원회는 전원회의를 1년에 한 차례 이상 소집하도록 되

조선로동당 창건 70주년 기념 포스터

어 있고 전원회의가 열리지 않는 기간에는 그 권한이 당의 정치국과 정치국 상무위원회로 위임된다. 당중앙위원회는 당 대회에서 선출된 위원과 후보위원으로 구성된다. 중앙위원회 전원회의에서 당의 모든 사안을 논의하여 의결한다.

당중앙위원회 정치국과 정치국 상무위원회

당 대회, 당중앙위원회 전원회의가 장기간 개최되지 않을 경우, 당내 의사결정은 당중앙위원회 정치국과 정치국 상무위원회에서 하게 된다. 김정일 정권에서는 사실상 운용되지 않았으나, 김정은 집권 이후에는 주요 안건들이 당정치국 회의와 확대 회의를 통해 결정될 만큼 그 위상이 높아졌다.

당중앙위원회 비서국

정무국은 모든 당 사업을 조직하고 지도하는 실질적인 집행기구로, 당 내부 사업과 실무현안들을 토의하여 결정하며 집행을 지도하는 당내 핵심부서이다.

당중앙군사위원회

당중앙군사위원회에서는 당의 군사노선에 따라 정책을 수립하고, 국방사업에 관한 전반적인 부분을 관할하는 조직이다. 특히 2010년 당 규약 개정 이후에는 모든 군사 분야의 사업을 지도하는 권한을 부여받았다.

2) 국가기관

국무위원회

국무위원회는 북한의 최고 지도기관으로 국가의 중요한 정책을 논의하여 결정한다. 국무위원회에서는 국무위원장의 명령, 결정, 지시, 집행 정형을 감독하며, 이에 어긋나는 국가기관의 결정이나 지시를 폐지하는 권한이 있다. 국

북한 정부조직도

```
┌─────────────────────────┐                              ┌─────────────────────┐
│ 국무위원회(12명)          │◄─────────────────────────── │ 최고인민회의         │
│ 위원장                   │      위원장: 선거            │ • 의장              │
│  • 제1부위원장(1명)       │   제1부위원장·위원: 선거     │ • 부의장(2명)        │
│  • 부위원장(1명)          │                              │ • 대의원(687명)      │
│  • 위원(11명)            │                              └─────────────────────┘
└─────────────────────────┘
```

지도

인민 무력성	국가 모위성	인민 보안성	국가체육 지도위원회 • 위원장 • 부위원장(2명)

최고인민회의 상임위원회
- 위원장
- 부위원장(2명)
- 서기장
- 위원(11명)

지도

예산위원회 • 위원장 • 위원(6명)	법회위원회 • 위원장 • 위원(6명)	외교위원회 • 위원장 • 위원(6명)

선거

내각
- 총리　• 부총리(7명)

교육위원회		국가가격 위원회	국가검열 위원회
보통교육성	고등교육성		
국가계획위원회	국가과학기술위원회	국가품질감독위원회	수도건설위원회
조국평화통일위원회	건설인재공업성	경공업성	국가건설감독성
국가지원개발성	국토환경보호성	금속공업성	기계공업성
노동성	농업성	대외경제성	도시경영성
문학성	보건성	상업성	석탄공업성
수매양정성	수산성	외무성	원유공업성
원자력공업성	육해운성	일용풍공업성	임업성
재정성	전력공업성	전자공업성	지방공업성
채취공업성	철도성	체산성	체육성
화학공업성	내각사무국	중앙통계국	국가과학원
중앙은행			

선거

중앙재판소	중앙검찰소
특별 재판소	특별 검찰소
도(직할시)재판소	도(직할시)검찰소
시(구역)·군재판소	시(구역)·군검찰소

임명

지도

도(직할시·특별시) 인민위원회

평양시	나선시	개성시
남포시	강원도	양강도
자강도	평안북도	평안남도
황해북도	황해남도	함경북도
함경남도		

① 국무위원장: 국가전반사업지도, 국가의 주요 간부 임명, 조약비준·폐기, 비상·전시 동원령 선포
② 국무위원회: 국방건설 사업을 비롯한 국가의 중요정책 토의 결정
③ 최고인민회의: 헌번 및 각종 법률을 재정·수정·보충, 국가의 대내외 정책의 기본원칙 수립
④ 최고인민회의 상업위원회: 부문별 법안을 수정·보충, 각 기관들의 법 준수 여부에 대해 감독(최고인민회의가 휴회 중일 때는 상임위가 내각을 조직하거나 임명)
⑤ 내각: 국가정책 시행, 예산편성 등 全행정업무 수행

* 출처: 통일부 통일교육원, 『2020 북한이해』(서울: 통일부 통일교육원, 2019), p. 69.

무위원회는 국무위원장에게 부여된 국가 무력의 지휘·통솔, 간부의 임명과 해임, 외국과의 조약 비준 등의 결정을 보좌하기 위한 기구이다.

내각

내각은 북한의 행정기관으로 총리, 부총리, 위원장, 상(相)과 그 밖에 필요한 성원들로 구성되며, 이들의 임기는 5년이다. 내각은 위원회(8개), 성(32개), 국(2개), 원(1개), 은행(1개) 등 총 44개의 부서로 구성되어 있다. 내각은 국방 분야를 제외한 대부분의 행정 및 경제관련 사업을 관할하며, 이를 총괄하는 총리는 최고인민회의에서 투표로 선출된다.

사법기관

사법기관으로는 검찰기관과 재판기관이 있다. 검찰기관은 법 집행 기능 이외에도 체제 유지의 임무가 주어진다. 중앙검찰소와 도(직할시)·시(구역)·군 검찰소 및 특별검찰소로 구성되어 있다. 재판기관은 중앙재판소와 그 산하에 도(직할시) 재판소, 지방인민재판소가 있다. 이 밖에 특별재판소로 군사재판소와 철도재판소가 있다. 중앙재판소는 최고인민회의에서 선출된 소장과 최고인민회의 상임위원회에서 선출된 판사 및 인민참심원으로 구성되며 재판과 사법행정을 감독한다.

최고인민회의

최고인민회의는 우리의 국회에 해당하는 조직이다. 하지만 그 권한이 크지 않으며 단지 노동당의 결정을 추인하는 역할을 한다. 최고인민회의의 권한은 헌법과 법령을 제정 및 수정·보충하고 대내외 정책을 수립하는 것이다. 또한 국무위원회위원장과 위원, 최고인민회의 상임의장과 위원, 내각 총리, 중앙재판소장 등을 선출하는 곳이다. 법령은 거수의 방법으로 참석 대의원 과반수의 찬성으로 채택된다. 평양 만수대의사당에서 대의원들이 일제히 대의원증을

평양 만수대의사당 전경

들어 100% 찬성을 표하는 사진은 북한을 대표하는 모습으로 우리 언론 매체를 통해 회자되어 왔다.

3) 기타 기구

외곽기구

북한의 대표적인 외곽기구(근로단체)로는 김일성-김정일주의 청년동맹과 조선직업총동맹, 조선사회주의여성동맹, 조선농업근로자동맹이 있다.

근로단체들은 사상교양 사업을 통해 대중의 의식을 교화하고 혁명적 투쟁 정신을 주입한다는 측면에서 사실상 사상교양단체의 성격을 가진다. 인민들은 계층별·연령별·성별에 따라 각각의 대중 조직에 가입하며 이들 근로단체는 원칙적으로 모든 군중을 포괄하도록 되어 있다.

북한 외곽기구도

근로단체	김일성-김정일주의 청년동맹 중앙위원회	조선직업총동맹 중앙위원회	조선농업근로자동맹 중앙위원회	조선사회주의 여성동맹 중앙위원회	
정당·대남	조선천도교청우당 중앙위원회	조선사회민주당 중앙위원회	조국통일 민주주의전선	6.15공동선언 실천북측위원회	반제민족민주전선 중앙위원회
	조국통일범민족연합 북측본부	조국통일범민족 청년학생연합 북측본부	민족화해협의회	단군민족 통일협의회	조선평화옹호 전국민족위원회
대외	조선아시아·태평양 평화위원회	조선대외문화 연락위원회	세계인민들과의 연대성조선위원회	조선 아시아·아프리카	조선일본군위안부 및 강제연행피해자 보상대책위원회
	조선인강제연행 피해자 유가족협회	조선여성협회	조선유네스코 민족위원회	조선유엔식량 및 농업기구민족위원회	조선유엔개발계획 민족조정위원회
	유엔아동기금 민족조정위원회	일본의 과거청산을 요구하는 국제연대 협의회 조선위원회			
사회	조선적십자회 중앙위원회	조선기자동맹 중앙위원회	조선자연보호연맹 중앙위원회	조선민주 법률가협회	조선중앙 변호사협회
	조선학생위원회				
종교	조선카톨릭협회 중앙위원회	조선그리스도교연맹 중앙위원회	조선불교도연맹 중앙위원회	조선천도교회 중앙지도위원회 중앙위원회	조선종교인협의회
	조선정교위원회				
학술체육	조선사회과학자협회	조선문학예술총동맹 중앙위원회	조선과학기술총연맹 중앙위원회	조선건축가동맹 중앙위원회	조선역사학학회
	조선김일성화 김정일화위원회	조선올림픽위원회	조선태권도위원회	조선축구협회	

* 출처: 통일부 북한정보포털

북한에서는 14세 이상 주민은 노동당 당원이 아닌 한 반드시 앞서 언급한 4개 근로단체 중 한 곳에 가입해야 한다. 우선 만 14세부터 30세까지의 비당원은 모두 청년동맹에 가입하도록 되어 있다. 만약 청년동맹원이 당원이 되지 못하고 30세에 이르면 자신의 직업에 따라서 직업동맹이나 농업근로자동맹, 여성동맹 등에 가입하여 조직 생활을 이어가게 된다.

법제도

1) 북한 법제도의 특징

사회주의법이론은 국가를 계급투쟁의 산물로 파악하고, 부르주아계급이 프롤레타리아계급을 억압하고 착취하기 위한 수단으로 이해하고 있다. 법은 국가가 그 목적을 달성하기 위해 사용하는 가장 중요한 도구인 것이다. 이러한 도구주의 법률관은 전통적인 마르크스·엥겔스의 국가이론, 레닌의 반국가이론, 그리고 스탈린주의를 거치면서 더욱 강화되었다.

북한의 법 역시 사회주의법이론에 기초하고 있다. 북한의 헌법은 노동당이 국가를 영도한다고 규정하고 있을 정도로 당이 국가의 상위에 존재한다. 결국, 국가가 제정한 법은 당의 사회통제 도구로 인식된다. 정치기구인 노동당이 국가보다 높은 지위에 있음으로 국가가 제정한 법보다 노동당 규약이 더 상위의 지위를 가지는 것은 어쩌면 당연한 논리일 것이다.

SOCIALIST CONSTITUTION
OF
**THE DEMOCRATIC PEOPLE'S
REPUBLIC OF KOREA**

PYONGYANG, KOREA
Juche 99 (2010)

해외에 소개된 북한 사회주의헌법 표지

그렇다면 북한 사회에서 법은 얼마나 적용되고 있을까? 북한에서 법 위에 당이 존재하고 그보다 최고 권력자의 결정이 우선한다는 점은 부인할 수 없다. 다만, 최근 북한의 가장 큰 변화 가운데 하나는 1990년대 경제 위기 이후 법의 기능과 역할이 점차 생활 속에서 강조되고 있다는 점이다.

북한에서도 사회관계의 변화발전에 따라 새로운 법이 제정되고 기존의 법들이 개정되고 있다. 특히 경제 위기 이후 사회의 미시적 공간에서 다양한 경제활동이 활성화되고 있는 상황에서 이를 통제하고 규제할 법제도가 필요하게 된 것이다. 또한, 경제개발구 등 외부로부터의 투자를 활성화하기 위한 법 제정비도 꾸준히 진행되고 있다는 점에서 제한적이나마 법의 기능과 역할이 증대되고 있음을 알 수 있다.

북한 법제의 특징

① 법은 통치이데올로기의 도구적 역할: 주체사상을 준거로 하는 통치이데올로기의 변화에 따라 법의 제정과 해석도 이에 기초함

② 지도자와 노동당이 법에 우선: 지도자의 교시와 지시, 그리고 노동당의 강령과 규약 등이 실질적으로 모든 법제도에 우선하는 효력을 가짐

③ 모든 법은 공법적 성격을 가짐: 북한에서는 법제도적으로 사적 소유권을 허용하지 않고 국공유화에 기반함

④ 개인의 법제 의무가 권리에 우선: 개인은 사회주의 건설을 위한 국가계획의 대상으로 법제도적 의무가 권리에 우선함

2) 북한 법제의 체계

북한은 사회주의법이론을 바탕으로 하면서도 주체의 법이론, 혁명적 수령론, 사회주의법무생활론을 강조하고 있는 것이 특징이다. 주체의 법이론은 주체 사상을 법에 적용한 것인데, 법의 본질은 사회경제적 요소보다 사회적 인간의 정신적 요소에 있다는 것을 강조하고 있다. 북한에서는 주체사상과 선군사상을 구체화한 김일성과 김정일의 유훈, 김정은의 교시, 그리고 조선노동당 강령·규약이 헌법을 포함한 모든 법규범의 근거이다.

북한은 헌법에 공화국은 조선노동당의 영도 밑에 모든 활동을 집행한다고 규정하고 있듯이 당이 모든 것을 결정하고 국가기관은 당의 의사를 그대로 집행한다는 점에서 당이 지배하는 체제이다. 따라서 자유민주주의 사회인 우리와는 헌법이 갖는 의미가 다르며, 헌법의 규정과 현실의 실제 내용도 다르다.

또한 북한은 헌법을 권력세습과 김일성 김정일의 우상화를 정당화시키는 근거로 활용하였다.

주체법이론

주체의 법이론에서 법의 임무는 수령에 대한 정치법률적 보위, 그리고 노동당 정책의 관철을 위한 무기로서 혁명의 전취물인 사회주의제도를 수호하는 데 있다. 북한은 사회주의 법건설에서 수령과 그 후계자의 역할을 독창적으로 해명한 것이 주체의 법이론이라 강조한다.

* 출처: 이해정, "북한 사회에서 법의 역할에 관한 연구," 2007, pp.16-17.

2019년 8월의 개정헌법 내용을 통해 나타난 북한의 법체계를 정리하면, ①헌법을 최상위 법으로, ②국무위원회 위원장(김정은)의 명령, 그리고 ③최고인민회의의 법령과 결정, ④국무위원회의 정령, 결정, 지시, ⑤최고인민회의 상임위원회의 정령, 결정, 지시, ⑥내각과 내각위원회, 성의 결정, 지시, ⑦국

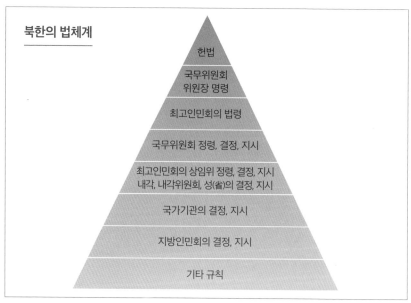

가기관의 결정, 지시, ⑧지방인민회의 결정, 지시, ⑨기타 규칙의 순서로 구성되어 있다.

3) 북한의 헌법 개정

북한의 헌법은 1948년 9월 최고인민회의 제1차 회의에서 제정된 후, 2019년 4월 최고인민회의 제14기 제1차 회의에서 개정되기까지 총 15차례의 수정이 이루어졌다. 1972년 이전의 수정은 기술적이고 사소한 수정이었지만, 1972년 헌법 개정은 '조선민주주의인민공화국 헌법'에서 '조선민주주의인민공화국 사회주의 헌법'으로 새로운 명칭과 원리 도입, 국가 통치기관의 권한 변경 등 헌법제정 수준에서 진행되었다. 1972년을 경계로 그 이전의 헌법을 인민민주주의헌법으로, 그 이후의 헌법을 사회주의헌법으로 부른다.

북한의 주요 헌법 제·개정

제정 일자	의의	주요 내용
1948.9.8	헌법 제정	조선민주주의인민공화국의 수립을 선포 1차~5차 수정선포(1952~62년)
1972.12.27	사회주의헌법	사회주의 헌법 제정, 김일성 1인 독재체제 노동당에의 초헌법적 지위부여
1992.4.9	우리식 사회주의헌법	김일성-김정일 공동정권 헌법 김정일 후계권력체제 헌법화
1998.9.5	김일성헌법	김일성 유훈 통치수단 활용 경제관리의 독립채산제, 사적소유 확대, 상속권 인정
2009.4.9	김정일헌법	김정일 국방위원장을 '최고 영도자' 명문화 선군사상을 국가 지도이념으로 제시
2012.4.13	권력승계헌법	김정일의 국가건설업적을 법률화 제1위원장의 신설
2019.4.11	김정은헌법	김정은 시대의 정치 담론과 정책 국무위원장을 국가수반으로 명문화

학습 정리

❶ 북한의 정치, 경제, 사회, 문화와 주민생활에 이르기까지 전 영역에 영향을 미치는 통치이념은 주체사상과 선군사상, 그리고 '김일성-김정일주의'로 변화해 왔다.

❷ 주체사상은 '대내적 자립을 토대로 대외적 자주 구현'을 핵심으로 북한식의 사회주의 체제를 건설한다는 통치이념으로, 김일성을 수령으로 하는 유일지배체제를 정당화하는 통치이념이다.

❸ 북한의 법체계는 헌법을 최상위 법으로, 국무위원회 위원장 명령, 최고인민회의 법령, 국무위원회 정령(결정, 지시), 최고인민회의 상임위원회 정령(결정, 지시), 내각/내각위원회/성의 결정(지시), 국가기관의 결정(지시), 지방인민회의 결정(지시) 순서로 구성되어 있다.

추천문헌

김연철, 『70년의 대화』 파주: 창비, 2018.

양문수(편), 『김정은 시대의 경제와 사회』 파주: 한울, 2014.

이상만 외, 『이제는 통일이다』 서울: 헤럴드경제, 2014.

이우영(편), 『북한 도시주민의 사적 영역 연구』 파주: 한울, 2008.

이종석, 『북한의 역사』 서울: 역사비평사, 2011.

임동원, 『피스메이커』 서울: 중앙books, 2008.

임동원, 백낙청 외, 『다시 한반도의 길을 묻다』 서울: 삼인, 2010.

전미영(편), 『김정은 시대의 문화』 파주: 한울, 2014.

필립 젤리코, 콘돌리자 라이스(저), 김태현, 유복근(역), 『독일 통일과 유럽의 변환』 서울: 모음북스, 2008.

참고자료

박영자, 『김정은 시대 조선노동당의 조직과 기능』 서울: 통일연구원, 2017.

이종석, 『북한의 역사』 서울: 역사비평사, 2011.

우승지(편), 『김정은 시대의 정치와 외교』 파주: 한울, 2014.

통일부 통일교육원, 『2020 북한 이해』 서울: 통일부 통일교육원, 2019.

통일부 통일교육원, 『2020 통일문제 이해』 서울: 통일부 통일교육원, 2019.

통일부, 『2020 통일백서』 서울: 통일부, 2020.

통계청 북한통계포털 www.kosis.kr/bukhan

통일교육원 www.uniedu.go.kr

통일부 북한자료센터 https://unibook.unikorea.go.kr

통일부 북한정보포털 https://nkinfo.unikorea.go.kr

북한의 경제
part 1
사회주의 계획경제

학습 목표

❶ 사회주의 계획경제의 핵심과 작동원리를 이해

❷ 북한의 경제발전 전략과 경제관리방식을 이해

❸ 북한에서 경제 위기를 초래한 성장전략의 한계에 대해 이해

열쇠말

사회주의, 계획경제, 중공업 우선 전략, 국방-경제 병진 정책, 자립경제

사회주의
계획경제란?

사회주의 계획경제는 정치체제, 소유권, 경제적 자원배분 측면에서 핵심적인 제도를 가지고 있다. 정치제도는 공산당의 일당독재, 소유제도는 생산수단의 국유화, 경제제도는 중앙집권적 계획경제를 특징으로 한다.

사회주의 계획경제의 3가지 핵심제도

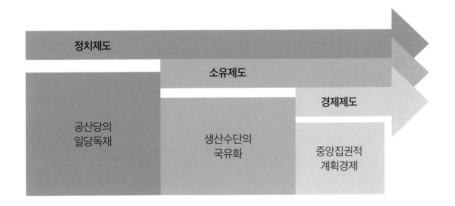

1) 일당독재의 정치제도

공산당의 독재

구소련, 중국, 북한의 사회주의 계획경제를 설명하는 핵심은 정치구조에 있다. 사회주의 국가에서 실질적인 정당은 단 하나만 존재하고 이 당의 이념과 권력이 전체 사회를 지배한다.

이 지배 정당은 "마르크스-레닌주의"를 따른다. 마르크스-레닌주의란 마르크스와 엥겔스가 창시하고 레닌이 계승하여 발전시킨 체계를 말한다. 철학, 경제학, 정치학 등이 통합된 이론체계이며 공산주의(communism)라고도 불린다.

공산주의는 사유재산제 대신에 공유재산제를 통해 재산 차등에 따른 계급이 없는 평등한 사회를 지향한다. 이 사상에 따라 노동자 계급이 혁명을 통해 자본주의를 소멸시키고 공산주의를 건설하기 위해 정당을 설립한다. 이러한 정당을 "공산(주의)당" 또는 "마르크스-레닌주의 당"이라고 한다.

공산주의를 풍자한 우화 소설, 조지 오웰의 동물농장

공산주의? 사회주의?

공산주의는 사회주의 중에서도 급진적인 분파를 말한다. 하지만 마르크스-레닌주의는 자본주의에서 공산주의로 가는 과도기적 단계로 사회주의를 설정했다. 현실에서는 공산주의 실현이 어려우므로 사회주의 국가만 존재해왔다.

2) 사회주의적 소유제도

생산수단의 사적 소유 금지

사회주의를 자본주의와 구분하는 핵심은 소유제도, 특히 '생산수단'을 누가 소유하는가에 달려 있다. 생산수단이란 생산에 필요한 요소 중에서 기계·설비(노동수단)와 토지·원자재(노동대상) 등을 말한다. 사회주의 소유제도는 이러한 생산수단을 개인이 소유할 수 없는 제도를 말한다. 다시 말해 국가 또는 사회·협동단체만이 생산수단을 소유할 수 있고 개인이 생산수단을 사적 목적으로 소유하거나 이용하는 행위는 인정되지 않는다.

그렇다고 해서 사회주의 국가에서 개인이 아무것도 소유할 수 없는 것은 아니다. 생산수단이 아닌 다른 형태, 즉 자신이 노동한 대가로 얻은 급여, 저금, 가정용품, 생활용품, 승용차 등 개인적인 생활을 향유하는 재산은 허용된다. 개인재산은 점유할 수 있을 뿐 아니라 처분할 수도 있고 상속할 수도 있다.

개인소유, 어디까지 인정될까?

북한에서 개인은 생산재가 아닌 소비재에 한해 소유할 수 있다. 예를 들면, 텃밭, 가금류 등의 가축, 자전거나 오토바이 등을 소유할 수 있다. 하지만 소나 말, 당나귀 같은 큰 가축이나 자동차나 트랙터 같은 큰 운송수단은 생산재로 간주되어 개인소유가 불가능하다.

사회주의에서 개인이 생산수단을 소유하지 못하게 하는 이유는 무엇일까? 누군가가 생산수단을 독차지하면 생산수단을 소유하지 못한 사람은 자신의 노동력에 의존할 수밖에 없다. 다시 말해, 생산수단이 없는 사람은 개인의 노동력을 가지고 경제활동을 해야 한다. 이럴 경우 생산수단의 소유자가 힘의 우위에 있기 때문에 다른 사람의 노동력을 착취하는 현상이 발생할 가능성이 있다는 것이다.

3) 중앙집권적 계획제도

계획의 또 다른 이름, '명령'

시장경제와 계획경제를 구분하는 핵심은 '자원배분' 방식에 있다. 계획경제는 국가가 모든 경제 부문의 계획을 수립하기 때문에 '시장'이 아닌 '계획', 특히 중앙집권적인 계획을 중심으로 돌아가는 시스템이다. 중앙정부의 지도에 따라 운영되므로 "명령경제(command economy)"라고도 한다.

경제활동을 통해 자원이 배분되는 방식을 조정기제라고 하는데 계획은 명령, 즉 관료주의에 의해 수행되므로 "관료적 조정기제(bureaucratic coordination mechanism)"라고 한다. 그 반대는 우리가 익숙한 시장 또는 "시장 조정기제(market coordination mechanism)"이다.

기업이 파산하지 않는 비결

계획경제에서는 기업이 파산하는 경우가 거의 없다. 그 이유는 무엇일까? 손실이 발생하더라도 국가가 지원을 해주기 때문이다. 이처럼 외부 지원을 받아 계속 생존하는 조건을 "연성예산제약(soft budget constraint)"이라고 한다.

사회주의 국유기업은 만성적인 적자에 시달리더라도 정부가 적자를 메워주고 기업을 구제해주면서 예산제약이 연성화(soften)된다. 연성예산제약에 따라 계획경제의 국영기업은 경제적 효율성이 떨어지더라도 경제활동을 지속한다.

연성예산제약 vs. 경성예산제약

시장경제에서는 기업이 손실을 입어도 외부 지원이 없기 때문에 엄격한 예산제약을 받는다. 이를 경성예산제약(hard budget constraint)이라고 한다. 하지만 시장경제에서도 정부 보조금이 지급될 경우 연성예산제약이 발생하여 부실한 공기업이나 금융기관, 비영리조직, 지방정부 등이 나타난다.

너그러운 경제 규칙, 온정주의

국유기업이 연성예산제약을 받는다는 것은 냉정한 이해타산이나 원칙보다는 경우에 따라 너그러운 이해를 받는다는 뜻이다. 이를 가리켜 "온정주의(paternalism)"라고 한다. 상위기관과 하위기관, 기업 경영진과 그 상위의 기관 간에 사정을 봐주는 것을 말한다. 온정주의는 연성예산제약과 더불어 계획경제의 국유기업에서 일반적으로 나타나는 현상이다.

온정주의

온정주의는 경제적 관계뿐 아니라 사회주의 국가, 당, 더 나아가 지도자와 구성원 간의 관계에도 적용된다. 사회주의 계획경제에서는 국가가 "요람에서 무덤까지" 구성원을 보호하는 동시에 감시하고 당이 이 모든 것을 지도한다. 우상화를 통해 지도자를 사회 전체 구성원의 아버지로 만들기도 한다.

02

북한식
사회주의 계획경제

북한식 사회주의 계획경제의 특징은 중공업 우선 발전 전략, 국방-경제 병진 정책, 자립적 민족경제 건설 등이다. 이러한 특징은 6.25 전쟁 전후 북한이 처한 정치·경제적 현실을 반영하고 있다. 첫째, 전후 피해상황이 경공업 부문보다 중공업 부문에서 더 심각했다. 둘째, 냉전구도에서 미국·한국과의 대립에 있었기 때문에 군사력 증강에 더욱 힘을 쏟아왔다. 셋째, 중국과 소련이 대립하는 상황에서 중립을 유지하는 자주노선을 선택하고 경제적 자립을 추구했다.

북한식 사회주의

계획경제

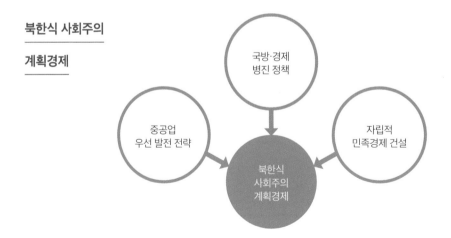

1) 발전 전략과 정책기조

중공업 우선 발전 전략

마르크스 이론상 공산주의 혁명은 자본주의가 고도로 발달한 국가에서 일어난다. 하지만 현실에서는 당시 저개발국이었던 러시아에서 최초로 시도되었다. 소련은 마르크스와 엥겔스의 후계자인 레닌이 주도한 혁명으로 수립된 세계 최초의 사회주의 국가이다. 소련은 경제적으로 발전한 자본주의 국가를 따라잡고 앞지르는 것을 중요한 목표로 설정했다. 레닌의 후계자인 스탈린은 이 목표를 달성하고자 중공업 중심의 공업화를 추진했다. 중공업에 집중적으로 투자해서 농업이나 경공업의 발전을 돕는 기계를 먼저 생산하는 전략이다. 이 전략은 소비재보다는 생산재를 만드는 데 집중한다. 사회주의 종주국인 소련을 따라 많은 사회주의 국가가 스탈린식 산업화 노선을 채택하는 경우가 많았다.

북한 역시 1956년 4월에 개최된 3차 당 대회에서 "중공업 우선의 경공업·농업 동시발전" 노선을 채택했다. 북한에서는 이를 "확대재생산" 이론 또는 경제법칙이라고 한다. 중공업 우선 발전 전략을 추진한 결과, 북한 경제는 짧은 기간에 양적 성장을 이루었다. 하지만 공업 부문의 비중은 급상승한 반면 농업이 하락했으며 공업 중에서도 경공업은 소외되고 서비스 부문이 취약한 산업 간 불균형이 발생했다.

북한 경제에서 공업 투자 비중(%)

연도	총 투자액 중 공업 비중	공업 투자액 중 중공업 비중	공업 투자액 중 경공업 비중
1954-1956	49.6	81.1	18.9
1957-1960	51.3	82.6	17.4

* 출처: 정태식, 『우리 당에 의한 속도와 균형문제의 창조적 해결』 (평양: 조선로동당 출판사, 1964), p. 144.

중공업 우선 발전 전략의 배경

6.25 전쟁 직후 북한 경제는 거의 황폐화되었는데 전후 복구 과정에서 소련에 대한 경제의존도가 높았다. 그 과정에서 소련의 경험이 중요한 영향을 끼치면서 스탈린식 공업화를 받아들인 것으로 해석된다. 소련 내부에서는 투자 우선순위에 대한 갈등이 있었는데 이 역시 북한에 그대로 나타났다. 결국 소련에서처럼 중공업 우선을 주장한 세력이 승리했다.

국방−경제 병진 정책

중공업을 우선시하는 발전 전략에는 현대적인 무기를 생산한다는 군사적인 의미도 있다. 다시 말해 자본주의 국가와의 경쟁 구도에서 군수산업 육성을 강화함으로써 중공업과 군수산업을 연계하여 발전시키는 전략이다. 전후 미국·한국과의 대결 구도에 있던 북한 역시 1966년 10월 당대표회의에서 "국방과 경제건설 병진정책(군·산 병진정책)"을 채택했다. 국가예산에서 군사비가 차지하는 비중이 점점 높아지면서 다른 부문, 특히 소비재 부문에 대한 투자는 줄었다.

북한 국가예산에서 군사비 비중(%)

연도	1960	1961~1966	1967~1969
군사비 비중	19.9	미발표	31.3

* 출처: 국토통일원, "제5차 당 대회에서의 김일 부수상 보고," 『조선노동당 대회 자료집 III』 (서울: 국토통일원, 1988), p. 114.

자립적 민족경제 건설

중공업 우선 발전 전략과 국방−경제 병진 정책은 다른 사회주의 국가에서도 볼 수 있는 정책이지만 북한의 정책기조에는 다른 특이점이 있다. 그것은 바로 자립적 민족경제 건설이다. 이 전략은 1950년대 후반 중국과 소련 간의 분쟁(중·소분쟁)으로 공산권 내 친소파와 친중파가 갈라지던 당시에 북한이 선택한 중립 노선에서 시작되었다. 북한은 이즈음에 주체사상을 정립했고 1972년 헌법에서 주체사상과 결합한 "경제에서의 자립"을 주장했다.

자립적 민족경제 건설은 내부 동원의 경제, 쉽게 말하면 "자력갱생"으로 표현된다. 북한에서 생산되는 자원을 가지고 북한의 기술과 인력으로 모든 것을 생산하겠다는 경제정책이다. 물론 수입에 의존하지 않고 모든 것을 자체적으로 생산하기는 어렵지만, 북한은 1990년대 경제 위기 이전까지 전 세계 평균 대비 대외무역 의존도가 낮은 편이었다.

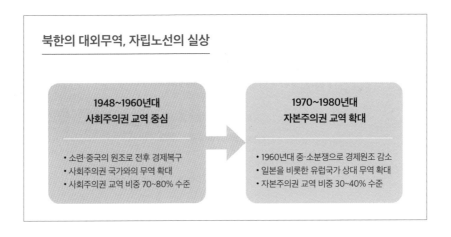

2) 대중노선과 속도전

정신적 자극의 힘

자립적 민족경제 건설, 즉 자력갱생을 이루기 위한 중요한 수단 중 하나는 대중운동이다. 대중을 동원하는 운동은 정치·사회적 통합을 통한 체제 유지 목적도 있지만 경제적 차원의 증산경쟁을 동반한다. 북한에서 대표적인 대중운동은 "건국사상 총동원운동", "천리마운동", "3대 혁명(사상·기술·문화) 붉은기 쟁취운동" 등이다. 각각 해방 이후, 6·25 전쟁 이후, 1956년 중·소분쟁과 8월

천리마운동과 만리마운동 포스터

반종파 사건 이후, 1970년대 경제 침체기 등 정치·경제적 위기를 돌파할 때 효과적으로 사용되었다. 가장 대표적인 천리마운동(1956~)은 "하루에 천리를 달리는 천리마와 같은 속도로 사회주의 경제를 건설"하자는 운동이다. 덕분에 5개년 경제계획(1957~1961)이 1년 단축되어 4년 만에 목표를 달성하는 성과를 거두었다. 김정은 시대에 들어서는 이 천리마운동을 연상케 하는 새로운 속도전으로 "만리마운동"이 등장하기도 했다.

숨은 영웅 따라 배우기

북한은 대중운동이 일상적 행사가 되고 형식화되어 가자 모범적인 인물을 발굴해서 따라 배우는 운동을 전 사회적으로 전개했다. 숨은 영웅의 감동적인 노력과 성과를 선전하여 이를 학습하고 토론하면서 모두가 숨은 영웅처럼 살며 일하는 분위기를 만들고자 했다. 1979년에 숨은 영웅에 대한 표창 수여식을 조직하고 이를 기점으로 숨은 영웅의 모범을 따라 배우는 운동에 착수했다. 이후 10년 동안 숨은 영웅이 1만 5,500여 명가량 배출되었다.

숨은 영웅의 시발점이 된 사례

- 1977년 말 지질탐사 부문에 종사하는 한 부부가 약 20년 동안 남이 알아주지 않아도 묵묵히 산중의 초소를 지키면서 일해 온 사실이 알려짐
- 1979년 말 한 여성과학자가 10년간 연구 끝에 새로운 농작물 품종을 개발한 사실이 알려짐

다시 시작된 속도전

북한은 1980년대 사회주의 경제건설 강령인 10대 전망목표를 앞당기기 위해 "80년대 속도" 창조운동을 전개했다. 1990년대에는 "90년대 속도" 창조운동이 나타났으며 1998년부터는 "제2의 천리마대진군", 2016년부터는 천리마운동의 후신으로 보이는 "만리마운동"이 재현되었다.

3) 경제관리원칙과 제도

경제관리원칙

북한에서는 사회주의 계획경제를 지도하고 관리하는 모든 활동에서 반드시 지켜야 할 지침을 두고 있다. 이를 사회주의 경제지도 관리원칙 또는 경제관리원칙이라고 한다.

북한의 '전투'는 연중무휴

북한 사회는 그야말로 일 년 내내 전투 중입니다. 농사도 전투, 생산도 전투, 김장도 전투, 모든 사회 활동이 거의 전투적이죠. 이름하여 "모내기 전투", "150일 전투", "퇴비 전투", "김치 전투" 등이 그것인데 인력과 노력의 집중이 필요한 시기에 대중을 동원시키기 위한 선전 문구입니다.

북한에서 가장 큰 전투는 "농촌지원전투"로 그 중에서도 4~5월 즈음 시작되는 "모내기 전투"가 대표적입니다. 이때는 농장일꾼들은 물론이고, 직장인, 주민, 군인, 학생들까지 동원되어 국영 농장의 모내기에 참여해야 합니다. 학생들의 경우 고등학교 4학년부터 "모내기 전투"에 동원되는데, 약 40일간 수업도 쉬고, 농촌 지역에서 합숙하면서 농장일에 동원됩니다.

모내기에 동원된 이들은 이른 아침부터 어두워질 때까지 하루 종일 농장일로 육체적으로 고된 한 달 여를 보냅니다. 하지만 그러한 시간 중에 즐거운 시간들도 있는데, 해가 지면 시골마을에 둥글게 모여앉아 기타치고 노래하면서 나름대로의 낭만을 느낀 추억은 북한에서 청년시절을 보낸 이들이라면 하나쯤은 갖고 있다죠.

계절별 북한의 대표적인 전투들이 있습니다. 봄에는 "모내기 전투", "산림복구전투"가 있고 여름에는 "풀베기 전투", 가을에는 "가을걷이 전투", 겨울엔 "퇴비전투"입니다. 이 외에도 일정 기일 안에 집중적으로 생산을 완료하기 위해 이름을 붙인 "100일 전투", "150일 전투" 등 계절에 상관없이 전투들이 수시로 있는 북한은 1년 내내 전투 중이라고 해도 과언이 아니겠죠?

모내기에 참여한 북한 주민들의 모습

북한의 경제관리원칙

원칙	내용
당정치사업과 경제조직사업 결합의 원칙	• 당정치사업과 경제조직사업을 결합하되 당의 노선과 정책을 위주로 경제관리를 지도·관리한다는 원칙이다. • 정치사업을 우선적으로 고려해서 경제관리를 한다는 뜻이므로 "당정치사업 우선의 원칙"이라고도 한다.
집체적 지도와 유일적 지휘 배합의 원칙	• 집체적 지도란 당 위원회에서 경제사업의 방향을 결정하고 지도·통제하는 것을 말한다. • 유일적 지휘는 당 위원회에서 결정된 경제사업을 행정 지휘관이 장악하여 지휘하고 그 결과를 책임지는 것을 말한다.
계획의 일원화·세부화 원칙	• 일원화는 당의 노선과 정책이 국가계획위원회를 중심으로 도·시·군과 공장·기업소까지 관철되는 것이다. • 세부화란 모든 경제부문과 기업소의 경영활동이 밀접히 연결되어 구체화되는 것이다.
독립채산제 실시의 원칙	공장·기업소에 자율성을 부여하여 수익성을 보장하게 함으로써 스스로 물자를 절약하고 생산성을 향상하는 방법이다.

농업 부문의 경제관리제도

농업 부문의 경제관리원칙은 "주체농법"이다. 기후 풍토와 농작물의 생물화학적 특성에 맞게, 현대 과학기술에 기초하여 농업 생산을 하는 집약 농법이다. 이러한 원칙 하에 국영농장과 협동농장 등에서 농업 생산이 이루어진다. 기본단위는 협농동장인데 협동농장은 협동농장경영위원회, 작업반, 작업분조로 구성된다.

1960년대 중반부터 협동농장에서는 "작업반 우대제"와 "분조관리제"를 실시해왔다. 작업반 우대제는 개별 작업반이 초과 달성한 생산물을 그 구성원이 나누어가지도록 하는 인센티브제이다. 분조관리제는 작업반을 구성하는 분조별로 일정 면적의 토지와 농기구를 가지고 생산하고 계획 대비 초과 생산물을 자유롭게 처분할 수 있게 한 제도이다.

공업 부문의 경제관리제도

공업 부문의 경제관리원칙은 "원에 의한 통제"이다. 화폐적 수단을 이용해서

농업 부문의 경제관리체계, "청산리방법"

1960년 2월 평안남도 강서군 청산협동농장을 김일성이 현지지도하면서 일반화·구체화된 경제관리체계로 청산리정신·청산리방법·청산리교시 등으로 불린다.

사회주의·공산주의 건설에 등장하는 모든 문제를 인민의 힘과 지혜에 의해 풀어나가는 정신이다. "상급 기관이 하급 기관을 도와주고, 윗사람이 아랫사람을 도와주며, 늘 현지에 내려가 사정을 깊이 알아보고 문제 해결의 옳은 방도를 세우며, 모든 사업에서 정치사업, 사람과의 사업을 앞세우고, 대중의 자각적인 열성과 창발성을 동원하여 혁명투쟁과 건설 사업을 진행해나가는 것"이다.

공업 부문의 경제관리체계, "대안의 사업체계"

1961년 12월 평안남도 대안에 있는 대안정기공장에 김일성이 현지지도를 간 계기로 채택되었다. 기존의 지배인 유일관리제를 대체하여 공장당위원회를 통해 집체적으로 지도하는 방식을 말한다. 공장당위원회는 지배인, 기사장, 기술자, 근로자, 당간부, 행정간부가 참여한다. 대안의 사업체계는 다음 세 가지를 의미한다.

첫째, 이 공장당위원회가 집단적 관리운영과 책임을 진다. 둘째, 기사장이 생산과 관련된 각 부서를 단일한 체계로 지도함으로써 생산단위에 지시사항을 전달하고 과업수행을 통제하는 과정을 보다 세밀하게 실행한다. 셋째, 지배인은 행정 및 지원을 담당하는데 기업소와 근로자구 주민에게 필요한 물자를 책임지고 공급하는 후방공급체계를 확립한다.

기관·기업소의 경영을 통제하는 것을 말한다. 공업 생산은 사회 전체 차원의 국가적 공업관리체계와 개별 공장·기업소관리체계로 구분된다. 1985년 7월 부터는 기업체가 중간관리기관으로서의 지도 기능까지 수행하는 연합기업소를 도입했다.

공업 부문의 경제관리제도는 해방 직후 소련의 "지배인 유일관리제"를 도입했다. 국가가 임명한 지배인이 모든 문제를 결정·처리·책임지는 형태로 사회주의 건설 초기에 적절히 활용되다가 1960년대 들어 "대안의 사업체계"로 대체되었다.

03

성장의 한계:
경제 위기의 전조

1) 사회주의 계획경제의 구조적 모순

동기부여의 문제

생산수단의 사유화를 금지하고 중앙계획으로 통제하는 사회주의 계획경제에서 기업과 개인은 경제활동에 대한 동기를 상실하기 쉽다. 물질적인 보상은 제한적이고 도덕적인 동기와 정신적 자극을 강조하기 때문에 경제적 성과를 내는 데 한계에 직면할 수밖에 없다.

인간은 자기 자신에게 유리한 선택을 하는데 이러한 현상은 경제활동의 주체인 기업에도 나타난다. 기업에 주어진 계획을 달성하기 위해 기업의 구성원은 정보를 왜곡하고 허위로 보고하거나 만약을 위해 자재와 노동력을 비축해 두려는 동기를 갖는다.

계획 실패와 정보 왜곡

계획경제에서 상부의 계획기관은 모든 지표를 정확하게 파악하기 어렵고 하부기관은 계획 달성을 위해 정보를 왜곡하기 쉽다. 사회주의 계획경제의 종주국이었던 소련에서는 "고스트플란"이라고 불리는 중앙계획 서류가 연간 수만 톤에 달했다고 한다. 그 많은 서류가 꼼꼼하게 제대로 검토되기는 어려웠을 것이다. 우크라이나의 한 수학자는 연간계획을 완벽하게 수립하려면 전 세계 인구를 동원하더라도 천만년이 걸릴 것이라고 말했다.

낭비와 부족 현상

계획 실패와 정보 왜곡의 결과, 계획경제 전반에는 혼란이 야기된다. 우선, 경제 제반이 계획지표로 긴밀하게 연결되어 있기 때문에 한쪽에서 문제가 생기면 파장이 이어진다. 예컨대 원자재가 계획대로 생산되지 않으면 기계를 만들지 못하고 기계가 만들어 낼 소비재 공급에도 문제가 발생한다. 수요와 공급간 불균형도 발생한다. 시장에서 필요로 하는 만큼이 아니라 국가가 세운 계획만큼 물건이 생산되기 때문이다. 기업은 실적을 쌓으려고 계획을 초과 달성하기 때문에 시장에서 팔리지 않는 물건이 남아 논다. 또 계획을 쉽게 달성하고자 원자재를 필요 이상으로 많이 확보해둔다. 결국, 생산에 이용되지 않는 원자재는 폐기물로 방치된다. 이러한 낭비 때문에 다른 한편에서는 만성적인 부족 현상에 시달린다.

2) 군사·정치 우위의 전략적 실패

중공업 우선 전략과 국방–경제 정책의 폐해

북한은 공업 투자의 80%를 중공업에, 전체 투자의 30%를 군수산업에 집중시켰다. 그 결과, 나머지 투자로 운영되는 산업 간에 불균형이 발생했고 그에 따른 사회경제적 희생을 감수해야 했다. 특히 일상생활에 필요한 소비재 부족이 심각해졌다.

> "만약 국방에 돌려진 부담의 한 부분이라도 덜어 그것을 경제건설에 돌렸다면 우리
> 인민경제는 보다 빨리 발전했을 것이며 우리 인민들의 생활은 훨씬 더 높아졌을 것"

* 출처: "김일성, "조선로동당 제5차 대회 개회사", 『조선로동당 대회 자료집 III』, p. 33

자립경제 노선의 한계

북한은 자립적 민족경제 건설을 추구하면서 비교우위에 따라 외부의 자원과 기술을 도입하는 것을 제한해왔다. 자력갱생은 북한처럼 경제규모가 작은 국가가 실현하기에는 불가능한 목표였다. 그러나 북한은 중·소분쟁 시기 탈소련화와 함께 사회주의권은 물론 자본주의권과의 국제분업을 거부하면서 폐쇄적인 경제를 유지하고자 했다. 이 과정에서 강화된 주체사상은 사회주의 계획경제의 실패 현상을 인정하고 수정하는 것을 더욱 어렵게 만들었다.

3) 대외 정세 변화와 제한적 개방

1970년대 세계를 휩쓴 석유파동

북한은 1970년대에 일본과 유럽 국가에서 돈을 빌려와 생산한 제품을 수출하려는 계획을 세웠다. 그러나 제1차(1973~1974년), 제2차(1978~1980년) 석유파동으로 인해 전 세계 석유 공급 부족과 석유 가격 폭등이 일어나면서 이 계획은 실패한다. 안정적인 석유 공급 없이는 현대적인 공장 가동과 기계 작동이 어렵기 때문에 북한은 제품을 제대로 생산하지 못했고 판매하지도 못했으며 결과적으로 대외부채만 증가하고 말았다.

1980년대 북한 최초의 개혁·개방

이 무렵 중국은 1978년 12월 제11기 중국 공산당 제3차 전체회의를 기점으

로 개혁개방노선의 실시를 천명했다. 새로 집권한 덩샤오핑은 "가난이 사회주의는 아니다"라며 흑묘백묘론(黑猫白猫論), 즉 "검은 고양이든 흰 고양이든 쥐만 잘 잡으면 된다"는 실사구시적 경제정책으로 자본주의적 이윤동기를 동원한 생산력 증대를 주장한다. 당시 북한 지도자였던 김일성은 1980년대 중국뿐 아니라 구소련과 동구권 8개국을 방문하면서 북한보다 발전한 다른 사회주의 국가의 모습에 자극을 받았다고 한다.

이러한 정세에 힘입어 북한은 1984년에 대내외 경제정책에서 획기적인 조치를 시행했다. 내부적으로 독립채산제를 강화하고 "8·3인민소비품창조운동"을 도입했다. 외부적으로는 합영법을 통해 외국자본 유치의 전기를 마련하고자 했다.

안으로는 8·3인민소비품창조운동

중공업 우선 발전 전략으로 인해 북한에서는 경공업과 농업 발전이 부진했다. 1974년에 후계자로 확정되었고 1980년부터 북한 제2인자가 된 김정일은 1984년 3월, 평양 전국경공업제품전시장을 시찰하고 담화를 발표했다. 그 내용 중 하나는 공장과 기업소 내 가내작업반에서 유휴 자재나 폐기물, 부산물을 이용해 생활용품을 생산하는 것이었다. 이를 계기로 북한 전역의 공장, 기업소, 협동농장에 작업반이 조직되어 각종 다양한 생활필수품 생산이 확대되었다. 이를 "8·3인민소비품창조운동(8·3 운동)"이라고 한다. 지금도 북한 주민들은 국가계획 밖, 계획경제 밖의 활동에는 '8·3'을 붙여 8·3 입금, 8·3 노동 등으로 부르고 있다.

밖으로는 합영법 제정을 통한 외자 유치

1984년에 북한은 외국인 투자를 활성화하기 위해 처음으로 법제를 만들었다. 이를 합영법이라고 하는데, 서방국가의 투자는 거의 없었다. 1984년부터 1992년 7월까지 투자유치 계약 140건 중 116건이 "재일본조선인총연합회

(조총련)"와의 거래였다. 투자유치를 통해 수출증대, 외화획득, 기술도입 등의 효과가 있기는 했으나 기업의 수와 규모가 작아 효과는 미미했다. 당시 북한은 자본주의 국가의 자본과 기술에만 관심을 가지고 자본주의 경영방식을 경계하면서 주체사상과 자력갱생을 강조했다. 이러한 사고와 운영 방식이 전반적으로 외국과의 합영사업을 저해한 것으로 분석된다.

사회주의 vs. 자본주의
계획경제 vs. 시장경제

우리가 알고 있는 경제체제는 보통 '사회주의 계획경제'와 '자본주의 시장경제'로 구분된다. 우선, 사회주의와 자본주의의 차이는 '소유제도'에 있다. 생산수단의 소유권에 있어서 사회주의는 공적 소유만을, 자본주의는 사적 소유까지를 허용한다. 다음으로, 계획경제와 시장경제의 차이는 '자원배분'에 있다.

계획경제는 '국가의 계획'에 의해 생산과 소비가 이루어진다. 시장경제는 '시장의 수요와 공급'에 따라 생산과 소비가 이루어진다. 이러한 소유제도와 자원배분 간에는 서로 잘 어울리는 친화성이 존재한다. 따라서 '사회주의 계획경제'와 '자본주의 시장경제'가 일반적이다. 사회주의 계획경제였던 중국은 체제 전환을 통해 '사회주의 시장경제'라는 새로운 조합을 추구하고 있다.

소유제도와 자원배분방식에 따른 경제체제

구분		자원배분방식	
		계획경제	시장경제
소유제도	사회주의	북한	중국
	자본주의	개발독재 국가	대다수 국가

북한의 경제발전계획(1947~1993)

계획	주요 내용	비고
제1차 1개년 계획(1947)	식민지적 기형성과 편파성 제거, 물질문화생활 수준 향상	-
제2차 1개년 계획(1948)	공업생산량 증대와 생산 품질 향상 및 원가 절감	-
2개년 계획(1949~1950)	공업과 농업의 기술적 개선과 성장의 보장	한국전쟁
경제복구 3개년 계획 (1954~1956)	전쟁 이전 수준으로의 경제복구, 사회주의 공업화의 토대 구축	-
5개년 계획(1957~1960) *1년 단축	사회주의 경제의 공업기반 구축, 주민의 의식주 문제 기본적 해결	천리마운동
제1차 7개년 경제발전계획 (1961~1970) *3년 연장	사회주의 공업화의 실현과 주민생활의 향상	중소분쟁
6개년 계획(1971~1977)	사회주의 물적·기술적 토대 견고화, 산업설비 근대화, 기술혁명 촉진, 힘든 노동에서 노동자 해방	석유파동
제2차 7개년 경제발전계획 (1978~1986)	인민경제의 주체화·현대화·과학화, 생산원가 인하, 절약운동 강화, 수송의 근대화, 주민생활의 향상, 독립채산제 강화, 대외무역의 증대	중국 개혁·개방
제3차 7개년 경제발전계획 (1987~1993)	주체사상의 진흥, 경제의 현대화와 과학화, 견고한 물질적 기반과 사회주의의 완전한 승리	소련 해체

학습 정리

❶ 사회주의 계획경제는 공산당의 일당독재(정치제도), 생산수단의 국유화(소유제도), 중앙집권적 계획경제(경제제도)를 특징으로 한다.

❷ 북한식 사회주의 계획경제는 중공업 우선 발전 전략과 국방－경제 병진 정책, 자립적 민족경제 건설을 특징으로 한다. 대중노선과 속도전을 비롯해 독특한 사회주의 경제 관리원칙을 가지고 있다.

❸ 북한 경제는 사회주의 계획경제의 구조적 모순과 군사 · 정치적 목적을 앞세운 전략 으로 인해 경제성장의 한계를 맞았고 대외 정세 변화에 발맞추어 합영법 등 개혁 · 개 방을 시도했으나 성과는 낮았다.

추천문헌

김연철,『북한의 산업화와 경제정책』서울: 역사비평사, 2001.
김일기 외,『통일·북한이슈100』서울: 평화문제연구소, 2012.
박석삼,『북한경제의 구조와 변화』서울: 한국은행 금융경제연구원. 2004.
북한연구학회 편,『북한의 경제』서울: 경인문화사, 2006.
세종연구소 북한연구센터 편,『북한의 경제』서울: 한울아카데미, 2005.
양문수,『북한경제의 구조: 경제개발과 침체의 메커니즘』서울: 서울대학교출판부, 20 01.
주성환·조영기,『북한의 경제제도와 관리』서울: 무역경영사, 2003.
Janos Kornai, *The Socialist System: the Political Economy of Communism.* Princeton: New Jersey, Princeton University Press, 1992.

참고자료

국토통일원,『조선노동당 대회 자료집 III』서울: 국토통일원, 1988.
김일성, "조선로동당 제5차 대회 개회사,"『조선로동당 대회 자료집 III』서울: 국토통일원, 1988.
정태식,『우리 당에 의한 속도와 균형문제의 창조적 해결』평양: 조선로동당 출판사, 1964.

6강

북한의 경제
part 2
경제 위기와 시장화

학습 목표

❶ 1990년대 경제 위기의 원인과 실상을 이해

❷ 경제 위기에 대응해온 북한의 개혁·개방 정책을 이해

❸ 김정은 시대의 경제발전 전략을 이해

열쇠말

고난의 행군, 경제 위기, 장마당, 시장화, 우리식 경제관리방법

경제 위기와
장마당의 탄생

1) 경제 위기의 원인

대외적 요인, 소련의 해체

북한은 1970년대 석유파동과 1970년 후반 중국의 개혁개방과 같은 정세 변화에 영향을 받아 1984년에 획기적인 대내외 경제정책을 펼쳤다. 1985년부터는 소련에서 고르바초프의 페레스트로이카(개혁)가 시작되었고 1991년에는 사회주의 종주국을 자처했던 소련이 해체되었다. 전후 경제복구를 시작으로 북한의 발전을 지원해주던 소련과 동구권의 붕괴로 북한은 주요 원조국과 우호국을 상실하고 말았다. 그 결과, 북한에 대한 사회주의권의 경제원조와 대외무역은 크게 위축되었다. 소련 해체를 기점으로 북한은 1990년대에 극심한 경제 위기에 봉착했다.

이 시기 경제난은 외화난, 에너지난(원자재난), 식량난 등 3대 난으로 불린다. 특히 식량과 에너지 부문의 피해가 컸는데 자연재해가 없었는데도 불구하고 식량 생산이 급감했으며 소련으로부터의 기계·부품·기술 조달 및 우호 가격 폐지로 석탄 생산과 원유 도입이 급감했다. 북한은 사회주의 국가 간 우호

가격제에 의한 구상무역 방식에 따라 소련으로부터 국제 석유 가격보다 싼값에 석유를 공급받아왔다. 북한은 계획경제 운영에 필요한 외화가 부족한 상태에서 소련 붕괴로 이러한 지원이 사라짐에 따라 에너지난을 겪었다. 중공업 우선 전략으로 인해 경공업과 농업이 취약한 상태에서, 농업에 필요한 화학비료 등 농업 원자재가 공급되지 못하자 식량 생산도 타격을 받았다.

구상무역

구상무역(compensation trade, barter trade)이란 두 나라 사이 협정을 통해 수출입물품의 대금을 그에 상당하는 수출입으로 상계시키는 방식이다. 결과적으로 서로 수출이 균등해져 무역 차액이 없고 결제자금도 필요 없다.

대내적 요인, 부족 경제의 악순환

북한은 지속적인 식량 부족에 시달려왔다. 정상 수요 대비 200만 톤 가량이 늘 부족한데 소련과 중국의 지원으로 부족분을 충당하고 배급량을 조절해 온 것이었다.

에너지는 석탄 생산이 감소하자 화력발전소가 가동되지 못해 전력 생산까지 감소했다. 에너지 부족은 공장 가동률을 저하시켰고 공장에서 원자재가 생산되지 못하면서 자재난까지 발생했다. 자재 부족으로 제품을 생산하지 못해 무역으로 외화를 벌어들이지 못하자 에너지와 원자재 수입도 불가능해졌다.

코르나이는 현실 사회주의 국가에 만연한 부족 현상을 일컬어 "부족 경제(shortage economy)"라고 표현했다. 북한의 부족 경제는 외화난이 식량난과 에너지난(원자재난)을 초래하고 이것이 공장 가동률을 저하시켜 다시 외화난을 초래하는 악순환을 겪었다.

인재(人災)인가, 천재(天災)인가?

1994년에서 1996년까지 매년 홍수와 가뭄 등 자연재해까지 북한을 덮쳤다. 북한에는 산의 정상까지 개간하여 계단밭을 일구는 행위가 성행한다. 비가 올 때 나무의 뿌리가 흙을 붙들고 있어야 하지만, 산림 황폐화로 인해 폭우 시 토사가 이를 견디지 못하고 산사태가 발생하는 것이다. 그 밖에도 집단 영농으로 인한 생산력 침체, 영농 선진화를 외면한 주체농법 등의 잘못된 정책이 식량난의 원인으로 지목된다.

2) 경제 위기의 실상

수치로 본 경제 위기

한국은행의 북한 경제성장률 추이에 따르면 북한은 1990년부터 1999년까지

마이너스 경제성장을 기록했다. 주요 산업의 공장 가동률은 30% 전후로 떨어졌다. 광업·제조업·경공업·중공업·건설업 등 주요 산업의 성장률이 마이너스 10~20%대를 기록하는 등 모든 경제 부문에서 동시적이고 총체적인 위기를 겪었다.

고난의 행군, 대량 아사와 탈북

1995년~1997년 사이 북한의 식량 부족량은 연평균 164만 톤에 달했다. 북한은 식량난이 극도에 달한 1996년경부터를 '고난의 행군'으로 칭하고 2000년에 그 종료를 선언했다.

고난의 행군

1938년 말에서 1939년 초 김일성이 이끄는 유격대가 만주에서 일본군의 토벌작전을 피해 100일간 굶주리며 행군한 것에서 유래했다.

한국 통계청은 유엔 인구센서스를 근거로 이 시기에 48만 2천 명이 초과사망하고 12만 8천 명이 출생하지 못해 인구손실이 총 61만 명에 달하는 것으로 추정한다. 고난의 행군을 거치면서 북한 주민들이 식량을 찾아 압록강과 두만강을 건너 중국으로 탈북하는 현상이 급증했다.

3) 배급제 붕괴와 장마당 확산

배급제 붕괴

고난의 행군 시기 대량 아사가 일어난 것은 배급제 붕괴에 기인한다. 그동안 북한은 중앙에서 기업소에 필요한 자재를 책임지는 공급제와 주민에게 식량

더 알아봅시다!

배급받는 날의 하루

북한 주민들의 국가 생산에 동원된 보수는, 세금이나 겨우 낼 정도의 적은 월급과 국가로부터 받는 배급으로 대체됩니다. 1인당 1일 몇 그램으로 표시 된 배급표를 받아 한 달 분씩 곡식과 교환하는 것을 배급이라 합니다.

　배급받는 날, 배급소 앞에 일찍이 줄을 서서 문이 열리길 기다리는 사람들의 손에는 빈 자루들이 들려 있습니다. 가족 수, 직업에 따라 받는 양이 조금씩 다른데 설령 많이 못 받더라도 자루만은 큼직! 그릇이 모자라 채 못 받아가는 상황은 없겠죠?

　강냉이 알(옥수수), 콩, 밀가루, 등 배급받는 곡식 종류는 그때 그때 다릅니다. 직접 받기까지 공식적으로 알려지진 않지만 "이번 배급은 콩이라더라", "이번엔 강냉이라더라"라는 '카더라 통신'은 북한에도 있습니다.

　한 달 배급 외에 특별한 배급날이 있는데 바로 '명절공급'입니다. 명절을 앞두고 쌀 외에도 국영상점에서 고기나 식용유 같은 것을 공급받기도 합니다. 혹여 공급물량이 모자라 전체 주민에게 주지 못할 경우도 있는데 이런 '불운'을 피하기 위해서라도 일찍이 앞쪽에 줄을 서서 기다려야합니다.

　하지만 최근 북한에서는 이렇게 배급받는 풍경을 거의 구경할 수 없게 됐습니다. 고난의 행군 이후로 배급체제가 거의 붕괴했기 때문인데요. 배급을 기대하며 국가 기업소에 일하러 가는 대신 시장으로, 또 다른 일터로 나가 생활비를 마련하면서 경제활동 형태가 크게 바뀌고 있다죠. 이제 북한에서 배급에 의존하거나 기대하는 건 옛날 말이 되어버렸습니다.

과 소비재를 공급하는 배급제를 중심으로 돌아갔다. 경제 위기로 인해 1990년 초반부터 동요되기 시작한 식량 배급제는 1994년경 사실상 중단되었다.

식량 배급은 각 직장에서 본인과 부양가족의 식량 배급표를 지급받은 다음 거주 지역의 배급소에 가서 배급표와 대금을 지불하고 식량을 받아오는 방식이었다. 1980년대부터 배급의 양과 주기를 줄여오던 중 1995년 말에는 특정 계층을 제외하고는 배급이 전면 중단되기에 이르렀다.

장마당 확산

배급제가 중단되면서 북한 주민들은 식량을 찾아 나서기 시작했다. 기본적으로는 유무상통(有無相通), 즉 서로 필요에 따라 있는 것을 교환하는 방법으로 거래가 형성됐다. 이처럼 계획 밖에서 생필품과 식량을 거래하는 공간을 "장마당"이라고 한다.

탈북 대학생들이 재현한 북한 장마당과 판매 물품들

북한에서 꽃제비의 삶

"제비야, 제비야, 놀자." 뛰어놀던 아이들이 느닷없이 한 아이의 뒤를 졸졸 따라가며 놀려대는 소리인데요. 어른들도 상대를 비난하기 위해 "꽃제비 같은 놈"하고 내뱉는데요. 꽃제비는 누구이기에 아이들의 놀림대상, 비난의 단어로 사용되는 것일까요?

이미 꽃제비는 일제강점기, 해방공간에서도 있었지만, 1970년대 이후 남쪽에서는 사라진 이름이고 1990년대 북한에서는 다시 등장한 이름입니다. 1990년대 북한의 경제난이 급속도로 확산되고 배급을 받지 못한 도시 주민들의 생존이 어려워지면서 가정이 해체되고 자녀들이 집을 뛰쳐나갔습니다. 그렇게 뛰쳐나가 거리를 떠돌며 생활하는 사람들을 북한에서는 꽃제비라고 불렀습니다.

생계를 유지하기 어려웠던 부모들은 행방불명이 되거나, 아사를 면치 못해 집으로 돌아올 수 없었고 보호받지 못한 아이들은 시장과 역전을 전전하며 길가에 버려진 음식물을 주워 먹거나 구걸로 목숨을 겨우겨우 이어나가게 되는데요.

식량 위기가 확산되면서 여행객들은 꽃제비에게 음식을 주지 않았고 쓰레기 더미나, 길가에 버려진 음식물을 찾는 일도 어려워졌습니다. 그래서 어린 꽃제비들과 노인 꽃제비들은 먹을 것을 구하지 못해 굶어 죽었고 10대 이상의 소년 꽃제비들과 청년 꽃제비들은 음식을 훔치거나, 소매치기로 살아남았습니다.

오늘날 북한에서는 꽃제비들이 무리를 이루어 서로를 의지하고 보호해가며 살아가고 있습니다.

장마당의 기원, 농민시장

북한에서 그동안 시장이 아예 없었던 것은 아니다. 3일장, 5일장과 같은 재래시장은 북한 정권 수립 초기에 폐쇄되었다가 1964년에 "농민시장"으로 부활했다. 농민시장은 농촌 지역에서 열리는 10일장이다. 그러던 것이 1984년 8·3 인민소비품 거래와 함께 전 지역으로 확산되었다.

02

계획과
시장의 공존

1) 7·1 경제관리개선조치와 종합시장

7·1 경제관리개선조치

경제 위기와 장마당 확산으로 기존 계획경제의 자원배분 방식이 제대로 기능하지 않자 북한 당국은 현실에 맞는 경제관리방법 개선을 추진했다. 2002년 7월 1일 자로 가격 및 임금을 인상하고 공장·기업소의 자율성을 확대했으며 물질적 인센티브를 강화하는 조치를 발표했다. 이를 "7·1경제관리개선조치(이하 7·1 조치)"라고 한다.

우선, 물가와 임금이 현실적인 수준으로 인상되었다. 그동안 계획에 따라 책정된 물가는 낮은 반면 실제 거래가 활성화되는 장마당에는 높은 가격이 형성되어 있었다. 7·1 조치로 식량과 공산품 등 전반적 물가가 수십 내지 수백 배로 올랐고 임금도 평균 18~25배가량 인상되었다. 동시에 사회보장과 배급제 등도 개편됐다. 식량, 소비재, 주택은 과거에 무상에 가까운 낮은 가격으로 공급되었으나 국가의 보조금을 없애고 가격을 현실화했다.

다음으로, 공장과 기업소의 자율성을 확대하고 독립채산제를 강화했다. 계획 목표를 달성하는 방식(현물 지표) 대신에 수익성을 기준(현금 지표)으로 기업의 경영실적을 평가하는 제도를 도입했다. 독립채산제가 강화되면서 공장과 기업소는 이윤을 초과 달성하면 자체적으로 재투자하거나 종업원의 복지를 위해 사용할 수 있게 됐다. 물자교류시장이 개설되어 기업 간 원자재 거래가 허용되면서 자재 공급이 원활해지고 계획 외 생산품 30%를 시장에 판매할 수 있게 됐다.

종합시장

7·1 조치에 이어 2003년부터 북한은 종합시장 제도를 실시했다. 종합시장은 기존 장마당 중 북한이 지정한 곳에서 자릿세 등의 수수료를 내고 시장 행위를 할 수 있는 공간이다. 장마당과 달리 "OO시장"이라는 명칭으로 간판을 달고

북한의 주요 종합시장

회령(국경시장)
중국 상인들에게도
매대 허용

시장이름: 채하
중국 수입품 전국
유통 통로

평성
북한 최대의 도·소매
상품 유통 중심지

중앙
평양 제2의 종합 시장

통일거리
2013년 8월 본보기로
개장한 북한의 대표적
종합시장. 판매건물 3동,
주차장 완비

사리원
곡물·식료품·
의류 대량 유통

* 출처: 조선일보 동북아연구소

운영된다. 2019년 현재 종합시장은 480개 이상 존재하는 것으로 알려진다.

종합시장은 전국 도매시장, 지역 도매시장, 도시시장, 시·군 단위 시장 등으로 규모가 다양하다. 전국 도매시장은 평양, 함흥, 청진, 원산, 신의주, 평성, 남포 등에 있다. 지역 도매시장은 사리원, 순천, 해주, 나선, 혜산 등에 있다. 가장 큰 시장은 청진시 수남시장으로 바닥 면적 기준으로 서울 동대문 시장의 2배에 달한다. 시장의 수는 평양에 가장 많다.

장마당과 (종합)시장

장마당이란 북한이 공식적으로 시장을 허용하지 않던 상태에서 성행한 암시장을 의미한다. 따라서 북한 주민들이 부르는 "장마당"은 암시장을 말하고 "시장"은 종합시장을 말한다.

---

2) 비공식 경제와 시장화

비공식 경제의 규모는 얼마나 될까?

국가 경제가 원활하게 돌아가지 못하고 시장 거래가 확산되면서 북한에는 계획 밖의 경제 영역이 확대되기 시작했다. 이를 "비공식 경제"라고 부른다. 비공식 경제는 과거 공산권이나 개발도상국에서 나타난 현상으로, 공식 경제 뒤에 숨어 있는 소규모 생계형 경제활동을 일컫는다. 공식적으로 모습을 드러내지 않고 그림자처럼 숨어 있기 때문에 "그림자 경제(shadow economy)"라고도 한다. 한국은행 연구결과에 따르면, 북한 경제에서 비공식 부문이 차지하는 비중은 28.5%로 추정되는데 구소련·동구권 사회주의 국가에 비해서 높은 수치이다. 공식 경제가 '계획' 경제이므로 시장 거래를 확대하는 개혁조치뿐만 아니라 비공식 경제의 비중이 높아지는 현상까지를 '시장화'라고 할 수 있다.

시장에서 성업 중인 택시

시장화의 다양한 양상

시장 활동에 참여하는 것 외에도 북한에서는 계획경제로만 설명되지 않는 다양한 현상이 나타났다. 대표적인 것은 "외화벌이"이다. 말 그대로 외화를 벌어들이기 위한 각종 경제활동을 통칭한다. 계획경제에 소속된 외화벌이 기관을 공식 창구로 하지만 그 산하에는 수많은 외화벌이 기지가 있고 각 기지는 기지장과 구성원의 시장 활동을 통해 운영된다. 외화벌이 외에도 공장과 기업소가 계획 밖에서 추가적인 생산을 통해 수익을 창출하는 것을 "더벌이"라고 한다. 협동농장 소속 농민은 할당받은 경작지 외에 텃밭을 추가로 경작할 수 있으며, 8·3 작업반과 같은 곳에서는 생활용품 판매를 통한 부업이 가능하다.

시장화가 진전되면서 북한에서도 돈을 많이 가진 신흥부유층이 등장했는데, 이들을 "돈주"라고 부른다. 초기에는 환전과 고리대금업 등 사금융을 하다가 국영기업에도 투자하고 있다. 버스·택시·물류 등 운수업과 도소매업 부문을 시작으로 최근에는 건설·채굴·제조업 등에까지 진출하고 있다. 기관·공장·기업소 등의 명의를 빌려서 스스로 경영활동을 하고 그 수익금의 일부를 국가에 납부하는 방식이다.

시장행위는 어디까지 묵인될까?

기본적으로 개인의 영달뿐만이 아니라 국가 경제에 이바지하는 경우, 즉 각종 수수료와 납부금의 형태로 공식 경제에 기여한다면 일정 정도 묵인된다.

---

3) 화폐개혁과 시장의 승리

국가의 시장 탄압

2000년대 초반에 북한은 7·1 조치를 통해 그동안 확장된 시장화를 흡수했지만 2000년대 중후반부터 비(非)사회주의검열, 즉 사회주의 방식이 아닌 것에 대한 단속을 수시로 시행했다. 원래는 정치적 현상을 단속하는 데 집중했으나 무역 등 경제활동도 정치적 활동의 일환으로 간주하기 시작했다. 그 이유는 시장화와 더불어 자본주의 문화생활양식이 확산됨에 따라 주민의 의식과 행위에 변화가 발생했기 때문이다. 국방위원회 주도로 중앙당, 보안대, 각 사회단체 소속별로 사안의 경중에 따라 검열하고 있다. 단속에 걸리면 재산을 몰수당하거나 (노동) 단련대에 가는 처벌을 받는다.

비사회주의그루빠(그룹)

비사회주의검열을 하는 단속반을 "비사회주의그루빠(그룹)" 또는 줄여서 "비사그루빠"라고 부른다. 1992년 10월에 만들어진 비상설 검열대로 1993년에 해체됐다가 2004년 7월부터 활동을 재개했다.

2009년 화폐개혁과 시장의 부활

시장 탄압에도 불구하고 계획경제 밖에서 유통되는 화폐량이 증가하고 물가가 오르자 북한은 100:1의 화폐교환을 시도했다. 2009년 11월 30일 오전 11시부터 12월 6일까지 구권 100원을 신권 1원으로 교환하는 기습 발표를 한 것이다. 시중에 유통되는 화폐량을 줄여 시장을 말살하려는 의도였다. 금이나 외화(달러화, 유로화, 위안화)로 재산을 보유한 북한 고위층이나 돈주는 큰 피해가 없었다. 하지만 시장에서 거래를 자주하는 장사꾼들은 북한 원화를 많이 보유하고 있었기 때문에 큰 피해를 입었다.

화폐개혁 이후 2개월간 물가는 30배 이상 급등했다. 북한 당국이 쌀 가격을 낮게 책정하도록 강요하자 쌀 거래량이 줄어들어 가격이 오히려 올라가고 말았다. 상황이 이렇게 되자 화폐개혁을 주도한 북한 노동당 계획재정부 박남기 부장은 총살을 당했고 김영일 내각 총리는 평양 시내 인민반장들이 모인 앞에서 혼란에 대해 사과했다. 화폐개혁 결과, 북한 돈에 대한 신뢰와 가치는 더욱 떨어지고 외화 사용 의존도가 높아지는 달러화(dollarization)가 가속화되었다.

2009년 북한 화폐개혁 주요 내용

- 시행: 2009년 11월 30일
- 교환 비율: 구권과 신권 100:1로 교환
- 한도: 가구당 10만원(두 달치 생활비 수준)
- 가격 조정: 2002년 7월 경제관리개선조치 때 수준 환원
- 외화 사용: 전면 금지해 외국인도 북한 화폐로 바꿔 사용

03

김정은 시대의
경제발전 전략

1) 우리식 경제관리방법

"인민이 다시는 허리띠를 졸라매지 않게" vs "허리띠 졸라매더라도…"

김정일이 2011년 12월 17일 사망한 이후 김정은은 2012년 4월 15일 첫 공개 연설을 통해서 "우리 인민들이 더이상 허리띠를 졸라매지 않고 부귀영화를 누리도록 하겠다"고 언급하고 "새 세기 산업혁명의 불길을 더욱 세차게 지펴 올려 경제강국을 건설하는 길에 들어서야 할 것"이라고 선언하였다. 당시 이 선언은 김일성 이후 29년 만의 공개 대외연설로 경제조치에 대한 구체적인 안을 제시하기보다는 새로운 북한의 경제노선을 제시하였다.

한편, 2019년 12월 노동당 제7기 5차 전원회의에서 김정은은 '사회주의 경제 건설 총력집중'국가발전 전략노선을 유지하자고 하면서 "허리띠를 졸라매더라도" 나라의 존엄을 지키고자 강조했다. 이어 2021년 6월 노동당 제8기 3차 전원회의에서는 주민생활 향상이 당의 '최중대사'라고 부각하였다. 이는 대북제재, 코로나 등 '고난한 환경' 속에서도 인민생활향상을 최우선으로 극복하자는 북한의 '인민대중제일주의' 기조로 보인다.

6.28방침

북한은 2012년 6월 28일 외신과 조선신보 등을 통해 '우리식의 새로운 경제 관리체계를 확립한 데 대하여'라는 북한의 '우리식 경제관리방법'을 보도하였다. 6·28방침은 북한의 공식용어는 아니지만, 우리나라에는 북한의 우리식 경제관리방법이 6.28방침으로 더 알려져 있다. 이 방침은 협동농장 개혁을 통한 농업 생산성 향상이 목적이며, 분조관리제 개선과 수확물에 대한 자율처분권 확대 등을 핵심으로 한다. 즉, 농업 수확량의 일부를 농민에게 분배하고 공장과 기업소가 생산과 판매, 수익과 분배를 독자적으로 결정하도록 한 것이다.

분조관리제 개선은 집단농업체제를 완화한 것으로 기존에 10-25명 안에서 이루어지던 분조관리제를 4-6명의 가족 단위로 축소하여 최소 생산단위를 구성한 것이다. 자율처분권은 기존의 농장에서 수확된 농산물을 국가에 납부하고 나머지를 현물로 분배받으며 운영되던 것에서 처분권을 확대한 것으로 목표생산량을 초과 달성할 경우 국가와 농민이 일정 비율로 나누는 방식이다.

5.30담화

북한은 2014년 5월 30일 '현실 발전의 요구에 맞게 우리식 경제관리방법을 확립한 데 대하여'라는 5.30담화를 통해 공장, 기업소, 협동단체들에서 사회주의 기업책임관리제를 바로 실시하여야 한다고 강조하였다. 담화에서 '사회주의 기업책임관리제'는 기업체들이 국가의 통일적인 지도 밑에 자기에게 부여된 경영권을 행사하여 국가의 경제발전 전략에 기초하여 자기 실정에 맞는 경영전략, 기업전략을 세워 생산을 적극 늘리고 기업을 확대발전시키는 것이라고 설명하였다. 즉, 중앙의 계획화 과제를 축소하고 시장을 활용하는 것으로, 개별 기업에 실질적 경영권, 생산·관리 책임을 부여하여 폭넓은 경영활동을 허용한다. 특히 개별 생산단위에 자율성과 인센티브를 확대하는 것이 특징이다. 한편, 북한은 농장법, 기업소법, 무역법, 인민경제계획법, 자재관리법, 재정법, 중앙은행법, 상업은행법 등 경제 관련 법률을 제정, 개정하면서 김정은 집권 이후 추진하고 있는 '우리식경제관리방법'과 '사회주의기업책임관리제'의 시행을 법제도 차원에서 지원하고 있다.

사회주의 기업책임관리제하 개별기업의 권한

권한
계획권, 생산조직권
관리기구, 노동력 조절권
제품개발, 품질관리, 인재관리권
무역·합영·합작권
재정관리권
가격제정권, 판매권
개인의 자금, 기술, 지식 동원 허용
직장 내 기대(기계설비)
포전 담당책임제* 시행

포전 담당책임제

협동농장(작물을 가꾸는 논밭)의 담당 분조를 기존의 7-8명에서 가족, 친척 등 최소 생산단위로 축소한 형태

2) 경제발전 전략의 특징

경제건설 총력집중

북한은 2013년 3월 전원회의에서 '경제와 핵무력 건설 병진노선'을 제시했으나 2018년 4월 20일 조선로동당 중앙위원회 제7기 제3차 전원회의를 통해 '새로운 전략적 노선'으로 전환했다. 이 회의에서 북한은 "핵무기의 병기화 완결"을 선언하고 "그 어떤 핵 실험과 중장거리 및 대륙간탄도미사일 시험발사

도 필요 없게 됐고 핵 실험장도 사명을 끝마쳤다"며 "전국이 사회주의경제건설에 총력을 집중"할 것을 강조했다. 당면 목표로 국가경제발전 5개년 전략 수행기간 안에 생산정상화를 위한 인민경제의 주체화·현대화·정보화·과학화를 제시했다. 그러나 북한은 2021년 조선노동당 제8차 대회에서 '국가경제발전 5개년 전략'과 관련, "목표들이 심히 미진되고 인민생활 향상에서 뚜렷한 진전을 달성하지" 못했다고 지적하고 새로운 '국가경제발전 5개년 계획'을 제시하였다.

국가경제발전 5개년 전략(2016~2020)

북한은 2016년 경제발전 5개년 전략을 통해 산업화와 공업화를 경제발전 우선순위로 제시하였다.

인민생활의 향상을 위해 전력문제를 우선 해결하고 경제의 선행부문(석탄, 금속, 철도), 기초공업부문(기계, 화학, 건설, 건재) 정상화, 인민생활과 직결된 농업, 수산, 경공업 부문을 증산시키고 국토관리 사업의 일환으로 산림 복원 환경보호, 대기/하천/바다 오염 방지를 강조하였다. 대외경제 부문에서는 무역구조 개선을 통한 가공품 수출, 기술무역/서비스 무역 등의 비중 향상, 광물자원 가공을 통한 부가가치 향상 및 수출, 합영/합작으로 선진기술 도입, 관광 활성화 등이 제시되었다.

국가경제발전 5개년 계획(2021~2025)

전략목표	
지속적인 경제성장 / 인민생활 개선 향상	

4대 중심과제	
금속공업 화학공업	중심과업, 기간공업의 연계 강화, 투자 집중으로 인민경제 모든 부문에서 생산 정상화
농업부문	물질기술적토대 강화
경공업	국산화 비중 증가, 원료 자재 보장, 인민소비품 생산 확대

추진 방법		
내각책임제	내각이 나라의 경제사령부로 경제사업에 대한 내각책임제, 내각중심제를 추진	
	경제관리 개선, 과학기술을 통한 생산정상화, 개건현대화, 원료, 자재의 국산화 추진	
자립경제	대외경제활동으로 자립경제의 토대와 잠재력을 보완, 보강	
계획수립	현실가능성을 고려, 국가경제의 자립적구조를 완비하고 수입의존도 축소	

경제관리방법		
기조	국가의 통일적지도 실현	
	국가의 일원화 통계체계 강화	
	공장, 기업소의 경영활동조건 개선	
개선방법	계획화사업 개선	
	재정과 금융, 가격 등 경제적공간 활용	
지역자립	농촌경리와 지방경제의 지도적, 지역적 거점인 '시, 군' 단위의 자립적, 다각적 발전	
	지역의 원료와 자재를 이용한 경제발전	

과학기술 중시

김정은 시대 북한은 사회주의 경제강국을 "과학기술과 생산이 일체화되고 첨단기술산업이 경제장성에서 주도적 역할을 하는 자립경제강국, 지식경제 강국"이라고 설명한다. 2019년 개정된 북한의 사회주의헌법에서는 과학기술력을 "국가의 가장 중요한 전략적 자원"으로 정의하고 있다. 김정은 시대 북한의 주요 과학기술 정책은 ①전 분야에 과학기술 도입 ②과학자 우대 ③과학기술 인재 양성으로 요약할 수 있다.

전 분야에 과학기술 도입을 위해 북한은 전 부문의 CNC화, 무인화를 촉구하고 2015년부터는 정보화 구축을 강조하고 있다. 또한 과학자들의 처우 개선을 위해 평양에 은하과학자거리(2013), 위성과학자주택지구(2014), 미래과학자거리(2015), 과학기술전당(2015) 려명거리(2017) 등 대규모 과학자 살림집과 과학자 전용 편의시설을 건설하였다. 또한 '전민과학기술인재화'를 위해 국가과학원,

과학기술전당(2015)과 려명거리(2015)

김일성종합대학, 김책공업종합대학 등 과학연구기관과 각 대학의 역할을 강조
하고 공장, 기업소 대상으로 사이버 강의를 실시하면서 인재양성에 힘쓰고 있다.

성과중시

김정은의 리더십은 실용주의적이고 성과를 중시하는 특징이 있다. 북한은 최
근 실용주의적 성향이 강하고 단기적으로 성과를 볼 수 있는 산업정책을 지속
적으로 발표하고 있는데, '소비품 확대를 위해 식료품 가공과 의류봉제업 개
발', '생산 설비 현대화와 제품 국산화', '부동산 개발' 등이 그 대표적인 정책이
다. 더불어 '선질후량(先質後量)', '다품종 소량생산' 등 양적 성과보다는 질적

성과를 강조하고 있다.

또한 과거와 대비되는 특징 중 하나는 성과로서 숫자를 중시하는 것이다. 북한에서는 2019년부터 수자경제(Digital Economy)라는 용어가 등장했다. 김정은은 "전 사회적으로 숫자를 중시하는 기풍을 세워야 한다"며 "모든 문제를 과학적인 숫자에 기초해 구체적으로 타산하고 그에 따라 사업을 설계하고 작전하며 집행해나가는 것이 최대한의 효율과 실리를 얻기 위한 중요한 방도의 하나"라고 강조한다.

3) 경제개발구와 관광 개발

경제개발구 지정

북한은 2013년 경제개발구법을 제정하면서 경제개발구를 지정하기 시작했다. 경제개발구는 그 성격상 경제특구로 김정은 시대의 경제정책사업에 해당된다. 중앙급과 지방급으로 구분되며 농업, 공업, 수출, 관광 등 유형별로도 구분된다. 현재 북한이 지정한 경제개발구는 대부분 연안에 위치해 있으며 특히 북·중접경과 남포·평양 인근에 많이 분포되어 있다.

북한이 2018년 발간한 '조선민주주의공화국 주요 경제지대들'에 따르면 북한은 경제지구 투자 유치를 위해 투자기업에 대한 안전과 권리 보장은 물론 토지사용료 면제, 50년 임대 보장 등 혜택을 마련하고 관광업, 호텔업 투자자에 대해서도 우대한다. 북한은 대외무역 홍보사이트를 통해 경제개발구에 대한 투자자를 모집하고 있다.

관광지 개발과 홍보

최근 북한은 과거 엄격히 제한되었던 관광을 산업으로 인정하고 적극적으로 허용하는 추세다. 북한 주민을 대상으로 모집 광고를 통한 유료 관광 상품도

북한의 특수경제지대 현황

황금평·위화도 경제지대
- 황금평(11.45㎢),
  위화도(12.2㎢)
- 2010년 지정
- 관광문화, 현대농업, 경공업

신의주 국제경제지대
- 132㎢
- 2002년 지정
- 관광·무역·
  첨단기술·금융

나선경제무역지대
- 470㎢
- 1991년 지정
- 첨단기술·국제물류·
  장비제조·수출 가공

원산~금강산 관광특구
- 100㎢
- 2002년 지정
- 국제관광지

개성공업지구
- 66㎢
- 2002년 지정
- 공업·무역·상업·금융·관광

관광   공업   농업
경제   수출가공

중앙급	❶ 무봉국제관광특구	❷ 강령국제녹색시범지대	❸ 은정첨단기술개발구	④ 진도수출가공구
지방급	❺ 신평관광개발구	❽ 강남경제개발구	⓮ 위원공업개발구	⑱ 와우도수출가공구
	❻ 온성섬관광개발구	❾ 경원경제개발구	⓯ 청남공업개발구	⑲ 송림수출가공구
	❼ 청수관광개발구	❿ 청진경제개발구	⓰ 흥남공업개발구	
		⓫ 혜산경제개발구	⓱ 현동공업개발구	⑳ 어랑농업개발구
		⓬ 만포경제개발구		㉑ 숙천농업개발구
		⓭ 압록강경제개발구		㉒ 북청농업개발구

운영하고 있다. 외국인을 대상으로는 등산관광, 조선말배우기관광 등 다양한 관광 상품을 개발하여 적극적으로 홍보하고 있다. 북한 국가관광총국은 2018년 기준, 북한에 방문한 외국인 관광객은 총 20만 명 이상이라고 밝혔다. 물론 이 중 중국인이 90%에 달하지만, 한 해 방문 외국인이 20만 명 이상이 될 정도로 북한에서 추진하고 있는 관광산업은 어느 정도 성과를 보이고 있는 것으로 풀이된다.

북한은 대외적으로 중국인 기업가를 대상으로 원산과 금강산 관광업에 대

바다에서 바라본 원산시 전경

한 대북투자 설명회를 개최하고 대내적으로 관광전문인력을 양성하기 위해 평양관광대학 등 관광전문대학을 신설하고, 각 도 사범대학에 관광관련학과 (호텔학과, 안내학과 등)를 개설하는 등 관광산업 개발에 집중하고 있다.

한계와 전망

경제개발구와 관광산업을 본격적으로 발달시키기 위해서는 인프라 구축이 기본적인 전제가 되어야 한다. 그러나 핵·미사일 실험으로 인한 대북제재 강화로 외자 유치를 통한 인프라 개발은 근본적인 한계를 내포하고 있다.

더불어 북한 내 사업을 통해 이익을 얻은 해외 투자 사례가 드물어 향후 해외 투자를 유치하기 위해서는 투자에 대한 자산 보호, 투자 수익성 보장과 국가 신용도의 제고가 필요하다.

한편 북한은 신종 코로나바이러스 감염증(코로나19)을 막기 위해 2020년 1월 24일 국가비상방역체계를 선포하고 국경을 봉쇄하면서 관광산업을 중단하였다. 그러나 코로나19가 진정된 상황을 대비하여 내부적으로 관광지 개발을 추진하고 있다.

대북경제제재의 현황과 영향

북한은 2016년 두 차례, 그리고 2017년 9월의 6차 핵실험과 12월의 대륙간탄도미사일 발사까지 거침없는 속도전으로 핵무력 완성을 천명하였다. 이에 대응해 UN 안전보장이사회(이하 안보리)는 대북제재 결의안의 수위를 높여갔다. 2016년 이후 결의된 UN안보리의 대북제재는 이전에 없었던 가장 강력한 수준의 제재라고 할 수 있다.

2016년 이후 북한의 무력도발과 UN대북제재

북한 도발		4차 핵실험	5차 핵실험	ICBM 발사	6차 핵실험	ICBM 발사
UN 결의안		2270호	2321호	2371호	2375호	2397호
		2016.3	2016.11	2017.8	2017.9	2017.12.
무역	북한수출	석탄(예외인정)	(예외조항 삭제)	(전면금지)	섬유	식용품, 농산물
		금, 희토류		은, 동, 니켈, 수산물		
	북한수입				원유 (400만 배럴)	
					정제유 (200만 배럴)	50만 배럴
해외노동자			우려표명	파견규모 동결	신규노동허가 금지	기존노동자 송환(24개월 내)
금융과 투자		회원국 북한은행 폐쇄 북한 회원국은행 폐쇄 (WMD 연관)	예외조항 삭제 (WMD 연관)	조선무역은행 제재 신규합작, 기존투자 확대 금지	합작투자 전면 금지 (기존사업의 경우 120일 내 폐쇄)	

* 출처: 남북교류협력지원협회, 『대북제재 톺아보기』. 2020. 참고하여 저자작성

국제사회의 대북제재는 북한의 물자와 인력, 자금을 전면적으로 통제하는 광범위한 봉쇄를 강화해왔다. 이러한 제재의 장기화와 2020년 코로나19로 인한 북한 국경봉쇄, 수해 등으로 북한은 삼중고를 겪고 있다.

북한의 대외 무역

김정은 시대 대외무역은 2017년부터 지속적으로 하락하고 있다. UN대북제재 영향으로 2018년 이후 북한의 주요 교역품목의 교역규모가 크게 축소되었다. 특히 최대 수출품목이었던 광물류는 전년대비 2018년에 –92%까지 감소하였으며 주력 수출품목이었던 섬유제품류는 2019년 기준 북한의 전체 수출에서 차지하는 비중이 1.7%로 미미한 수준이다.

북한의 주요 5대 품목 수출 추이

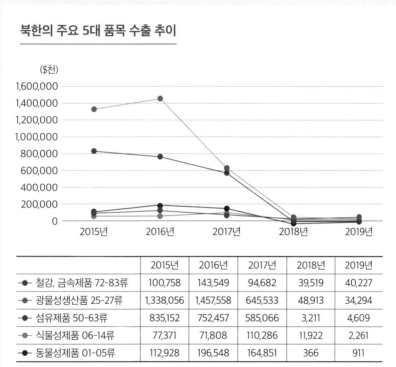

	2015년	2016년	2017년	2018년	2019년
철강, 금속제품 72-83류	100,758	143,549	94,682	39,519	40,227
광물성생산품 25-27류	1,338,056	1,457,558	645,533	48,913	34,294
섬유제품 50-63류	835,152	752,457	585,066	3,211	4,609
식물성제품 06-14류	77,371	71,808	110,286	11,922	2,261
동물성제품 01-05류	112,928	196,548	164,851	366	911

* 출처: KOTRA, 『2019 북한대외무역 동향』 서울: KOTRA, 2020, p.6.

2019년 북한의 교역 비중에서 중국 의존도가 95.3%인 것으로 나타났다. 북한의 대중 무역 의존도는 이로써 6년 연속 90% 이상을 점유하고 있다. 대북제재의 강화로 대중 수출은 2017년 16.5억 달러에서 2019년 약 2.2억달러로 대폭 감소하였다.

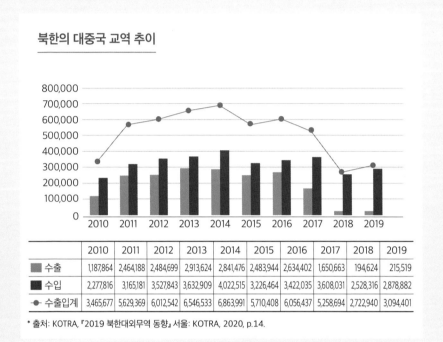

북한의 대중국 교역 추이

	2010	2011	2012	2013	2014	2015	2016	2017	2018	2019
■ 수출	1,187,864	2,464,188	2,484,699	2,913,624	2,841,476	2,483,944	2,634,402	1,650,663	194,624	215,519
■ 수입	2,277,816	3,165,181	3,527,843	3,632,909	4,022,515	3,226,464	3,422,035	3,608,031	2,528,316	2,878,882
◆ 수출입계	3,465,677	5,629,369	6,012,542	6,546,533	6,863,991	5,710,408	6,056,437	5,258,694	2,722,940	3,094,401

* 출처: KOTRA, 『2019 북한대외무역 동향』 서울: KOTRA, 2020, p.14.

학습 정리

❶ 북한은 소련의 해체, 부족 경제의 악순환, 자연재해 등으로 1990년대에 극심한 경제 위기를 겪으면서 대량 아사와 탈북, 장마당이 증가하였다.

❷ 7·1조치와 종합시장을 필두로 북한의 비공식 경제와 시장화가 더욱 확산되고 돈주라는 신흥부유층이 등장하자 북한 당국은 비사회주의검열과 화폐개혁을 추진했지만 시장화는 거스를 수 없게 됐다.

❸ 북한은 김정은 시대 '우리식 경제관리방법'을 도입하면서 시장을 활용하는 정책을 전개하였다. 또한 산업화와 공업화를 경제발전의 우선순위로 제시하고 과학기술을 통한 경제발전을 강조하고 있다.

추천문헌

김병연·양문수,『북한 경제에서의 시장과 정부』서울: 서울대학교출판문화원, 2012.

양문수,『북한경제의 시장화: 양태성격메커니즘함의』서울: 한울아카데미, 2010.

윤영관·양운철 편,『7·1 경제관리개선조치 이후 북한경제와 사회』서울: 한울아카데미, 2009.

윤인주,『북한의 사유화 현상: 시장화를 통한 사적 부문의 확장』파주: 한국학술정보, 2015.

이석 외,『북한 계획경제의 변화와 시장화』서울: 통일연구원, 2009.

임수호,『계획과 시장의 공존: 북한의 경제개혁과 체제변화 전망』서울: 삼성경제연구소, 2008.

참고자료

남북교류협력지원협회,『대북제재 톺아보기』서울: 남북교류협력지원협회, 2020.

변학문, "김정은 과학기술정책의 특징과 산업 발전 전략," 2016년 통일부 신진연구자 연구과제, 2016.

차명철,『조선민주주의인민공화국 주요경제지대들』평양: 조선민주주의인민공화국 외국문출판사, 2018.

최현규, "대북협력 중점분야: 과학기술,"『제7기 IFES 통일경제아카데미 발표자료』, 2019.

통일연구원,『김정은 정권 5년의 북한경제: 경제정책을 중심으로』서울: 통일연구원 2017.

KOTRA,『2019 북한대외무역 동향』서울: KOTRA, 2020.

뉴데일리. http://www.newdaily.co.kr/site/data/html/2018/02/05/2018020500051.html

미래한국. http://www.futurekorea.co.kr/news/articleView.html?idxno=30903

연합뉴스. https://www.yna.co.kr/view/AKR20140121157900014

오마이뉴스. http://www.ohmynews.com/NWS_Web/View/img_pg.aspx?CNTN_CD=IE000930874

자유아시아방송. https://www.rfa.org/korean/weekly_program/c27dac8c-d480c5b4bcf

7강

문학예술

스포츠

북한의 문학
예술·스포츠

학습 목표

❶ 북한의 문학예술·체육에 대한 전반적 이해

❷ 북한 문학 작품을 통해 북한의 정치 사회 이해

❸ 체육이 북한 주민의 몸에 대한 통제에 미치는 영향 이해

열쇠말

북한문학, 주체문예이론, 북한체육, 대집단체조

01

문학예술

북한에서 문학은 모든 예술의 기본으로 인식된다. 문학이 예술 작품의 기초적인 이야기를 창조한다는 이유에서다. 음악, 미술, 공연예술의 모든 예술장르의 토대가 되기 때문에 북한에서는 '문화예술'보다 '문학예술'이라는 용어를 사용한다. 북한의 문학예술정책은 미학적인 의미보다는 북한 정권이 지향하는 이념을 기층 주민에게 투입하고, 전달하기 위한 수단으로 활용되며 정권의 유지와 홍보, 선전기능을 중시한다. 북한 문학예술의 목표는 ①사회주의 체제 정당성 확보와 ②지도자에 대한 정당성과 충성심 독려, ③남한 혁명의 정당성 확보로 요약할 수 있다.

1) 북한의 문학예술

북한 문학예술의 특징

북한의 문학예술은 "근로대중을 정치사상적으로 교화하는 수단"으로 "온 사회를 혁명화, 노동계급화하는 데 복무하는 수단"으로 규정된다. 북한의 문학예술 특징은 다음과 같다. ①정치, 경제, 사회 발전을 달성하기 위한 수단, ②민족적 특성, 개별사회가 갖는 특수성 강조, ③가치판단의 내포 및 '바른' 문학으로 유도하기 위한 당국 차원의 정책, ④계급 종속 및 자율성의 부재, ⑤옳고 그름의 윤리적 문제 내재 및 문학교육 및 윤리교육과 동일시, ⑥외연적인 범주가 넓으며 교육, 학술, 언어, 체육, 환경, 의료, 건강까지 포괄하는 개념 등이다.

북한의 문학예술은 국가에 의해 작품이 창작 및 보급되며, 문학예술인에 대한 관리도 국가 계획에 따라 이루어진다. 창작 방향이 제시되는 것은 물론 검열을 통해 수정된 작품이 국가 조직망을 통해 주민에게 보급된다. 북한의 문학예술을 관리·담당하는 행정 조직은 문학예술 정책 전반을 관장하는 조선노동당 선전선동부, 정책을 집행하는 정무원의 문학성, 선전선동부의 지도 아래 문학예술 작품을 창조하는 문학예술총동맹으로 구성되어 있다.

주체문예이론

1970년대 초반 김일성 주석의 주체사상에 바탕을 둔 문예이론으로 사회주의적 사실주의 문예관, 기본 이념, 창작 방법 등 모든 문학예술의 기본 원리를 김일성 유일사상에 방점을 둔다.

종자론

김정일 국방위원장이 1973년 4월 『영화예술론』이라는 논문으로 제시한 이론으로 땅에 뿌려진 씨앗이 싹을 틔우고 잎, 꽃, 열매를 맺은 후 열매 자체가 다시 종자가 되어 새로운 싹을 만들어내듯이 예술은 하나의 작품에 머물지 않고 다음 작품을 피워내야 한다는 것이다.

* 출처: 통일부, 『2014 북한이해』, (서울: 통일부, 2014)

문학예술 작품의 검열

북한에서 한 편의 작품이 발표되려면 작품에 대한 검열이 필수적인데 당성, 노동 계급성, 인민성, 당 정책의 수용 여부를 검증받는다.

북한은 검열을 통해 북한 당국의 의도가 예술로 투영되도록 하면서도 예술가의 창작적 개성과 독창성도 발휘되어야 한다고 강조한다. 북한의 문학검열 과정은 ①사회주의적 사실주의 창작 기법 준수 ②국가 기밀 노출 ③자본주의적 사상 요소 ④대중 공산주의 교양 고양성 ⑤전투성, 혁명성, 계급성 발양 ⑥예술적 완성도 ⑦단어 및 어휘 표현을 검토한다. 북한은 '공산주의적 인간의 전형' 창조를 목표로 제시하고 있는데, 전형화 이론은 '주체사상에 기초한 인간학'의 일환으로 북한 문예이론의 중심이다. 전형화 이론은 계급투쟁의 갈등 관계, 자본주의 계급투쟁의 심각성, 사회주의 대중의 사상 통일과 협조 관계, 비타협적 투쟁 승리, 부정적인 인간의 교양·개조, 사회주의 우월성 표현, 김일성 소재 작품의 갈등 부재를 내용으로 한다.

북한의 예술가들은 예술학교를 다니며 전문 예술인으로 활동할 기회를 얻으며, 혁명화의 본거지이며 거점으로 인식되는 학교에서 양성된다. 평양을 중심으로 무용, 미술, 연극영화, 교예를 가르치는 전문 대학교가 설립되어 있다.

주요 문예 단체로는 북한 김일성 주석 가족의 생애와 업적을 소설로 창작하는 4.15 문학창작단, 민족 가극을 공연하는 국립민족예술단, 사회주의 건설·군사물·역사 등을 주제로 한 연극 작품을 공연하는 국립연극단이 있다. 또한, 김일성 주석의 항일혁명투쟁시기를 새로운 형식의 혁명 가극으로 각색하여 공연해 김일성 주석에게서 훈장까지 받은 피바다가극단, '꽃파는 처녀'를 주로 공연하는 평양 소재 만수대예술단, 북한 군내 예술단체인 조선인민군협주단 등이 대표적이다. 이와 함께, 김정은 위원장 집권 이후 모란봉전자악단, 삼지연관현악단 등 대중적 성격이 강한 악단들이 창설되었다.

2) 작품 소개

시

북한의 시는 북한의 지도자가 주민의 구원자라는 서사를 함축하는 언어를 통해 정권에 대한 주민의 충성을 유도한다. 아래 시 두 편은 각 김일성 주석, 김정일 국방위원장 시기 발표된 시 구절이다. 리맥의 「인민이 드리는 축원의 한 마음」에서는 김일성 주석의 개인사가 북한 주민의 구원역사였다는 진술을 강조하고 있다. 류명호의 「절세의 애국자」는 「김정일 애국주의」를 강조하며 북한 주민을 사랑하는 김정일 국방위원장의 애국주의와 선군정치가 김정은 국무위원장에게 계승되며, 인민을 위한 희생적인 지도자로의 김 국무위원장에 대한 면모를 서정적으로 기술한다.

인민이 드리는 축원의 한 마음 (리맥, 『푸른 하늘 아래서』 1983)	절세의 애국자 (류명호, 『조선문학』 2013년 2월호)
혁명의 위기를 한 몸으로 막으시고 혁명이 난국을 진도에서 뚫으시며 위대한 수령님께선 한 세대에 강대한 두 제국주의를 타승하시고 인류 력사 우에 자주의 새 시대를 열어놓으셨어라 언제나 력사의 주인 세계의 주인인 인민을 한품에 안으시고 주체의 철리로 인민의 앞기를 헤치시며 오로지 혁명을 위하여 오로지 인민을 위하여 한평생 풍찬로숙 하시는 수령님	아, 자나깨나 우리 인민을 더 잘살게 하시려 우리 조국의 앞길에 강성국가의 대문을 열어주시려 눈비에 젖은 야전복 벗을새없이 불철주야 초강도행군길을 이어오신 분 그 길에서 몸이 불편하시여도 그 아픔 밝은 웃음속에 묻으신 절세의 애국자 아, 김정일 애국주의를 애국의 밝은 등대로 삼고 경애하는 김정은원수님 그이의 선군령도를 따라 최후의 승리를 향하여 나아가는 내 조국의 앞길은 무궁창창하여라

소설

북한의 소설은 기층 주민을 북한 정권의 정치적 목적에 맞게 동원하기 위해 이와 관련된 주제로 서사를 구성하기도 한다. 당성이 강한 숨은 영웅인 주인공이 당과 지도자에게 충성한다는 소설의 주제는 주인공의 소설 속 활동과 정서를 통해 독자로부터 감동을 이끌어 내어 숨은 영웅과 같이 행동하도록 하는데 목적을 둔다.

설진기의 「입당」(1986)

「입당」은 1980년 대중 동원을 위한 문학 중 하나로 당원이 되고자 하는 주민들을 심의하는 과정에서 세간에 알려지지 않은 '숨은 영웅'의 형상을 자연스럽게 드러내며, 북한의 전체 인민들에게 영웅의 모범적 모델을 보여주는 작품이다. 당과 수령을 향한 충성심을 강조하며, 등장인물인 최순심은 농산분조장으로서 자신의 임무에 충실한 '숨은 영웅'이다. 작가와 주변 인물의 평가에 최순심은 일반 대중보다 앞장서서 자신의 임무를 넘치게 수행하지만, 특출나지 않다는 점을 강조한다. 그러나 소설의 서사에서 최순심은 비범하고 영웅적 면모를 가지고 있는 인물이며, 북한의 일반 주민도 그와 같을 수 있다는 '영웅적 생활'의 일상화를 시도한다. 북한에는 최순심과 같은 인물이 북한에 얼마든지 존재하는 보편적인 인물이라고 독자에게 상기시키며 북한 정권이 원하는 '주체적 공산주의자'로 변모시키기 위한 의지가 드러난다고 평가된다.

음악

북한에서 공유되는 음악사상은 김일성 주석의 주체사상을 기초로 형성되었다고 인식되며, 김정일 국방위원장은 음악의 대가로 여겨지기도 한다. 북한은 김일성 주석이 ㅌ·ㄷ(타도제국주의동맹) 등 항일운동을 조직했을 때 이에 필요한 혁명가요를 창작했을 시점인 1920년대 말 및 30년대 초반부터 북한음악사가 시작되었다고 평가하기도 한다.

북한의 음악은 가사를 통해 북한이 직면한 문제와 이를 해결하기 위한 방법 등을 제시하며, 다른 문학 작품과 마찬가지로 지도자에 대한 찬양, 우상화 및 궁극적으로는 체제 유지가 목적이다.

보천보전자악단과 모란봉전자악단

김정일 국방위원장의 지시로 1985년 결성된 보천보전자악단으로 '반갑습니다', '휘파람' 등을 부르는 악단이다. 1990년대 이르러 가장 활발하게 활동한 창작 및 연주단체로, 가요와 민요에 전자악기의 음향과 현대적 서구의 팝을 도입시켜 북한 주민 사이에 선풍적인 인기를 끌었다. 매주 토요일 저녁과 일요일 정오에 보천보전자악단의 공연이 방송되었으며, 북한 신세대들이 가장 열광했던 프로그램이기도 하였다.

여성으로만 구성되어 2012년 6월 첫 시범공연을 가진 모란봉전자악단은 김정은 위원장이 조직해 현송월이 단장을 맡고 있다. 모란봉전자악단은 김정은 위원장이 직접 지어준 이름으로, '새 세기의 요구에 맞게 문학예술 부문의 혁명을 일으키기 위한 원대한 구상'에 입각해

조직되었다고 전해진다. 초기 모란봉악단으로 불렸으며, 하이힐과 미니스커트 차림의 단원, 미키마우스의 무대 등장, 미국 영화 록키 주제가 등으로 주목을 받았다.

미술

북한의 미술은 카프(Korea Artista Proletaria Federatio·KAPF), 항일혁명미술, 조선화 등으로 구별될 수 있다. 카프는 일제강점기 활동한 문학예술가 조직으로 계급운동을 목적에 둔 단체였다. 카프는 북한미술의 기원으로 여겨지며, 부르주아 미술의 반동적 이데올로기와의 투쟁, 마르크스-레닌주의적 미학 추구, 사실주의적 묘사 등을 요체로 한다. 항일혁명미술은 북한 지도자의 항일무장투쟁시기를 조명하여 우상화를 위한 선전활동의 도구이다. 조선화는 '민족적

형식에 사회주의 내용을 담은 혁명적 미술'의 필요성을 요구한 김일성 주석의 원칙에 의거해 만들어진 화풍으로 채색과 인물 위주의 화풍, 힘 있고 아름다우며 고상한, 선명하고 간결한 특성을 지닌다.

북한이 정의하는 미술

"평면과 공간에서 이루어지며 눈으로 볼 수 있는 예술적 형상을 통하여 객관적 현실을 재현하는 예술이다. … 조형적 형상을 통하여 인민들의 사상 정서 교양에 이바지 한다. … 미술은 그 사회적 기능과 목적에 따라 기념비미술, 일반미술, 실용 및 장식미술, 영화미술, 무대미술 등으로 나뉘어진다. 회화는 그 재료와 기능에 따라 조선화, 유화, 벽화, 출판화 등으로 나뉘어진다."

『문학예술사전』

선전 화보(우표)

기념비적 건축물

만수대의 대기념비(1972)

북한 최대 규모의 기념비로 만수대창작사 조각창작단이 1972년 김일성 주석 탄생 60돌을 기념하여 단체 창작한 작품이다. 높이 20m의 황금빛 '김일성 주석 동상'과 그 뒤 조선 혁명박물관 정면의 거대한 벽화 '백두산', 동상 앞쪽 좌우 양편이 거대한 두 깃발탑(항일혁명투쟁탑/좌, 사회주의 혁명과 사회주의 건설탑/우), 조각 군상으로 구성된 '만수대 기념비'로 제작되었다. 2012년 김정일 국방위원장의 동상도 추가 제작되어 김일성 주석 옆에 세워졌다.

만수대의 대기념비 전경

가극·영화

꽃파는 처녀

혁명 가극이며 영화로도 제작된 작품으로 북한의 3대 혁명가극에 해당된다. '꽃파는 처녀'는 김일성 주석이 1930년 직접 창작한 것으로 알려지며, 주요 내용은 일제 강점기 당시 노비 집안의 순박한 처녀 꽃분이가 가난과 고통, 지주와의 갈등을 느끼며 조선인민혁명군에 입대한 오빠의 영향을 받아 마을 사람들과 함께 혁명에 나서게 된다는 것이다. 투쟁을 통해서만 계급 모순이 가져오는 불행에서 탈출할 수 있다는 메시지를 전한다.

가극의 경우 거대한 무대장치, 입체 조명과 환등 처리, 대규모 합창단의 방창과 군무 등 음악·무용·미술을 입체적으로 구성하였으며 200여 명 내외의 출연진이 무대를 채운다. '꽃파는 처녀'는 종합예술로 높은 완성도를 보인다고 평가되는 가극이다. 영화의 경우 북한 영화 중 최고의 국제적 평가를 받는 작품으로 1972년 체코슬로바키아 카를로비바리 국제영화제에서 국제비평가특별상을 수상하였다. '꽃파는 처녀'의 이미지는 북한 화폐 도안으로도 만들어졌다.

영화 "꽃파는 처녀"

혁명 가극 '꽃파는 처녀' 우표

드라마/영화

방탄벽

2015년 5월에 방영된 북한의 드라마로 기존의 북한 드라마가 주인공의 내면세계와 김일성 주석, 김정일 국방위원장에 대한 충성에 이르는 과정을 설명해왔다면 이 드라마는 심리극, 액션을 결합해 북한 드라마에 정탐물이라는 장르를 완성했다고 평가되고 있다. 방탄벽은 광복 직전 1944년부터 1945년까지 두만강의 한 도시를 배경으로 평양 혁명 사령부를 노리는 일본을 주인공이 방탄벽처럼 막는다는 내용이다.

백옥

2009년 제작 방영된 예술영화로 김정일 국방위원장의 후견인이면서도 인민무력부장인 오진우의 생애 마지막을 배경으로 한 2부작 영화이다. 이 영화가 방영된 직후 북한에서는 '백옥같은 충정'이라는 상용구가 활용되었다. 김정일 국방위원장으로부터 김정은 위원장으로 권력이 세습되는 과정에 이 영화가 제작되었으며, 인민에 대한 권력세습의 당위성을 선전하는 데 목적을 둔다. 오진우의 변함없는 충정과 그를 대하는 김정일 국방위원장의 지극한 예우가 그려지며, 주군과 충복의 아름다운 질서라는 서사를 실사와 허구를 배치하여 다큐처럼 제작하였다.

아동영화

북한의 아동을 대상으로 만든 영화로 대부분 만화영화를 가리킨다. 리얼리즘을 표방하는 북한 문학예술 사조와는 조금 다르게 아동이 이해하기 쉽게 동물을 의인화하기도 한다. 만화 주제 역시 북한 정권이 선전하고자 하는 내용이 주요하다. 북한의 만화 제작 기술은 상당한 수준으로 평가되며, 해외에서 만화 제작을 의뢰받는 등 주요 외화벌이 사업이기도 하다.

고주몽

총 10부로 구성된 역사만화로 주인공 주몽의 일대기를 그린 만화이다. 고주몽의 주요 내용은 하나의 민족끼리 다투지 말고 외세에 함께 맞서자는 것이며, 고구려 역사를 강조하는 것을 통해 한반도 정통성이 남한이 아닌 북한에 있다는 점을 부각시키려는 의도를 지니고 있는 것으로 평가된다.

뽀롱뽀롱 뽀로로

남한의 아이코닉스와 북한의 삼천리총회사가 공동 제작한 애니메이션 작품으로 뽀로로 1기 52편 중 22편이 북한에서 제작되었다. 초창기 아이코닉스는 뽀로로를 2D로 제작할 구상을 했지만 북한이 3D로 제작할 것을 제안해 지금의 뽀로로가 만들어졌다. 북한과 합작한 작품이라 미국 대북제재품목에 오르기도 했으나, 국제긴급경제권한법의 예외조항에 해당되어 규제대상에서 빗겨 났다. 이 외 극장용 애니메이션인 '왕후심청'도 남북합작으로, 기획과 후반 작업은 서울에서, 그림 스케치 및 채색은 북한의 조선 4.26 아동영화 촬영소에서 진행되었다.

02

스포츠

1) 북한의 스포츠

북한의 체육정책

북한 체육 정책의 핵심은 '하나는 전체를 위해, 전체는 하나를 위해!' 희생할 수 있는 사회주의형 인간개조이다. 북한 주민의 체력 증진을 목표로 하며, 이것은 노동력, 국방력, 궁극적으로 북한의 혁명을 완성한다는 논의로 귀결된다.

어린이, 청소년을 대상으로 한 체조 정책은 사회주의 인재육성에 필요한 협동, 단결심, 충성심, 사상성 등을 함양하는 것을 목적으로 하며, 학교는 체육수업을 통해 사회주의 규율을 몸을 통해 흡수시키는 공간이 되었다. 학교는 매주 1회 '체육의 날'을 지정해 학교 간 친선 운동회, 교내 체육대회 등을 연다. 수업 과정으로는 의무적인 정규 체육수업, 수업 전 체조, 쉬는 시간을 활용한 업간체조로 진행된다.

북한 주민의 일상생활 속 체육

학교 체육 시간에 강조되는 것은 어린이, 청소년이 집단의 일원이 되어야 한다는 점이며 체육 활동을 통해 학생들은 규율을 익히고, 반복적인 활동과 자신들에게 제시된 특정 목표를 이루어내는 과정을 토대로 정권에서 원하는 표준적인 인간상이 되기 위한 통제와 교정 작업을 거치게 된다.

수업 외 과외 체육 역시 학교에서 진행되는데, 과외 체육에는 학교 구성원인 교장, 교직원, 학생뿐만이 아니라 외부의 조선민주청년동맹(민청)이 연계되어 수업이 진행된다. 지역적 조건과 성별 및 특기 등 학생의 특징에 맞춰 체육 활동이 이루어진다. 북한 어린이와 청소년은 민청과 연결되어 체육 활동을 하고, 민청은 체육단이라는 학생 조직을 만들어 체육 훈련을 지도하면서도 당의 방침을 학생에 투과하는 역할을 수행한다.

성인을 대상으로 한 체조 정책은 여가 활동의 일환으로 진행되었으면서도 주민 통제를 목표로 이루어졌다. 북조선체육동맹이 결성된 이래, 성인이 가입해야 하는 직업동맹, 농민동맹 등 사회단체에는 별도의 체육단이 조직되었다. 이 단체는 소풍과 같은 천렵, 체육대회를 조직해 개별적으로 기업소에서 행사

배구하는 북한 어린이

를 진행한다.

기업소의 체육대회는 월 1~2회 정도 개최된다. 학교에서 이루어지는 조직적이고 일상적인 체육활동을 권장할 수 없는 성인을 대상으로 '집단'을 중시하고 협동을 강조하는 체육 교육의 기능을 수행하기 위한 행사로도 해석할 수 있다.

엘리트 체육

엘리트 양성 측면에서 북한의 체육 정책은 우수 선수를 조기 발굴해 체계적으로 관리, 육성하며 이것의 궁극적 이유는 국제적인 체육 대회에서 한국을 이기기 위한 체제 경쟁의 일환이다. 핵심 선수들이 국제무대에서 활약하는 것은 적은 비용으로 북한의 평판을 올릴 수 있는 외교 전략의 일환이기도 하다. 주요 체육 지도기관으로 남포체육학원, 양강도 체육학원, 평양체육대학 등이 있고, 전문 체육 선수로 선정되면 운동에만 전념할 수 있게 경제적 지원 및 사회적 지위는 물론 노후 생활까지 보장받는 특권층이 된다. 김정은 위원장 집권 이후 북한은 체육 정책 강화 및 체육 시설에 대한 투자를 늘리고 있다.

2) 북한의 주요 체육 종목

대집단체조

북한에서는 '마스 껨(mass game)'이라고 불리는 대집단체조가 북한 정권 설립 이후 북한 청소년들의 체력 증진과 집단주의 고취를 위해 시작되었다. 전국 마스 껨대회에는 1백만 명 이상 학생들이 참여했으며, 이들은 각 시, 군 예선 대회를 거쳐 전국대회에 이를 때까지 북한 정권이 주지시키려던 애국주의, 집단주의 사상을 체화하였다.

1960년대 이후부터는 마스 껨이 국가적 행사에서 대규모로 실시되어 북한

북한의 대집단체조 '마스 껨'

을 대표하는 상징물 중 하나가 되었다. 1971년 집단체조창작단이 발족되었으며, 북한은 마스 껨을 본격적으로 육성하기 시작하였다. 현재 북한의 마스 껨 '아리랑'은 10만여 명이 참여하는 대규모 집단체조로 2002년 김일성 주석 90회 생일에 처음 공연된 이래 2006년을 제외하고 매년 열렸으나 2014년 이후

김일성은 왜 '마스 껨'을 중요하게 생각했을까?

"집단체조는 청소년학생들의 체력을 증진시킬 뿐만 아니라 그들 속에서 집단주의 정신을 기르며 조직적이며 규율 있는 생활을 강화하는 데에 큰 의의가 있습니다. 집단체조를 할 때에는 한 사람의 동작이 틀려도 몇 만 명이 참가한 집단체조 전체에 손상을 주게 되므로 학생들은 자기 한 사람을 온 집단을 위해 복종하기 위하여 노력하게 되는 것입니다. 이것은 사람들의 교양에서 아주 중요한 문제입니다(김일성)."

집단체조, 어릴 때부터 다 한다?

결론부터 말한다면 "Yes"입니다. 집단체조는 북한 문학예술과 체조를 대표하는 행사로 그 중 공연 '아리랑'은 한국에서도 어렵지 않게 TV나 인터넷을 통해 볼 수 있을만큼 규모가 큽니다. 집단체조는 지역별로 열리며 규모 역시 다양합니다.

집단체조는 북한 최고 명절인 김일성 주석과 김정일 국방위원장의 생일에 진행되며, 이따금씩 어린이날에도 행사가 열립니다. 특별한 명절을 기념하기 위한 학생들의 축하행사인 셈이죠.

한 군급 지역을 예로 들어보면 보통 각 지역에는 수십 개의 학교가 있는데요. 이 수십 개 학교의 학생들이 군에서 가장 큰 공설 운동장에 모두 모여 제각각 다른 퍼포먼스를 준비하는 모습은 그야말로 장관입니다. 김 국무위원장 생일은 겨울이라 거의 하지 않지만 4월인 김 주석 생일에 즈음해서는 해마다 이런 장관이 연출됩니다.

연습기간은 거의 한 달 정도. 이 때 학생들은 자기가 맡은 분야의 연습을 합니다. '아리랑' 공연에서 보아왔던 전광판 같은 카드섹션은 '배경대'라고 하는데, 집단체조의 기본이라 수도 없이 연습을 해야 합니다. 집단체조에는 전체 학생들이 동원되며, 이때는 수업도 단축되거나 아예 실시하지 않는 날도 있습니다.

이렇게 연습한 집단체조는 지도자 생일 하루 이틀 전에 각 학교별 경쟁하듯 선보이게 됩니다. 또한 생일 당일에는 공휴일로 체조에 참여한 학생들은 모두 쉽니다. 그 규모나 연습량은 지역별로 약간의 차이가 있겠지만 어릴 때부터 모두가 집단체조를 하는 건 지역이나 학교에 상관없이 모두 똑같습니다.

집단체조 공연연습 중 휴식을 취하고 있는 학생들

4년간 중단되었다가 2018년 재개되었다. 한편, 마스 껨은 10대 어린이·청소년의 장기간 훈련 및 열악한 훈련 환경, 훈련 과정에 노정되는 인권 침해 등이 문제가 되어 대외적인 비판을 받기도 한다.

축구

공만 있으면 어디서든 할 수 있다는 점에서 축구는 북한 어린이들이 선호하는 체육 종목이다. 축구에 대한 북한 주민들의 자부심이 크다. 한국보다 일찍 국제 축구 경기에서 두각을 보였기 때문이다. 일례로 1966년 잉글랜드 월드컵에서 이탈리아를 이겨 8강에 진출하였는데 이는 아시아 국가 최초로 월드컵에서 승리한 것이기도 했다. 1976년 몬트리올 올림픽에서도 8강, 1980년 쿠웨이트 AFC 아시안컵에서는 4강에 올랐다. 21세기에는 여자 축구팀이 국제무대에서 활약하고 있다. 북한의 여자 축구팀은 2006년 러시아에서 열린 U-20 여자월드컵에서 중국을 5-0으로 이겨 첫 우승을 차지한 이래, 2016년 결승전에서 프랑스에 3-1로 역전승을 이루어 10년만에 우승을 탈환하였고,

같은 해 FIFA U-17 여자월드컵에서도 우승하였다. 2013년, 2015년, 2015년 EAFF 동아시안컵에서는 우승하였다.

김정은 위원장 집권 이후 축구에 대한 지원이 강화되었는데 2013년 평양국제축구학교가 개교했으며, 외국인 감독을 영입하는 등 축구를 통한 북한 주민의 통합을 위해 노력하고 있다. 대내적인 북한의 축구 경기는 1960년 기술혁신경기라는 명칭으로 열렸고, 현재 이 대회는 최상급

1966년 북한 축구팀을 다룬 다큐멘터리 영화 '천리마 축구단'

축구련맹전이라 불리고 있다.

그 외 생활체육

배구와 탁구의 경우 북한 주민이 선호하는 대중적인 스포츠로 지역 학교 및 기업소에 관련 시설이 설치되어 있어 주민의 접근이 용이하다. 평안북도에는 씨름 경기를 관람할 수 있는 씨름터 마루가 설치되어 있다. 농구, 배구, 탁구, 축구, 육상, 줄다리기, 씨름 등 북한의 대중적인 체육 활동은 북한 주민 사이에 진행되는 체육대회의 주 종목이다. 체육대회는 공장 및 기업소 내부적인 대회 및 기업소 간 대회 등으로 구별된다.

대중적인 스포츠와는 별개로 특권층을 대상으로 한 종목은 골프, 승마, 야구, 볼링 등이다. 평양 일대에 골프장과 승마장이 있으며 북한의 핵심 엘리트

북한 특권층 체육의 대중화

2013년 완공된 미림승마구락부는 조선인민군 534 기마부대의 훈련장이었으나 2012년 11월 김 위원장이 노동자, 청소년을 위한 승마장으로 활용되어야 한다고 제안한 이후 하루 평균 500여 명, 1년여 동안 18만 5천명이 사용한 것으로 알려진다. 북한의 특권층만이 향유할 수 있던 엘리트 체육이 점차 대중화되고 있는 양상이 김 위원장 집권 이후 점진적으로 나타나고 있다.

미림승마구락부 승마경기 모습

더 알아봅시다!

북한 주민들은 모두 1인1기?

북한의 학생들은 대부분 한 가지씩 예체능 분야의 기술을 갖고 있다지요. 북한에서 재능이 있는 아이들은 유치원 때부터 선별되어 교육을 받기도 합니다. 보통 유치원 때부터 훈련받는 아이들은 노래를 부르거나 악기를 다루는 아이들입니다. 일반적으로 소학교, 중학교 때 한 가지 정도의 재능은 익히는데 주로 예체능 분야로 노래, 악기, 미술 등이 여기에 해당됩니다.

소학교 때는 눈에 띄는 몇 명만 집중적으로 교육받지만, 중학교에 올라가면 대부분의 학생들이 특정 동아리에 가입되어 특기 교육을 받습니다. 선택이 아닌 필수죠. 동아리를 일컬어 '소조'라고 하는데 '음악소조', '미술소조', '체육소조' 등 다양한 소조모임을 학교에서 지원합니다. 음악소조의 경우 노래, 타악기, 관악기, 현악기, 건반악기 등 세분화돼요. 음악소조에서 인기 있는 분야는 건반악기로 아코디언이나 키보드, 피아노 등이 이에 해당되죠.

소조에 가입하지 않아도 배우는 기술이 있습니다. 북한의 모든 학생들이 배우는 것으로 체조와 태권도가 그것. 체조는 음악에 맞춰 수업 사이 쉬는 시간에 나와 추는 '율동체조'와, '리듬체조'로 나뉩니다. 리듬체조의 종목은 곤봉(봉), 댕기(리본), 륜(후프) 세 가지로, 수업이 끝난 오후시간이나 주말에 학교 운동장에 전교생이 모여 배우고, 도구는 모두 개인이 준비해야 합니다. 체조와 함께 전교생이 운동장에서 참 많이도 연습하는 것이 태권도인데요. 음악에 맞춰 안무처럼 만들어진 태권도를 한겨울 운동장에서 손발이 꽁꽁 얼면서 연습하기도 합니다.

악기를 연주하고 있는 북한 학생들의 모습

가 이용한다. 김정은 위원장 집권 이후 강원도와 양강도에 각각 마식령 스키장, 삼지연 스키장이 건설되었다. 북한에서 야구와 볼링은 자본주의 스포츠라 여겨져 도입이 되지 않았으나 1990년대부터 관련 시설 설비가 평양에 지어져 특권층 사이에서만 향유된다. 그러나 설치 비용이 높아 대중화되지는 못한 것으로 알려져 있다.

3) 남북한 체육 교류

남북 태권도 교류

한국은 국기원이 주축이 되어 세계태권도연맹(World Taekwondo Federation: WTF)을 창설하여 세계에 태권도 보급을 위해 노력하고 있으며, 북한은 동구권 국가들과 국제태권도연맹(International Taekwondo Federation: ITF)을 만들

2018 평창 동계올림픽 남북 태권도시범단 사전공연 모습

어 활동하였다. 2000년 남북 정상회담 이후 세계태권도연맹과 국제태권도연맹의 교류가 시작되었다.

남북 탁구 교류

1991년 4월 24일부터 5월 6일 일본 지바현 오사카에서 열린 제41회 세계탁구선수권 대회에 남북 탁구 단일팀이 성사되어 참가했다. 당시 단일팀은 여자 단체전 우승 및 개인 단식 준우승(리분희), 남자 개인단식 3위(김택수), 혼합 단식 3위라는 성적을 거두었다. 총 56명(남북 각 28명, 선수 각 11명)으로 구성된 선수단이 선발되었으며, '코리아(KOREA)'라는 호칭과 흰색 바탕에 하늘색 한반도 지도가 그려진 단기, 1920년 우리나라 '아리랑'을 단가로 했다. 배우 하지원과 배두나가 출연한 영화 '코리아'는 남북한 탁구 단일팀 실화를 바탕으로 제작되었다.

남북 축구 교류

1992년 6월 14일부터 30일까지 포르투갈 리스본에서 열린 제6회 세계청소년축구대회에 남북 축구 단일팀이 성사되어 참가했다. 예선 1승 1무 1패로 8강에 진출하였다. 호칭과 단기, 단가는 남북 탁구 단일팀과 같으며, 총 62명(남북 각 31명, 선수 각 9명)의 선수단이 구성되었다.

1990년 베이징 하계올림픽대회 이후 남북은 당해 연도 10월 9일부터 13일(평양), 10월 21일부터 25일(서울)에 남북통일축구대회를 개최한 이래 스포츠 종목 중 가장 빈도 높은 교류를 진행해왔다. 국가대표는 물론 청소년, 노동자가 참여하는 친선 교류가 진행되었고, 남북 경기는 물론 혼합팀이 구성되기도 하였다.

국제 스포츠대회 동시 입장

2000년 호주 시드니 하계올림픽에서 남북 팀의 대표 180명은 단일팀을 이룰 때 사용하는 호칭, 단기, 단가, 복장으로 개·폐회식에 동시 입장하였다. 이후

2018 평창 동계올림픽 남북 동시입장 모습

2002년 부산 하계 아시안게임, 2003년 아오모리 동계 아시안게임 및 대구 하계유니버시아드, 2004년 아테네 하계 올림픽, 2005년 마카오 동아시안게임, 2006년 토리노 동계올림픽 및 도하 하계 아시안게임, 2007년 창춘 동계 아시안게임에서도 동시 입장하였다. 국제 스포츠 행사에 남북 동시 입장은 오랫동안 이루어지지 않다가 2018년 평창 동계올림픽에서 재개되었다. 한편, 평창 동계올림픽에서는 여자 아이스하키 단일팀이 구성되기도 하였다.

학습 정리

❶ 북한의 문학예술은 체제 유지를 위한 사상적 기반을 마련한다.

❷ 북한의 체육은 주민에 대한 몸의 통제를 통해 북한 체제 유지에 기여한다.

❸ 북한의 문학예술체육은 정권 차원에서 정교하게 고안해낸 북한주민통제 시스템이다.

추천문헌

김채원,『예술과 정치: 북한 문화예술에 대한 이해』서울: 선인, 2013.

나영일,『북한의 체육과 여가』서울: 서울대학교출판문화원, 2016.

박태상,『북한 소설에 나타난 여성의식과 성 역할: 김정일 시대와 김정은 시대의 비교 고찰』서울: 한국문화사, 2018.

오창은,『주체의 환영: 북한 문예이론에 대한 비판적 이해』서울: 경진, 2011.

이명자,『북한영화사』서울: 커뮤니케이션북스, 2007.

전영선,『글과 사진으로 보는 북한의 사회와 문화』서울: 경진출판, 2016.

정병호,『고난과 웃음의 나라』서울:창비, 2020.

참고자료

권동우, "1980년대 북한 소설과 동원의 정치학-『1980년대 단편선』수록 사회주의 현실주제 작품을 중심으로-,"『인문연구』제62권 (2011).

김일성,『김일성저작집 24』평양: 조선로동당출판사, 1983.

김흥태, "북한의 체육정책과 체육문화: 위성은 우주로 축구는 세계로,"『통일인문학』제74권 (2018).

나영일 외, "북한의 체육 및 여가활동의 변화에 관한 연구-단천 지역을 중심으로,"『체육사학회지』제18권 2호 (2013).

통일부 북한정보포털, https://nkinfo.unikorea.go.kr/nkp/overview/nkOverview.do

오성호, "주체시대의 북한시 연구,"『한국시학연구』제22권 (2008).

이상숙, "김정은 시대의 출발과 북한시의 추이,"『한국사학연구』제38권 (2013).

이우영, "남북한 사회의 문학예술: 개념과 사회적 역할의 차이,"『통일연구』제2집 2호 (1998).

장용훈, "북한 김정은 위원장의 남다른 '축구사랑',"『마이더스』제1권 (2017).

전영선,『북한의 문학예술 운영체계와 문예 이론』서울: 역락, 2002.

전영선, "김정은 후계 계승의 문화기획으로서 예술영화 '백옥' 연구,"『북한학연구』제13권 2호 (2017).

조진수, "북한에서의 학교체육을 통한 학생의 몸의 통제,"『문화와 정치』제4권 3호 (2017).

허정필·김용현, "김정은시대 체육정치의 지속성과 변화,"『한국체육학회지』제54권 6호 (2015).

한국경제, "뽀로로 남북 합작 '뽀통령이 남북통일할 기세' 북한 22편 제작," https://www.han\-

kyung.com/news/article/201105071763k

KBS, "남북이 함께 만든 '뽀로로'," https://news.kbs.co.kr

8강

북한의 사회
part 1
북한 주민의 생애

학습 목표

❶ 북한의 돌봄체계와 보통교육제도에 대한 이해

❷ 사회주의 노동과 결혼 관련 인식 이해

❸ 북한에서의 성 역할과 저출산 고령화 현상 이해

열쇠말

전반적 12년제 의무교육, 직장 배치, 사회주의 대가정, 저출산 고령화

돌봄과 교육

1) 영유아의 돌봄

탁아소와 유치원

북한은 정권 수립 이후 여성의 사회적 활동 참여를 위해 자녀양육의 사회화를 도모했다. 이에 따라 관련 법과 제도가 잘 갖춰져 있다. 탁아소와 유치원 제도도 이 중 하나이다. 한 예로, 젖먹이 기간에는 근무시간에도 탁아소에 가서 모유를 주도록 법으로 규정하고 있다. 법과 현실에는 차이가 있지만, 북한의 탁아소와 유치원은 북한이탈주민도 칭찬할 만큼 좋은 제도로 평가받는다.

탁아소는 한국의 어린이집에 해당하며, 만 3세까지의 유아가 다닌다. 유치원은 2년 과정(낮은반과 높은반)으로, 만 4~5세의 아동이 다닌다. 탁아소와 유치원은 모두 국가가 설치 및 운영하고 있어 공식적으로 무료이다. 그러나 1990년대 경제난 이후 운영이 어려운 곳이 많아져 난방비나 시설보수비, 식비 등 운영에 쓰이는 많은 돈을 학부모가 부담하고 있다.

보통 동마다 탁아소와 유치원이 설치되어 있어, 직장을 다니는 여성의 대부분이 출근할 때 유아를 맡겼다가 퇴근할 때 데려간다. 상황에 따라서는 하루가 아닌 주나 월별로 유아를 맡기기도 한다. 큰 공장이나 기업소는 자체로 탁아소와 유치원을 운영하여 소속 여성들이 이용한다. 최근에는 시장화의 영향으로 사설 탁아소를 이용하거나 다른 사람에게 돈을 주고 맡기는 경우도 있다.

영유아 교육

북한에서는 음악, 체육 교육을 상당히 중시한다. 「어린이보육교양법」 제35조는 "탁아소와 유치원은 어린이들에게 우리말을 가르치고 노래와 춤, 악기타는 법을 배워주며 놀이를 다양하게 조직하여야 한다."고 규정하고 있다. 탁아소와 유치원 낮은 반까지는 대부분 노래, 춤, 동화 등을 통해 교양을 가르치며 수업을 진행한다. 의무교육에 포함되는 유치원 높은반은 소학교를 위한 준비 교육의 성격을 가지며, 문화어(한글), 글자 쓰는 법, 셈세기(수학) 등을 가르친다.

최근 과학기술과 지능교육의 강조로 놀이 중심이나 멀티미디어를 활용한 교수방법이 강조되고 있으며, 유치원 높은반부터 태권도를 가르치기도 한다.

개성 탁아소 입구 모습

한편, 한정된 이야기이지만 요즘은 탁아소 시절부터 영어, 컴퓨터 교육을 하는 곳도 있다.

북한의 우상화 교육은 유아 시절부터 시작한다. 탁아소와 유치원 입구에는 '경애하는 김정은장군님 고맙습니다', '세상에 부럼 없어라!' 등의 문구가 붙어 있다. 유아의 돌봄과 교육을 지도자의 덕으로 선전하는 것이다. 또한, 내부에는 어린아이들을 안고 있는 북한 지도자들의 모습이 판화, 사진 등으로 등장한다. 지도자 일가에 대한 정치사상교육은 일과에 반드시 포함되며, 간식과 점심은 지도자 초상화 앞에서 인사를 하고 먹도록 교육받는다.

육아원과 애육원

육아원과 애육원은 고아가 된 영유아를 돌보는 시설이다. 김정은 정권은 육아원과 애육원의 추가 건설, 현지지도, 선물증정 등 '어린이 사랑' 행보를 이어나가며 선전하고 있다.

2) 교육제도

보통교육

북한은 교육을 통해 주민들을 "사회와 집단, 조국과 인민을 위하여 투쟁하는 참다운 애국자로, 지덕체를 갖춘 사회주의건설의 역군으로" 키우고자 한다. 체제 유지로서의 교육을 강조하고, 필요한 인재를 양성하고자 하는 것이다.

북한의 학제는 소학교 5년-초급중학교 3년-고급중학교 3년-대학 4~6년제를 기본으로 하고 있으며, '전반적 12년제 의무교육'을 실시하고 있다. 12년의 의무교육은 유치원 높은반 1년부터 한국의 고등학교에 해당하는 고급중학교까지이다.

북한의 교과목에는 체제의 특성을 담고 있는 특수 교과목이 존재한다. 특

남북한 학제 비교

남한		연령	북한
대학원(석사 2~3년, 박사 2~3년)		...	박사원, 연구원(2~3년) 과학연구원(3~5년)
대학(4~6년) 전문대학(2~3년)			대학(4~6년) 단과대학(3~4년)
		17	고등전문학교(2~3년)
고등학교(3년)		16	고급중학교(3년)
		15	
중학교(3년)	9년 의무 교육	14	초급중학교(3년)
		13	
		12	
		11	소학교(5년)
		10	
초등학교(6년)		9	
		8	
		7	
		6	
		5	유치원 높은반(1년)
		4	유치원 낮은반(1년)
유치원/어린이집		3	탁아소
		2	
		1	

북한 12년 의무교육

수교과에는 소학교부터 고급중학교 전 과정에서 배우는 김일성-김정일-김정은 일가의 어린 시절(소학교), 혁명활동(초급중학교), 혁명역사(고급중학교) 과목과 군사활동을 위한 과목이 있다. 일반 교과목은 국어, 영어, 수학, 역사, 과학 등으로 우리와 비슷하다.

최근 북한에서는 과학과 교육을 강조하고, '전민과학기술인재화'를 내세우며 과학기술교육을 강화하고 있다. 이에 따라 개정 학제에서는 '정보기술', '기초기술' 등의 교과가 신설되었고, 교육내용도 실제 생활과 산업에서 활용할 수 있는 방향으로 강화되었다. 또한, 기존 고급중학교를 '일반중학교'와 '기술

북한의 교과 구성

	소학교	초급중학교	고급중학교
북한 특수 교과	1. 위대한 수령 김일성대원수님 어린 시절 2. 위대한 령도자 김정일대원수님 어린 시절 3. 항일의 녀성영웅 김정숙 어머님 어린 시절 4. 경애하는 김정은원수님 어린 시절	1. 위대한 수령 김일성대원수님 혁명 활동 2. 위대한 령도자 김정일대원수님 혁명 활동 3. 항일의 녀성영웅 김정숙 어머님 혁명 활동 4. 경애하는 김정은원수님 혁명 활동	1. 위대한 수령 김일성대원수님 혁명 력사 2. 위대한 령도자 김정일대원수님 혁명 력사 3. 항일의 녀성영웅 김정숙 어머님 혁명 력사 4. 경애하는 김정은원수님 혁명 력사
계	4	4	4
일반 교과	사회주의도덕, 국어, 영어, 수학, 자연, 정보기술, 체육, 음악무용, 도화공작	사회주의도덕, 국어, 영어, 조선력사, 조선지리, 수학, 자연과학, 정보기술, 기초기술, 체육, 음악무용, 미술	사회주의도덕과 법, 심리와 론리, 국어문학, 한문, 영어, 력사, 지리, 수학, 물리, 화학, 생물, 체육, 예술, 정보기술, 기초기술, 공업기초, 농업기초, 군사 활동초보, 자동차
계	9	12	19

* 출처: 김진숙, "북한의 '전반적 12년제 의무교육'에 따른 학제와 교육과정 개편: 평가와 전망," 『북한법연구』 제17호 (2017), pp. 375-376.

고급중학교'로 나누었는데, 기술고급중학교는 정보기술, 농업, 금속 등 분야별 전문기술인력을 양성한다.

영어 교육 또한 강조하고 있다. 기존 교육에서는 러시아어를 많이 배웠지만, 영어의 중요성이 점차 강조되어 학제에서 외국어 교과가 영어 교과로 변경되었고, 교과 비중도 현저히 늘었다. 북한에서는 미국식 영어가 아닌 영국식 영어를 표준으로 하고 있다.

북한의 수능 '예비고사'

북한에서는 대학에 가고 싶으면 예비고사를 치른 후 대학을 추천받아 해당 대학에서 본고사를 치른다. 북한에는 재수(再修)가 없어 대입에 실패하면 군대나 직장에 배치된다.

영재교육

우리의 영재교육처럼 북한도 '수재교육체계'가 따로 있다. 이러한 특수교육 기관 중 유명한 곳은 만경대혁명학원, 평양 제1중학교, 평양외국어학원, 평성 김정숙제1중학교 등이다.

혁명학원은 국가에 충성하는 혁명적 인재를 양성하기 위한 곳이다. 혁명 유가족 및 고위 간부 등 국가에 공이 있는 사람들의 자녀만 입학할 수 있다. 졸업 후에는 군 등 특수 요직에 진출한다.

과학기술 중심의 수재를 양성하는 제1중학교는 한국으로 치면 과학고에 해당한다. 성적이 우수해야 하고 출신성분도 좋아야 입학할 수 있다. 제1중학교를 졸업하면 북한의 명문대인 김일성종합대학, 김책공업대학교, 이과대학 등에 입학할 수 있다. 제1중학교 학생들은 각종 동원과 입대를 면제받기도 한다.

외고에 해당하는 외국어학원은 영어, 중국어, 일본어, 러시아어를 포함한 8개 외국어를 가르친다. 외국어학원을 나와야 외국어대학에 입학할 수 있어 소학교에서부터 외국어학원 입학 경쟁이 치열하다.

평성 김정숙제1중학교에서 컴퓨터 교육을 받고 있는 북한 학생

3) 학교생활

학기 구성과 교육 시간

북한의 학기는 4월 1일에 시작한다. 그중 소학교 첫 학기(입학)는 학창시절의 운명이 걸려 있을 정도로 매우 중요하다. 소학교 첫 담임 선생님과 학생들이 소학교 5년 내내 함께 하기 때문이다. 또한, 북한은 보통 소학교-초급중학교-고급중학교가 한 학교 내에 같이 있어 소학교 입학 후 계속 같은 학교를 다녀야 하기 때문이다.

북한의 방학은 여름방학보다 겨울방학이 더 길며, 방학이라도 일주일에 한 번은 학교에 가야 하고, 학교 일도 도와야 한다. 그러나 최근 북한에서는 방학 기간을 늘리고 방학 숙제를 없애고 소조활동을 강조하는 등 변화가 나타나고 있다.

북한은 주 6일제 수업을 한다. 수업은 소학교는 40분, 중학교는 45분 단위로 진행되며 10~15분의 쉬는 시간이 있다. 1교시는 보통 8시에 시작하고, 2교시 혹은 3교시를 마치면 운동장에 모여 20분 정도 업간체조(사이체조)를 한다. 점심은 도시락을 먹거나 집이 가까울 경우 집에 가서 먹고 온다.

조선소년단의 붉은 머플러

우리가 흔히 북한의 교복 중 하나라고 떠올리는 붉은 머플러는 소년단에 들어갔을 때 매게 된다. 소년단은 소학교에 입학 후 만 7세가 되면 의무적으로 가입한다. 만 14세가 되면 김일성-김정일주의 청년동맹에 가입하고, 머플러 대신 청년동맹 휘장을 달게 된다.

만경대학생소년궁전에서 소조활동으로 가야금을 연주하고 있는 학생들

교과 외 활동

수업이 모두 끝나면 우리의 '방과 후 학교'에 해당하는 소조 활동을 한다. 주로 음악, 미술 등의 예체능 소조 활동이 많고, 수학, 정보기술 등 특정 과목의 보충수업도 있다. 소조 활동은 희망에 따라 자율적으로 참가할 수 없다. 보통 재능이나 성적이 뛰어난 학생들이 참여한다.

북한에서는 공부 말고도 '생산활동'을 해야 한다. 생산활동은 정규 교육의 일환으로, '교육과 생산활동이 결합되어야 한다'는 교육 원칙에서 비롯되었다. 이에 따라 농촌 지역 학생들은 수업이 끝난 후 농장에서 일하고, 대학생들은 건축 사업에 동원되기도 한다. 모내기, 김매기, 가을걷이 등 끝이 없이 이어지는 생산 활동에 북한에서는 '학생들이 농사를 더 잘한다'는 말도 있다.

학교에서의 하루

"학교 다녀오겠습니다."

집을 나선 정희가 향한 곳은 학교가 아닌, 학교 근처 한 유치원 앞. 등교 30분 전이 되자 정희네 반 친구들이 다 모였네요. 아이들은 노래를 부르며 줄을 맞춰 학교로 향합니다. 요즘은 많이 없어지고 있지만 아직까지도 북한 학교생활을 대표하는 집단등교 하는 모습입니다.

1교시 시작 전 30~40분은 독보회인데요, 담임선생님이나 반장 등이 앞에서 김일성·김정은과 관련된 사설을 읽어주는 시간입니다.

3교시 수업이 끝나자 모든 학생들이 학교 운동장에 줄을 맞춰 집합합니다. 방송실에서 음악이 나오고 학생들은 음악에 따라 율동체조 혹은 태권도를 짜 맞춘 듯이 합니다. 수업 사이에 하는 체조라고 해서 "업간체조"라고 부릅니다.

점심시간이 되자 정희는 친한 친구들과 책상에 둘러앉았네요. 정희와 친구들이 제각각 싸온 도시락을 펼치자 뷔페 못지않은 푸짐한 한 상이 차려졌어요. 집이 가까운 친구들은 점심에 집에 가서 밥을 먹고 다시 학교에 오기도 합니다.

오후 수업은 1~2시간으로 끝나고 이어서 소조활동이 있습니다. 정희는 음악소조에서 트럼펫을 배워요. 친구 성화는 같은 소조를 하고 싶어 했으나 담임선생님이 서예소조로 배정했어요. 모든 아이들은 선생님이 배정해 준 소조에서 오후 방과 후 활동을 하는데 농번기에는 농장일에 동원돼서 소조활동도 한철입니다.

교실청소까지 마치고 집으로 향하는 정희의 발걸음이 가볍습니다. 오늘은 동네에서 친구들과 모여 평소와는 다른 놀이를 해보기로 했기 때문입니다.

등교 중인 북한 학생들

취업과 결혼

1) 직업 세계

진로와 직장 배치

북한에서 의무교육을 마치고 나면 만 16세가 된다. 이후에는 입대, 대학 진학, 취업 등의 진로가 있다. 다만, 북한에서는 본인의 적성, 희망, 능력에 따라 진로를 결정하는 데 여러 제한이 있다. 진로는 보통 출신성분, 집안 환경, 신체검사 등에 따라 결정된다. 특히 출신성분이 좋지 않으면 아무리 성적이 좋고 재능이 있어도 좋은 대학에 갈 수 없다. 직장에 가서도 승진이 어렵다.

북한 「헌법」에서는 직업 선택의 권리를 규정하고 있지만 실제로는 개인이 직업과 직장을 자유롭게 선택할 수 없다. 직장은 당과 행정기관의 계획과 통제에 따라 정해진다. 가고 싶은 지역이나 회사가 있어도 각 부문의 수요에 맞게 직장이 배치된다. 북한의 직장 배치 대상자는 크게 세 부류로 고등중학교 졸업생, 대학 졸업생, 군 제대자이다. 직장 배치는 일반 노동자의 경우 각 도와 시 등의 인민위원회에서 일률적으로 진행하며, 간부의 경우는 대학졸업자, 국가사무원, 당심과 충성심이 높은 노동자 등을 대상으로 간부부에서 결정한다.

북한에서는 한 번 직장에 배치를 받으면 평생 그곳에서 일한다고 생각하면 된다. 직장을 옮기는 것도 국가가 결정하는 사안이므로 사실상 이직이 힘들기 때문이다. 그러나 최근에는 뇌물 등을 통해 편안한 곳으로 직장을 바꾸기도 하고, 소득이 별로 없는 공식 경제 부문(국영 기업소 등)에서 돈을 벌 수 있는 비공식 경제 부문(시장 등)으로 일자리를 찾아 떠나기도 한다.

직업선택에 제약을 받는 북한 주민들(북한이탈주민 증언)

"…농장하는 아들은 다른 데를 못가요. 농장원인 아버지를 대를 이어서 농장원이 되야 되요. 그리고 광산에 우리 아버지가 광산에 종사했으면 아들도 광산에 종사해야 되요."
　　　－ 정영선, 「북한이탈주민의 금융사회화 과정에 대한 내러티브연구」 (2017), p.58

"우리 오빠는 학교에서 전교 1, 2등을 할 정도로 공부를 잘했다. 학교 선생님들마다 입에 침이 마르도록 칭찬을 아끼지 않던 학생이다. 오빠는 장차 학교를 졸업하면 사범대학에 가겠다고 했고, 꼭 고등중학교 선생이 될 거라는 말을 입버릇처럼 했다. 하지만 부모가 당원이 아니고 아주 평범한 가정이라고해서 오빠의 꿈은 좌절되었다."
　　　　　　　　　　　　　　　－ 경화, 「나의 살던 북한은」 (2019), p. 156.

선호 직업

시대에 따라 북한의 선망 직업도 변화했다. 한때는 식당일을 하거나 배급소에서 쌀을 달아주는 사람들을 좋은 직업으로 여기지 않았지만, 식량 공급이 제대로 되지 않은 시기엔 가장 부러운 직업이 되기도 했다. 또한, 당이나 정권을 위해 일하는 직업은 늘 인기였지만 경제난 이후엔 돈을 많이 벌 수 있는 직업을 선호했다. 따라서 당 간부, 직업 군인, 경찰, 보안원뿐만 아니라 외교관, 세관원, 무역 종사자가 선망의 직업이 되었다.

최근에는 달러를 직접 만질 수 있는 택시기사, 부업을 할 수 있는 건설 중장비 운전기사나 버스 운전기사, 신흥 부자들을 겨냥하고 있는 요리사, 개그맨

인기 업종인 북한의 택시

도 인기 있는 직업이다. 모두 돈을 많이 벌 수 있거나 외화벌이가 가능하다는
공통점이 있다.

광부, 임업 노동자, 농민 등은 비인기 직업이다. 특히 한번 농민은 대를 이
어서도 농민이 된다. 따라서 농민자녀와의 결혼도 꺼리는 실정이다.

임금

북한은 노동을 상품으로 보지 않는다. 즉, 노동력을 사고 판다는 개념이 없다.
사회주의에서 노동은 공동의 목적과 이익을 위한 집단적인 것이다. 따라서 북
한은 사회주의 노동에 따라 개인분을 '분배'한다. 이러한 분배 분을 노동보수,

보통 '생활비'라고 한다. 우리의 임금과 가장 가까운 개념이다.

북한 「헌법」 제70조에서는 "공민은 능력에 따라 일하며 로동의 량과 질에 따라 분배받는다."라고 규정하고 있다. 같은 직장이라도 노동량, 근무조건 등에 따라 생활비가 다를 수 있다. 노동강도, 학력, 숙련도에 따라 달라지기도 한다. 탄광 등에서 유해 노동을 하는 사람들은 가급금(수당)을 받는다. 그러나 생활비가 우리의 임금처럼 생계유지에 절대적인 영향을 주진 않는다. 북한 주민들은 생활비 외에 배급이나 의무교육 같은 국가적 혜택으로 생활을 꾸려나간다.

1990년대 경제난으로 배급제가 무너지고 시장이 활성화되면서 노동과 임금에 변화가 나타났다. 생활비와 배급만으로는 살 수 없어지자 부업을 하거나 시장에서 장사하는 등 '벌이'를 통해 생활하는 사람이 많아졌다. 비공식 경제 영역을 중심으로 달리기꾼(유통), 거간꾼(중개) 등 예전에는 없던 직업도 생겨났다. 한편, 무너진 경제 시스템을 복구하기 위해 북한에서는 다양한 제도의 변화가 발생했다. 대표적으로 공장, 기업소 등의 자율성이 높아지고 인센티브를 확대한 것이다. 과거 국가에서 임금을 결정하고 배급을 담당했던 것과 달리 이제는 각 기업소와 공장에서 많은 부분을 책임져야 한다. 따라서 같은 부문이라도 기업 성과에 따라 임금 차이가 나타나고 있다.

8.3 노동자

8.3 노동자는 공장의 유휴 자재를 활용해 생활용품을 생산하는 가내작업반 노동자를 의미한다. 그러나 1990년대 중반 경제 위기 이후, 8.3 노동자들은 소속된 직장에 일정 금액을 지급하고 출근하지 않는 노동자를 부르는 말이 되었다. 이들은 보통 직장에 소속만 두고 시장 활동 등 비공식 경제를 통해 돈을 번다.

2) 연애와 결혼

연애

최근 북한의 연애는 우리와 별반 다르지 않다. 집안의 소개보다는 남녀가 자유롭게 만나는 분위기이다. 연인들은 맛집을 찾아가거나 강변이나 공원에 놀러 가 시간을 보낸다. 평양에 유희오락시설이 늘어나면서 탁구, 볼링 등을 하며 데이트를 하기도 한다. 평양의 데이트 명소는 모란봉 공원이다. 모란봉 공원에는 대동강이 한눈에 내려다보이는 정자도 있고, 사진 촬영 명소도 많다. 결혼식 사진도 모란봉 공원에서 많이 찍는다.

결혼

연애가 자유로워지고 결혼 시 당사자의 의사가 중요해지면서 요즘은 배우자를 고를 때 출신성분 등 토대(조건)를 보기보다는 사람이 괜찮고 얼마나 능력이 있는지를 본다. 재력도 중요해져 장사 밑천이 있는 사람, 탈북한 가족이 있는 집의 남성(한국에서 돈을 보내주기 때문에)들이 한때 인기가 많았다.

북한「가족법」에 따르면 남성은 18세, 여성은 17세부터 결혼을 할 수 있으나 보통 20대 후반에 많이 한다. 북한에서는 결혼식을 신부집과 신랑집에서 각각 한 번씩 하는데 요즘에는 한 번만 하는 경우가 많다. 결혼식 때 드레스를 입는 한국의 신부와 달리 북한에서 여성들은 주로 한복을 입는다. 결혼식은 많이 간소화되어 그야말로 국수 먹는 집도 있지만, 식당에서 피로연을 거하게 하기도 한다. 요즘은 상차림을 장마당에서 대여해주기도 한다.

평양은 결혼에서도 특권이다. 평양은 아주 특별한 경우에만 결혼을 통한 거주가 허가되기 때문이다. 지방 사람과 평양 사람이 결혼하면 대부분 지방에서 살림을 차린다.

과거 북한에서는 결혼하는 게 당연하다고 여겨졌지만, 최근에는 결혼과 출산을 꺼리는 분위기가 생겨났다. 특히 여성들은 결혼 후에도 생계를 책임지는 일이 많다 보니 결혼의 필요성을 느끼지 못하거나 늦게 하려고 한다.

북한의 이혼

북한에서는 재판에 의한 이혼만 가능하다. 최근 이혼 소송이 증가하고 있으며, 혼인 신고를 하지 않고 동거하다가 헤어지는 경우도 많다. 또한, 가정 해체가 빈번해지면서 사회문제가 되고 있다.

모란봉 공원에서 결혼사진을 찍는 신혼부부의 모습

03

출산과 가족

1) 임신과 출산

출산 문화

북한은 무상 의료를 실시하고 있다. 그러나 경제난 이후 의료체계가 제대로 작동하지 않아 출산은 사실상 유상이다. 돈을 줘야 그나마 제대로 된 진료가 가능하며, 의약품부터 식사까지 출산과정에서 필요한 것은 모두 개인이 준비해야 한다. 따라서 형편이 넉넉하지 못하면 산원(산부인과)에서 출산하는 게 쉽지 않다. 보통 산원은 지역마다 있으나 주민들이 방문하기 먼 경우가 있다. 그럴 때 산모들은 시, 군 소재지 인민병원 산부인과나 리 단위 진료소를 이용한다.

　출산은 대부분 병원에서 한다. 유엔인구기금에서 진행한 북한의 '2014년 사회경제인구 및 건강조사'에 따르면, 조사자 중 99~100%는 보건의료 인력(의사/준의, 간호원/조산원 등)에 의해 출산한다. 임산부의 파상풍 접종은 잘 실행되고 있지만, 출산 후 엽산 등 필요한 영양 섭취는 부족한 것으로 나타났다. 한편, 출산 장소, 산전·산후 관리 등은 지역 간, 가구소득별 격차가 큰 것으로 보인다.

북한에는 전문적인 산후조리원이 없다. 보통 출산 후 1~2일 내에 산원에서 퇴원한다. 산후조리는 대부분 집에서 한다. 북한에서도 산후에 미역국을 먹는다. 분유가 흔하지 않다 보니 모유가 잘 돌도록 돼지족발 같은 것도 먹는다. 몸을 따뜻하게 해주는 꿀도 인기다. 이가 약해진 산모를 위해 딱딱한 음식은 피하고, 두부, 호박 등은 뜨거울 때 먹으면 이가 시리다고 해서 먹이지 않는다.

출산 휴가

북한에도 출산휴가가 있다. 이미 1946년부터 산전·산후 휴가를 제도적으로 보장했다. 현재 「사회주의로동법」에서는 산전 휴가 60일, 산후 휴가 180일 총 240일을 보장한다. 그러나 법적·제도적 보장은 직장에 다니는 여성에게만 한정되어 있다. 최근 북한에는 가동률 저하로 공장과 기업소 등 직장에서 제대로 일하는 사람이 많지 않다. 직장에 자리를 유지해야 하는 남성들과 달리 많은 여성들은 시장에서 장사하며 생계를 책임지고 있다. 이렇게 장사하는 여성이나 가두여성(전업주부)에게 출산휴가가 적용될 리 없다. 오히려 출산 후 일주일 만에 생계 활동을 위해 나서는 여성들이 많고, 산후 관리가 제대로 되지 않아 산후 후유증이 없는 여성들을 찾기가 힘들다.

저출산과 모성 영웅

최근 북한의 젊은 부부들 사이에서는 '둘 낳으면 바보', '하나 이상 낳으면 미련한 곰탱이'라는 말이 있다고 한다. 통계청에 따르면, 북한의 합계출산율(전망치)은 2020년 1.91로 인구 유지에 필요한 출산율 2.1명에 미치지 못하고 있다. 북한에도 저출산 문제가 대두되고 있으며, 전문가들은 북한 인구가 감소세로 들어설 것이라고 예상한다.

출산 기피 경향은 1990년대 경제난 이후 배급제와 사회보장제도 등이 무너지면서 강해졌다. 생존을 위해서 자녀를 적게 낳는 것이 좋다는 가치관이

평양에 위치한 산부인과병원 평양산원의 모습

형성된 것이다. 또한, 임신을 해도 충분한 영양 보충과 의료 시스템이 뒷받침되지 않으니 출산으로 이어지는 경우가 적었다. 최근에는 북한에서도 자녀의 양육비와 교육비를 감당하기 힘들어 출산을 꺼리기도 한다. 일반 주민 계층에서는 가족을 부양하는 일이 주로 여성의 몫이 되어 출산, 육아, 경제활동을 모두 감수해야 하느니 차라리 낳지 말자는 생각이다.

인구 증가율이 감소하자 북한 당국은 다산을 장려하고 관련 혜택을 늘리는 등 출산을 장려했다. 최근에는 김정은 위원장의 명언으로 "녀성들이 아들딸을 많이 낳아 잘 키우는 것은 나라와 민족의 전도와 관련되는 중요한 문제입니다."가 소개되었다. 또한, 간부 승진에 다자녀인 사람을 우선 고려하기도 하고, 다산 여성들을 '모성 영웅'으로 떠받들며 칭호를 주기도 한다.

2) 성 역할과 가족 구성

사회주의 + 가부장주의

북한은 일찍이 남녀평등이 법제화되고 제도적으로 여성의 노동이 보장되었다. 그러나 북한에서는 여전히 가부장주의가 남아 있어 현실적으로 남녀평등이 거의 실현되지 않았다. 더욱이 가정에서는 여성의 전통적인 역할이 강조되어 여성들이 가사와 육아를 전담하고 있다. '세대주'라고 불리는 남편은 배급제 등 사회제도와도 연결되어 있으며, 나아가 '사회주의 대가정'에서 수령이 아버지의 역할로 설명되면서 남성과 여성의 역할 구분은 안팎으로 고정되어 있었다.

북한의 사회통치전략 중 하나인 '사회주의 대가정'은 사회를 가정에 비유하여 아버지-수령, 어머니-당, 자녀-주민으로 역할을 부여하고, 전체의 유기체적인 관계를 강조한다. 아버지-수령이 은덕을 베풀면 충성, 복종하는 것이 당연하도록 만드는 메커니즘이다. 또한, 가족주의에 기초한 집단주의를 강조

공원에서 가족사진을 찍고 있는 북한 대가족의 모습

한다. 따라서 아버지를 중심으로 하는 전통적인 젠더 구조가 사회와 가족에 깊이 스며들어 있다.

'남편을 잘 모시고, 아들을 혁명가로 키우며, 자신도 혁명가로 일을 잘해야 하는' 북한 여성은 1990년대 경제난 이후 시장에 나가 경제활동을 하며 실질적인 가장의 역할까지 수행하는 이중, 삼중고를 겪고 있다. 아무리 현실이 어려워도 남성들은 직장에서 벗어나면 강한 처벌을 받기 때문에 남성보다는 여성이 시장에 나가야 하는 구조이다.

그러나 여성의 경제능력 향상으로 인해 가정에서 여성이 목소리를 낼 수 있게 된 측면도 있다. 여성이 전담하던 가사를 남편이 도와주거나 복종에서 평등으로 부부관계가 변화하는 등의 모습도 나타나고 있다.

가족 구성의 변화

북한 인구센서스를 분석한 통계청 자료에 따르면, 북한의 가구 유형(2008년 기준)은 핵가족 31.5%, 확대가족 66.3%, 기타 가구 2.2%이다. 통계청은 과거 자료(1993년)와 비교했을 때 핵가족 가구의 비중이 늘긴 했지만, 확대가족 가구가 여전히 지배적인 것으로 보았다.

확대가족유형이 지속되는 이유로는 노인부양이 있다. 북한에서는 노인부양을 자식의 도리라고 여기고 마땅히 받아들이고 있다. 그러나 경제난 이후 노부모 부양을 점점 기피하고 있다는 목소리도 들린다. 한편, 현실적으로 늘어나는 노인을 감당할 사회적 인프라가 충분하지 않기도 하다. 또한, 주택공급이 원활하지 않아 발생한 측면도 있다. 보통 결혼을 하면 국가에서 가정집을 배정해주어야 하는데, 주택 사정이 좋지 않다 보니 분가하지 못하고 같이 사는 것이다.

앞서 살펴보았던 저출산, 비혼, 성 역할의 변화, 경제적 상황, 출산 기피 등이 가족 구성에도 영향을 미치고 있다. 최근에는 북한이탈주민의 증언과 기사 등을 통해 북한도 핵가족화가 진행되고 있음이 확인되고 있다.

고령화 사회

북한의 노인 인구 비율은 이미 2002년 말 유엔이 지정한 고령화 수준인 7%를 넘어섰다. 북한 당국은 2007년 「연로자보호법」을 제정하고 양로원을 건설하는 등 노인 문제에 특별한 관심을 보이고 있다. 「사회주의로동법」에 따르면, 노동연한(남성 60세, 여성 55세)이 넘으면 연로연금이 지급된다. 하지만 북한 노인복지의 현실은 전쟁노병이나 영예군인 같은 계층을 우대할 뿐이다. 현재 북한 노인들은 사회 안전망 미흡과 함께 노인 부양에 대한 가족 책임 의식 약화, 경제활동의 어려움 등으로 어려움을 겪고 있다.

평양양로원을 현지지도하고 있는 김정은 위원장(2015)

북한에서의 조직생활

북한만의 조직생활을 특징할 수 있는 문화가 있다죠. "생활총화"와 상호 감시체계가 바로 그것입니다. "생활총화"는 지난 일주일 자신의 생활을 돌아보며 스스로 반성하고 새로운 다짐을 하는 시간으로 볼 수 있습니다.

"생활총화"는 공식적인 정치조직에 가입되는 소학교 2학년 때부터 북한 사람들의 삶의 일부로 자리매김하게 됩니다. 일주일에 한 번, 학생들의 경우 금요일이나 토요일 수업 마지막 시간에 열리는 "생활총화"는 크게 '자기비판'과 '호상비판'으로 나뉘는데요. 자기비판 시간에 학생들은 대부분 일주일 동안 더 열심히 공부 못 한 자신을, 혹은 선생님으로부터 체벌을 받았던 사실을 고백하며 새로운 다짐을 합니다. 호상비판 시간에는 옷차림이 단정하지 않은 친구, 정성사업(교실 안 초상화 닦는 작업)을 열심히 하지 않은 친구 등을 지목해 비판합니다.

북한에는 "생활총화" 외에도 다양한 주민통제 수단이 있는데 그중 하나가 상호 감시체제입니다. 동료 간, 이웃 간 체제에 반하는 생각과 행동들에 대해 감시를 하는데요, 이로 인해 이런 질문을 갖는 사람들이 종종 있습니다.

"자식이 부모님을 신고할까?"

사람 사는 사회에 정답이란 없겠지만, 보편적인 상황에 비추어 답하자면 "NO". 가끔 직접 보위부 같은 감독기관에 가서 신고한다기보다 친구나 주변사람들과의 대화 중 말실수가 화근이 되어 일을 치루는 경우는 있지만 높은 충성심으로 인해 직접 부모를 신고한 사람들을 봤다는 이들은 거의 없습니다.

북한 학생들의 교실생활

학습 정리

❶ 북한은 자녀양육의 사회화를 위해 정권 수립 이후 국가적 돌봄체계를 확립하고 탁아소와 유치원을 운영하고 있다. 이후 유치원 높은반부터 고급중학교까지는 '전반적 12년제 의무교육'에 따라 교육을 실시한다. 최근 북한은 과학기술과 교육의 역할을 강조하고 있다.

❷ 직업 선택은 출신성분 등에 의해 제약을 받으며, 국가가 직장을 배치한다. 경제난과 시장화의 영향으로 결혼 양상이 자유로워졌으며, 선망 직업은 돈을 많이 벌 수 있는 직업으로 변화하고 있다.

❸ '사회주의 대가정' 아래 북한 사회 전반에 가부장제가 남아 있어 전통적인 성 역할 구분에서 벗어나지 못하고 있다. 저출산 고령화, 경제변화 등에 따라 결혼과 출산에 대한 인식과 가족구성에도 변화가 생기고 있다.

추천문헌

국립민속박물관, 『(북한이탈주민이 전하는) 북한의 일상생활문화 : 아직끝나지 않은 이야기』 서울: 국립민속박물관, 2015.

김지수 외, 『김정은 시대 북한 유·초·중등 교육 연구』 진천: 한국교육개발원, 2019.

박영자 외, 『김정은 시대 북한 경제사회 8대 변화』 서울: 통일연구원, 2018.

진천규, 『평양의 시간은 서울의 시간과 함께 흐른다』 서울: 타커스, 2018.

참고자료

경화, 『나의 살던 북한은: 노동자 출신의 여성이 말하는 남북한 문화』 서울: 미디어일다, 2019.

국립민속박물관, 『(북한이탈주민이 전하는) 북한의 일상생활문화 : 아직끝나지 않은 이야기』 서울: 국립민속박물관, 2015.

김정원 외, 『남북한 학제 비교 및 통합 방안 연구』 서울: 한국교육개발원, 2015.

김진숙, "북한의 '전반적 12년제 의무교육'에 따른 학제와 교육과정 개편: 평가와 전망," 『북한법연구』 제17호 (2017).

김혜영, "북한 가족의 특징과 변화의 불균등성: '고난의 행군기' 이후를 중심으로," 『가족과 문화』 제29집 1호 (2017).

뤼디거 프랑크, 『북한★여행 : 유럽 최고 북한통(通)의 30년 탐사리포트』 서울: 한겨레출판, 2019.

박영자 외, 『김정은 시대 북한 경제사회 8대 변화』 서울: 통일연구원, 2018.

이인정, "북한의 시장화와 가족윤리의 변화," 『윤리교육연구』 제51호 (2019).

정세현 외, 『(정세현 정청래와 함께) 평양 갑시다』 경기: 푸른숲, 2018.

정세현 외, 『한반도 특강 : 2020 대전환의 핵심현안』 서울: 창비, 2018.

정영선, "북한이탈주민의 금융사회화 과정에 대한 내러티브 연구," 2017 통일부 신진학자 지원
사업 보고서 (2017).

조성은 외, 『남북한 복지 분야의 정책 비교와 교류협력 방안 연구』 세종: 한국보건사회연구원,
2019.

진천규, 『평양의 시간은 서울의 시간과 함께 흐른다』 서울: 타커스, 2018.

통일부 통일교육원, 『2020 북한 이해』 서울: 통일부 통일교육원, 2019.

통계청, 『2019 북한의 주요통계지표』 대전: 통계청, 2019.

통계청, "북한 인구와 인구센서스 분석." 통계청 보도자료(2011).

민주평화통일자문회의 웹진 http://18webzine.nuac.pa.go.kr/sub.php?number=918

통계청 북한통계포털 https://kosis.kr/bukhan/

9강

북한의 사회
part 2
북한 주민의 생활상

학습 목표

❶ 북한 주민의 주거양식, 식문화, 복식 등 기본 생활상 이해
❷ 북한 주민들의 과학기술 활용 실태 이해
❸ 북한의 놀이문화와 여가생활을 살펴보고 최근 변화 이해

열쇠말

의식주, 살림집, 사회주의생활양식, 새 세기 산업혁명

01

기본생활

1) 살림집

북한에서는 주거를 위해 지어진 집을 '살림집'이라고 부른다. 북한 주민들은 주택에 대한 소유권 대신 사용권을 가진다. 북한 주민들은 당국으로부터 입사증을 교부받아 살림집에 거주하고, 거주하는 동안 주택관리기관에 평균 생활비의 3% 내외를 거주비용으로 납부한다.

주거 형태

북한의 살림집은 그 형태에 따라 땅집(단층주택)과 아파트, 두 가지로 나뉜다.

땅집은 독집(단독주택), 문화주택(연립주택), 하모니카주택(다세대/단층주택) 등을 통칭한다. 농촌 지역에 있는 흙벽돌로 지은 단층짜리 단독주택은 문화주택(연립주택)이라고 하는데 문화주택은 주로 60년대 초반에 지어진 방 2칸에 부엌이 달린 단독주택을 뜻한다. 단층이면서도 가로로 길게 여러 가구가 붙어 있는 주택은 하모니카처럼 생겼다고 하여 하모니카 주택(다세대/단층주택)으로 구분하여 부른다.

북한 농촌문화주택의 모습

북한에서는 1970년대부터 고층아파트 건설 붐이 시작되었고 아파트 단지로 구성된 천리마거리 등이 만들어졌다. 1980년대부터는 남평양 통일거리, 서평양 광복거리 등 평양에 주요 아파트 지구가 만들어졌다. 최근에는 대성구역의 려명거리와 중구역의 미래과학자거리에 고층아파트가 건축되어 신도시를 형성하고 있다. 2021년 1월 8차 당대회를 통해 발표된 새로운 5개년 경제발전계획에 따르면, 앞으로 5년 동안 평양에 5만호의 살림집을 건설하는 것이 목표이다. 한편 아파트 분포, 아파트 가격 등 대도시와 그 밖의 지역들 간 경제적 격차는 점점 커지고 있다.

살림집 가격은 왜 차이가 날까?

살림집 가격은 평양 지역 아파트 가격이 가장 높으며, 시장과 가까울수록 비싼 가격에 거래된다. 최근에는 현대적이고 이국적인 주거공간에 거주하고자 하는 욕구가 확대되어, 수입자재와 인테리어 수준에 따라 가격 차이가 나기도 한다.

미래과학자거리의 신축아파트

주택 매매

사회주의 국가인 북한에서는 주택용 토지와 부동산에 대한 재산권이 모두 국
가에 귀속되어 있다. 북한의 살림집법에 따르면, 북한의 살림집은 국가가 직
접 건축하거나 보수해 북한 주민들에게 나눠주고, 주민들은 시·군 인민위원
회의 도시경영과가 발급하는 '국가주택이용허가증'(입사증)을 받아 살림집의
사용권만 갖는다. 따라서 공식적으로는 살림집 매매가 불법이며, 암암리에 이
루어지는 살림집의 매매는 '주택 사용권'의 거래이다.

2) 음식문화

북한의 음식문화는 남한과 마찬가지로 밥을 주식으로 하고 있으며, 국과 장,
김치를 기본 상차림으로 본다.

지역별 전통음식

- 평양시: 평양온반, 평양냉면, 대동강 숭어국 등
- 황해도: 김치밥, 해주비빔밥, 호박김치, 연안식해(일종의 젓갈), 고수김치, 김고추
  장구이, 무설기떡, 오쟁이떡, 닭알떡 등
- 평안도: 초계탕, 올챙이국수, 찰강냉이떡 등
- 함경도: 가자미식해, 회령단고기국, 영계찜, 함흥감자농마국수, 기장밥, 영채김
  치 등
- 자강도: 느릅쟁이국수, 뱀장어구이, 강냉이설기떡 등
- 량강도: 감자찰떡/감자지짐/감자밥, 들쭉단묵, 참나물김치 등
- 강원도: 총떡, 금강잣죽, 해삼탕, 감자송편 등
- 개성시: 개성편수, 추어탕, 약밥, 토란국, 보쌈김치 등
- 남포시: 굴밥, 두부조개탕, 참게절임 등

북한의 외식문화

북한에는 전문 음식점을 비롯해 길거리 음식, 시장 음식점, 국가가 운영하는 국영식당, 합의제 식당, 고급식당 등에서 외식을 한다.

고급식당은 외화로 지불하는 호텔식당, '종합봉사시설'인 '해당화관' 등이 있다. '평양면옥', '옥류관', '압록각' 등의 국영식당은 가격이 비교적 저렴하지만, 판매량을 제한하고 있으며, 고급식당과 마찬가지로 평양에 집중되어 있어 일반 주민들이 이용하기 쉽지 않다.

최근 생겨난 합의제 식당은 식당을 운영하는 기관에서 메뉴와 가격을 인민위원회에 등록하고 영업하는 곳으로, 보다 다양한 음식을 판매하고 도시 곳곳에 있어 북한 주민들이 이용하기 좋은 반면, 국영식당보다 가격이 비싸다.

국영식당이나 합의제 식당에 비해 북한 주민들 사이에서 대중화된 것은 길거리 음식이나 시장 음식이다. 대표적인 길거리 음식에는 두부밥, 김밥, 밀쌈 등이 있다.

북한의 향산호텔(상)과 양각도 국제호텔(하) 내 고급식당

외국음식

북한은 남한에 비해 전통 한식 비중이 높은 식문화이지만 관광지를 중심으로 피자, 햄버거 등 서양 음식을 비롯해 중국 음식, 일본 음식 등 외국음식을 파는 음식점들이 많아지고 있다. 최근에는 외국음식을 북한 주민의 입맛에 맞게 변형한 김치뻬짜(김치피자), 쑥갓뻬짜(쑥갓피자) 등의 요리들이 나타나고 있다. 그

북한 길거리 음식

북한 서양식 레스토랑의 스파게티

러나 외국음식점이 일부 대도시 지역에 국한되어 있고, 가격도 낮지 않아 모든 북한 주민들이 일상적으로 이용하기는 어렵다.

기호식품

음식문화의 변화는 기호식품에도 나타난다. 기호식품이란 맛과 향기를 즐기기 위하여 먹는 식품을 총칭하는 말로, 일반적으로 필수 영양소 섭취 외에 먹는 음료, 간식 등을 지칭한다.

최근 등장한 대표적인 북한의 기호식품은 다음과 같다.

첫째, 다양한 맥주를 꼽을 수 있다. 북한은 이미 자체적으로 맥주를 제조하고 있으며, 최근 북한에서는 퇴근길이나 저녁 식사 시간에 맥주를 즐기는 문화가 생겨났다. 대표적인 맥주 브랜드는 대동강 맥주로, 쌀맥주, 보리맥주, 흑맥주 등 다양한 제조법을 활용해 초콜릿맛, 커피맛 맥주 등 7가지 맛을 출시하였다.

둘째, 젊은 세대를 중심으로 커피와 차 등을 즐기는 문화가 확대되고 있다.

북한의 카페에는 더치커피는 물론 아메리카노, 에스프레소, 카푸치노, 비엔나커피도 판매된다. 뿐만 아니라 일상에서도 봉지커피, 고뿌커피 등을 통해 쉽게 인스턴트 커피를 즐길 수 있다. 이와 더불어 북한식 탄산음료(탄산단물), 각종 차 등도 즐기고 있다.

셋째, 과자도 점점 그 종류가 다양해졌으며, 남한 과자와 유사한 모양의 과자들도 출시되고 있다. 아이스크림은 과거 '얼음보숭이'로 불렸으나, 최근에는 '아이스크림'이나 '에스키모'라는 이름으로 판매되고 있으며, 그 밖에 어린이들을 위한 '단묵(젤리)'도 있다.

기호식품의 다양화(시계 방향으로 북한의 맥주, 다양한 기호품을 팔고 있는 노점상, 평양의 라운지바)

3) 북한의 패션

북한 여성의 사회주의 복식과 김정은 위원장이 입은 북한 남성의 인민복

북한의 복식

초상 휘장: 북한 주민들은 김일성, 김정일, 또는 두 사람 모두의 얼굴이 그려진 초상 휘장을 의무적으로 왼쪽 가슴 위에 부착해야 한다.

북한의 의복은 '천리마시대와 사회주의 생활양식'이라는 명분으로 획일화되어 남자는 인민복을 입고 여성은 흰저고리에 검정 통치마 한복을 입는 것이 일반적이었다. 그러나 1970년대 후반에 이르러 블라우스, 점퍼, 스커트 등 양장이 등장하기 시작했으며, 특히 외국인과 해외 교포의 왕래가 많은 평양, 원산, 청진 등의 대도시 주민들이 양장옷을 많이 입었다. 1980년대에는 당 기관지와 매체에 패션 기사들이 게재되기 시작하면서 유행이 만들어지기도 했다. 1990년대 들어와서는 그 영역이 머리 모양과 화장법에까지 확대되었다.

의복 공급과 구매방식

북한에서 의복은 배급체계 붕괴 이전까지는 식량과 마찬가지로 당국에서 배급되었다. 대부분의 북한 주민들이 인민반에서 공급카드를 발급받은 뒤, 공급카드를 활용하여 상점에서 옷감과 의복을 국정가격으로 구매하였다. 과거에는 의복도 급수에 따라 차별 배급했는데, 중앙공급 대상자는 고급모직물을 배급 받는다. 특히 예술가와 기자, 교원 등 특수집단과 당 및 내각의 간부들에게는 좋은 옷감과 의복을 공급하였다. 급수가 낮을수록 반 모직이나 질이 나쁜 옷감을 받는다. 털모자, 면장갑, 셔츠, 블라우스, 스타킹, 운동화 등 보조 의복들은 공급대상 품목이 아닌 자유 판매품이므로 개인이 구입한다.

1990년대 경제난 이후, 의복 공급은 식량 배급보다 먼저 중단되었다. 북한 주민들은 점차 개인이 의복을 개별적으로 구입하는 것에 익숙해졌다.

다만 학생복(교복)은 아직도 배급을 준다. 예전에는 2년에 한 벌씩 무상으로 공급했지만 최근에는 국정가격으로 공급한다. 하지만 공급 물량이 부족한 경우도 있어 학생복 역시 장마당에서 구입하기도 한다.

북한에도 패션쇼가 있다

북한의 패션쇼는 '조선옷 품평회'라고 부른다. 패션쇼에 나온 옷들은 번호를 붙여 놓는데 이것은 일종의 품번으로, 쇼에 참석했던 도·소매상들이 원하는 옷을 주문할 수 있도록 하기 위함이다.

다양한 스타일의 옷을 입고 있는 평양 시민들

과학기술

> "일심단결과 불패의 군력(군사력)에 새 세기 산업혁명을 더하면
> 그것은 곧 사회주의 강성국가이다.
> 우리는 새 세기 산업혁명의 불길, 함남의 불길을 더욱 세차게 지펴 올려
> 경제강국을 전면적으로 건설하는 길에 들어서야 할 것이다."
> 「조선중앙통신」 2012년 4월 15일.

북한은 1990년대부터 '과학의 해'를 지정하고 4차례의 '과학기술발전 5개년 계획'을 수립하는 등의 '과학기술중시' 정책을 추진해왔다. 김정은 위원장 역시 집권 초기부터 '지식경제'와 '전인민의 과학기술 인재화'를 강조하며 사회주의 계획경제에서 지식경제로의 전환을 추구하고 있다. 위 연설문은 김정은 위원장이 집권 초기인 2012년 4월 15일 김일성 주석 탄생 100주년 경축 열병식에서 했던 연설로, 국가 경제 발전 전략의 핵심이 '과학기술'에 있음을 강조한다.

연설문 속에 나오는 '새 세기 산업혁명'은 북한식 4차 산업혁명으로 알려져 있다. 북한은 공식적으로 4차 산업혁명이라는 용어를 사용하지는 않지만, 새 세기 산업혁명을 모든 부문, 모든 단위에서 시대적 변화와 사회주의 혁명의

요구에 맞게 경제와 과학기술문제를 풀어나가는 북한식 투쟁방식, 창조방식으로 규정하면서 4차 산업혁명이라는 기술 변화의 흐름에 대응하고 있다.

북한식 새 세기 산업혁명의 특징은 '온 나라 CNC화' 정책을 통해 전개되고 있다는 점이다. CNC는 Computerized Numerical Control의 약자로, 컴퓨터수치제어 기술을 의미한다. 즉, 컴퓨팅 기술을 기계에 결합한 지능화 공작기계를 통해 제조 정밀도를 높이고, 이를 전 산업 분야에 적용, 확산하는 전략이다.

1) IT 기술

컴퓨터 기술

북한은 1960년대부터 자체적으로 컴퓨터 기술 개발을 위한 노력을 시작했다. 60년대 말 아날로그 컴퓨터 '전진-5500'의 개발을 시작으로 70년대 말에는 제2세대 컴퓨터인 '용남산 1호'를, 1982년 8비트 컴퓨터 '봉화 4-1'을 개발하였다. 1990년대부터는 소프트웨어를 개발하기 시작하였고, 2000년대부터는 IT 인재를 집중적으로 양성하는 한편, 자체 컴퓨터 운영체제 개발을 시작하였다. 이처럼 북한은 하드웨어와 소프트웨어 등 컴퓨터 기술 전 분야에서 자체 개발을 위해 노력하고 있다.

북한 평양기술총회사 판형컴퓨터 '울림'

자체 소프트웨어

북한은 1990년대부터 소프트웨어를 본격적으로 개발하기 시작하면서 관련 기관으로 조선콤퓨터센터(KCC)와 평양정보센터(PIC)를 설립하였다. 2000년대 후반부

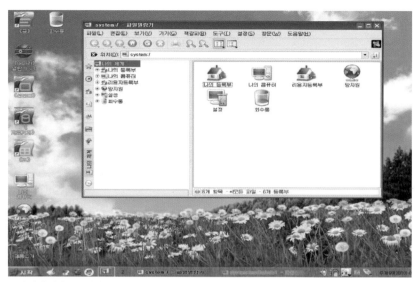
북한 자체 개발 운영체제 '붉은별'

터는 자체 컴퓨터 운영체제(우리식 조작체계) 개발을 시작해 그 성과로 2006년 '붉은 별(red star)'을 개발하고 2013년부터는 '붉은 별 3.0'을 개발 및 활용하고 있다.

2) 통신기술

유무선 통신

북한의 유선(시내, 시외, 국제) 통신은 지역의 각 전신전화관리국 및 체신소가 관리하고 있다. 개인이 유선전화기를 집에 설치하는 경우에는 당 보위부에 신고하고 허락을 받은 이후 전화 설치가 가능하다. 최근에는 무선기술을 활용한 휴대전화 사용 비율이 증가하면서 유선전화에 대한 수요가 계속 줄어들고 있다.

북한의 지역번호

북한에도 지역번호가 있다. 평양은 02로 서울과 같고, 평성 031, 남포 039, 사리원 041, 해주 045, 개성 049, 함흥 053, 신의주 062, 남포 039, 강계 067, 청진 073, 혜산 079, 원산 0657 등이다.

북한의 휴대전화는 2008년부터 이집트 회사 오라스콤과 합작으로 개발, 보급되기 시작했다. 따라서 북한 내 휴대전화 사용은 합법이며, 인터넷을 제외하고 통화, 문자 서비스 이용, 사진, 영상통화, 음악, 동영상 재생 등도 공식적으로 허용되는 행위이다. 다만, 북한의 휴대전화 관련 용어는 남한과 다르다.

남북한 휴대전화 용어 비교

남한	북한
휴대전화	손전화, 서우지[1], 따그다
문자	통보문
카메라	사진기
음성녹음	록음기
메모리	기억기
메뉴	차림표
게임	유희
동영상	비디오
멀티미디어	다매체
U-SIM칩	기억카드, 씸카드

1) 손기계를 뜻하는 중국어 手机(쇼우지)의 북한식 발음

북한 스마트폰 아리랑 화면

북한에서도 컴퓨터 교육을 할까?

김정은 위원장은 집권 이후 여러 차례 교육 발전과 인재강국의 중요성을 강조했습니다. 특히 '전민과학기술인재화'는 교육혁명을 이루기 위한 목표 중 하나입니다. 아울러 김정은 위원장은 교육조건과 환경 개선의 중요성을 강조해 왔는데, 여기에는 컴퓨터, 프로젝트, 텔레비전과 같은 과학기술 장비들도 포함됩니다.

　이렇듯 김정은 시대 북한교육에서 교육조건 및 환경의 현대화와 정보화는 교육 시설을 다기능화하는 것으로 표현되고 있습니다. 다기능화된 교실의 기준은 교실에 설치된 기자재의 종류에 따라 낮은급, 중간급, 높은급의 3단계로 나누어 컴퓨터, 텔레비전, 다기능직관물투시기 등의 설치를 기본으로 합니다. 이 밖에도 컴퓨터망 구축, 투영기, 전자칠판, 카메라 등 기자재를 많이 갖출수록 높은급으로 인정하고 있습니다.

　그렇다면 실제 북한의 학교에서는 과학기술 교육이 어떻게 이루어질까요?

　실제 북한 학교 내 과학기술교육이 일반화, 전면화되었다고 평가하기는 어렵습니다.

　평양에서는 학교 내 컴퓨터 교육, 원격교육 등이 원활하게 이루어지는 반면, 일부 지역은 학부모와 학생, 지역 기관이 과학기술 기자재를 후원하는 경우도 있다고 합니다. 또 학교에 컴퓨터실이 따로 있는 지역들도 있는데, 컴퓨터가 제대로 작동하지 않아 학생들이 각자 무리해서라도 자신의 노트북을 준비해서 컴퓨터 교육 등에 활용하기도 합니다.

　교육 내용은 주로 국가망(인트라넷) 활용법, 타자연습 등 컴퓨터 활용법을 배운다고 합니다.

평양 인민대학습당에서 컴퓨터 교육을 받고 있는 학생들

북한의 이동통신 서비스는 소수의 권력층에게만 허용될 것이라는 기존 예상과는 달리 2020년 기준 휴대전화 가입자 수가 400만 명~600만 명으로 추산되고 있다.

북한 전자상점(온라인 쇼핑몰) 만물상
* 출처: NK경제

김책공업종합대학 원격교육대학 강의모습
* 출처: NK경제

3D/4D 영화(입체율동영화)를 관람하는 북한 주민들
* 출처:연합뉴스

온라인 통신

북한은 인터넷이 불가능한 대신 인트라넷 '광명'을 구축하였으며, 자체 웹브라우저 '내나라 열람기'를 개발·보급하고 있다. 단, 외국인들은 '고려망'을 통해 인터넷을 사용할 수 있다.

온라인 기술을 활용하는 대표적인 예는 온라인 쇼핑몰을 들 수 있다. 북한이 선전하는 전자상점 '만물상'은 다양한 온라인 쇼핑몰들을 한 곳에 모아놓은 사이트로, 공산품, 식료품 주문/배송뿐만 아니라 이미용, 결혼서비스 예약까지 가능하다. 또한 전자상점 이용이나 간편 결제를 위해 온라인 전자결제 시스템을 활용한다. 북한 주민들이 현금을 은행에 예금하면 휴대전화 또는 카드를 통해 전자거래를 할 수 있는 시스템이다. 다만, 북한에서 전자상점을 통해 재화와 서비스를 구매하려면 휴대전화나 컴퓨터가 있어야 하고, 구매력을 갖추어야 한다는 점에서 모든 북한 주민들이 활용할 수 있는 것은 아니다.

온라인 활용은 교육에서도 강조되고 있다. 북한은 '일하면서 배우는' 일꾼을 기르기 위한 노력의 일환으로 '원격교육'을 시행, 확대하고 있다. 김정은 시기에 들어와서는 본격적으로 컴퓨터를 활용한 원격교육을 진행, 수백 개의 대학에 원격교육 인프라를 확장하여 전국의 공장, 기업소, 기관 일꾼들이 언제 어디서든 원격교육체계에 접근할 수 있도록 지원한다.

이 밖에도 인공지능(AI), 증강현실(AR), 가상현실 (VR), 사물인터넷(IoT), 빅데이터 등의 기술을 개발하는 데에 힘을 쏟고 있다. 예를 들어 3D/4D 기술을 활용한 북한의 입체율동영화가 당 간부 가족들, 어린아이들과 학생들에게 인기가 많다. 그러나 1편에 25위안 정도 되는 높은 가격으로 인해 부유층이 아니면 즐기기 어렵다.

북한의 ICT

앞에서 살펴본 컴퓨터 기술과 통신 기술 등은 ICT로 통칭할 수 있다. ICT는 Information and Communications Technologies의 약자로 정보통신기술을 가리키는 말이다. 북한의 ICT기술 실태는 이동통신, 통신기기, 인터넷, 전자상거래, 소프트웨어, 인공지능 등으로 나누어서 살펴볼 수 있다.

북한은 ICT 기술을 통한 '단번 도약'을 추구하고 있는데, '단번도약'은 여러 단계를 한 번에 뛰어넘는 의미하는 단어로 낙후된 제조업 산업 기반을 뛰어넘어 ICT 기반 지식경제를 활성화 한다는 것이다.

북한의 ICT 변화상

이동통신	400만 명이 휴대전화 사용, 3G, 고려링크, U심카드
통신기기	자체 기술력 스마트폰, 태블릿 개발 보급
인터넷	ISP서비스 실시, KP도메인
전자상거래	온라인 장마당(전자상업홈페이지), 카드결제
소프트웨어	붉은별 OS기반, 다양한 프로그램
인공지능	얼굴식별, 음성인식, 기계번역기술

* 출처: 한국경제문화연구원, "북한식 4차 산업혁명④ 새 세기 산업혁명 열풍," (2019년 3월 21일), http://www.keci.co.kr/web/?m=bbs&uid=1263

3) 북한 과학기술과 주민의식 변화

북한에서 보는 남한 문화

북한 내 남한 문화의 유입은 과학기술의 발달과도 밀접한 관계가 있다. 남한의 대중문화는 주로 북중 접경 지역에서 '밀수'로 유입되어 CD와 DVD, SD카드 등의 형태로 시장에서 거래되는데 노트북 컴퓨터와 컬러 TV, 재생기만 있으면 얼마든지 시청이 가능하다. 특히 중국제와 북한제 노트텔이 가장 대표적인 영상 재생 기계이다.

남조선 날라리풍?

북한에서 남한 문화는 '남조선 날라리풍', '자본주의 황색 바람'이라고 부른다.

남한 대중문화는 시청과 청취는 물론 언급도 엄격히 금지되었으나, 최근에는 디지털 매체의 발달과 중국의 북한 시장 진출로 단속을 쉽게 피할 수 있어서 남한 문화가 더 빠르게 확산되고 있다. 남한에서 드라마가 종영된 뒤 1주일 정도만 지나면 복제되어 거래된다.

남한 드라마, '도깨비', '별에서 온 그대', '해를 품은 달', '태양의 후예', 영화 '암살', '내부자들', '국제시장' 같은 작품들은 북한에서도 인기가 많다고 한다. 예능 프로그램의 시청률도 높아져서 '삼시세끼', '꽃보다 할배', '1박2일', '무한도전' 같은 프로그램도 즐겨 보고, 북한 청소년들은 방탄소년단의 음악과 퍼포먼스를 즐긴다.

북한 주민들의 의식 변화

정보통신기술을 통해 외부 정보를 접한 북한 주민들의 의식 변화는 첫째, 외부 사회에 대한 호기심의 증대로 나타나고, 둘째, 의식의 변화가 생활태도에 대한 변화로 이어지고 있다는 특징을 보인다. 하지만 북한 내 통제로 인해 외부 정보를 주변 사람들에게 말하거나 전하는 행동은 매우 제한된다. 일부 북한이탈주민들의 경우, 외부 정보를 접한 경험이 탈북의 촉매가 되었다고 밝히기도 한다.

북한 당국의 감시와 통제

'과학기술 발전'과 '의식 변화'는 동전의 양면과 같아서 북한 당국은 보안서, 보위부, 109연합지휘부(상무), 108호 상무, 71국, 시에서 조직하는 '비사회주의 그루빠' 등을 통해 수시로 컴퓨터, 휴대전화 등에 대한 단속과 검열을 실시한다.

여가생활

1) 북한의 여가생활

북한에서 여가의 개념은 노동활동을 제외한 모든 활동을 의미한다. 실제로 북한 주민들은 공적 활동을 제외한 사적 영역에서 휴가 등의 시간을 활용하여, 여러 가지 놀이문화 또는 취미생활을 통해 여가를 즐긴다. 최근에는 다양한 문화시설 및 여가시설이 생겨나면서 북한 주민들의 여가활동이 더욱 다양해지고 있다.

전통 민속놀이

북한은 과거부터 전해져오는 민속놀이를 지금까지도 놀이문화로 권장하고 있다. 민속놀이는 건전한 취미활동이 될 수 있으며, 인민성과 집단적 정서를 함양할 수 있기 때문이다.

　1950년대까지는 그네, 널뛰기, 윷놀이 등이 대표적인 전통 민속놀이로 성행하다가 1960년대 이후부터는 농악, 널뛰기 등을 즐겼고, 그네와 활쏘기는 민속체육 종목으로 채택되었다.

북한에서는 민속놀이를 가무놀이, 경기놀이, 겨루기놀이, 아동놀이로 나누어볼 수 있는데, 가무놀이는 농악과 탈놀이, 쾌지나 칭칭나네, 꼭두각시 놀음을 뜻하고, 경기놀이는 그네뛰기, 널뛰기, 씨름, 줄다리기, 제기차기 등을 말한다. 또 겨루기놀이는 윷놀이, 장기, 고수, 람승도놀이 등을, 아동놀이는 연날리기, 팽이치기, 썰매타기, 숨바꼭질, 자치기, 줄넘기 등을 의미한다.

북한 놀이문화

생활체육도 북한의 주요 놀이 중 하나이다. 북한 주민들은 축구, 배구, 탁구, 농구, 철봉, 육상, 체조 등 다양한 스포츠를 즐기고 있으며, 북한 당국은 개인의 여가생활에도 개입하여 집단주의적 사회주의를 강조할 수 있는 운동을 권

북한에는 야구가 없다?

한국전쟁 이후, 북한 당국은 야구를 자본주의 스포츠로 규정하여 폐지하였다. 야구가 사라진 배경에는 경제상황도 있다. 야구는 공만 있으면 되는 축구, 배구, 농구 등에 비해 배트, 글러브, 공 등 다양한 장비를 필요로 하기 때문이다.

노동절(5월 1일) 체육회에 참여한 북한 주민들

야유회를 즐기는 북한 주민들

장해왔다.

북한의 생활체육은 '하나는 전체를 위하여, 전체는 하나를 위하여'라는 집단주의 원칙에 기반을 두고 단결과 충성심을 높이는 수단으로 권장되고 있다. 대표적인 집단 체육활동은 직장인 체육회를 들 수 있다. 직장인 체육회는 여가시간인 노동절(5월 1일)이나 북한 정권 창건일(9월 9일), 조국 해방의 날(8월 15)일 등에 개최되는 것이 일반적이다. 이러한 맥락에서 직장인 체육회는 북한 당국이 북한 주민들의 여가를 체육교육의 일환으로 활용하는 것으로 볼 수 있다.

북한 주민들이 즐기는 대표적인 집단 여가활동에는 천렵이 있다. 천렵은 주로 친구나 직장 동료, 마을 주민들과 함께 차를 빌려 단체로 교외나 강가로 야유회를 가는 것을 의미한다. 북한 주민들은 날씨가 좋은 봄, 가을에 야외로 나가 강가에서 고기를 잡거나 술과 음식을 나눠 먹으며 춤과 노래를 즐긴다.

최근 북한에서는 시장화와 경제발전과 함께 각종 개인 서비스업이 발전하면서, 북한 주민들의 놀이문화가 매우 다양해졌다. 일반 서민들은 주로 거리나 공원을 산책하거나 영화관람, 카드놀이(주패) 등을 즐긴다. 친구와 가족, 연인들은 음식점이나 맥줏집에서 시간을 보내기도 한다.

북한 주민의 여가시설

김정은 정권은 위락시설과 유희시설 등 다양한 여가시설을 건설하고 있다. 대표적인 시설로는 평양만경대유희장, 능라인민유원지, 미림승마구락부, 문수물놀이장, 마식령스키장 등이 있으며, 전국에 공원, 물놀이장, 위락시설 등을 증축 및 건설하고 있다. 아울러 돈주(북한 신흥자본가)들이 투자한 놀이시설, 봉사시설, 문화공간 등의 사설 공간이 증가하고 있다. 이러한 시설에는 맥줏집, 식당, 탁구장, 당구장, 롤러스케이트장, 수영장, 영화관, 오락장 등을 들 수 있다.

'종합봉사시설'인 해당화관은 류경원, 롤러스케이트장, 동평양대극장 등 문화시설이 밀집되어 있는 평양시 동대원구역에 위치해 있는 지하 1층, 지상 6층 건물의 종합시설로, 연건축면적 1만 7,700㎡ 규모이다. 내각의 해당화봉사관리소에서 운영하는 이 시설은 2013년에 김정은 위원장이 시찰을 하기도 했다. 1층과 2층은 식당가, 상점, 연회장 등으로 구성되었고, 식당에서는 200여 가지 한식과 외국요리를 판매한다. 식당 이외에도 3층에는 목욕탕과 수영장, 4층에는 한증막, 한증방(찜질방), 휴게실, 청량음료 코너, 체력단련실, 탁구장, 당구장, 미용실, 안마실, 미안실(피부미용실), 5층에는 요리전문도서관, 요리와 관련된 전자도서열람실, 요리실습실, 6층에는 24시간 영업하는 커피숍이 운영되고 있다. 달러를 사용하는 이곳 식당에서 갖추어진 식사를 하려면 1인당 300달러 정도의 비용이 들기 때문에 주로 사업상 사람을 만나거나 연줄을 이용한 청탁을 할 때 이용한다고 한다. 평양시 중심가에는 해당화관과 비슷한 형태의 여러 층짜리 복합위락시설이 많이 운영되고 있다. 탈북민들의 증언에 의하면, 민성센터, 금별센터, 인봉센터 등의 이름을 가진 복합위락시설은 2000년대 중후반부터 생겨나기 시작해서 김정은 집권 초기에 급격히 늘어났다.

평양시 인민극장과 김일성광장에서 인라인스케이트를 타는 평양 시민들

2) 북한의 휴가

휴가철 문화

북한의 「사회주의노동법」에 따르면, 일반노동자와 사무원 대상 정기휴가는
연간 14일, 지하 및 유해직 근로자 대상 보충적 휴가는 정기휴가 14일 외에
7~21일, 임산부의 산전산후 휴가 240일, 부득이하게 특수한 사정이 있는 자
들을 대상으로 한 임시휴가가 있다.

원산 해수욕장 vs 평양 문수물놀이장

 북한에도 지역별로 휴가지가 있다. 특히 여름에는 여름 더위를 피하기 위해 가까운 동네 개울이나 하천에서 물놀이를 즐기며, 가까운 바닷가 해수욕장을 찾는다. 잘 알려진 해수욕장은 원산 송도원해수욕장, 함흥 마전해수욕장, 청진 청년공원해수욕장, 김책해수욕장 등이 있다. 일반 주민들은 부유층은 평양 만경대물유희장, 문수물놀이장 등 현대화된 물놀이장을 방문하기도 하는

주체사상탑을 찾은 북한 주민들

데 입장료가 비싸 일반 서민들이 이용하기는 어렵다.

명절과 국경일

명절 역시 휴가에 속한다. 다만 명절에는 명절의 전통 문화를 우선시하며, 남는 시간에 여가를 즐긴다. 예컨대 민족명절에는 차례를 지내거나 가족들과 명절음식을 즐기며, 일부 국가명절에는 단체로 주체사상탑을 방문하는데, 이후 남는 시간에는 개인적인 여가를 즐기기도 한다. 북한에서 명절은 국경일과 기념일 등 국가명절과 전통 민속명절 등을 포함하며, 국가명절을 민속명절보다 더 중시한다.

　민속명절에는 양력설(1.1), 음력설(음력 1.1), 청명절(4.5), 추석(음력 8.15)이 있으며, 국가명절에는 김정일 생일(2.16), 김일성 생일(4.15), 인민군 창건일(4.25), 국제노동절(5.1), 정전협정 체결일(7.27), 해방기념일(8.15), 정권수립일(9.9), 노동당창건일(10.10) 등이다.

국가기념일의 별명

북한에서는 국가기념일을 부르는 명칭들이 있다. 김일성 생일(4.15)은 '태양절', 김정일 생일(2.16)은 '광명성절', 정권수립일(9.9)은 '구구절', 노동당창건일(10.10)은 '쌍십절'이라고 부른다.

학습 정리

❶ 북한 주민의 의식주는 보다 현대화되어가고 있으며, 동시에 신분에 따른 격차가 커지고 있다.

❷ 북한의 과학기술은 새 세기 산업혁명의 기치 아래 CNC와 ICT기술을 중심으로 발전하고 있다.

❸ 북한 주민들의 여가생활은 당국의 통제하에 집단주의적으로 이루어지고 있으며, 최근에는 최신 시설들을 활용한 여가문화가 형성되고 있다.

추천문헌 ─────────────────────────────

김병로, 『북한, 조선으로 다시 읽다』 서울: 서울대학교출판문화원, 2016.

니콜라스 보너, 『Made in North Korea』 서울: A9Press, 2018.

닉 오재, 『컬러풀 오더』 성남: 여름의숲, 2018.

북한연구학회, 『북한의 새인식5: 북한의 사회』 서울: 경인문화사, 2006.

진천규, 『평양의 시간은 서울의 시간과 함께 흐른다』 성남: 타커스, 2018.

We are Social, Hoot Suit, "Digital 2020: Gloabal Digital Overview," UIC, 2019.

참고자료 ─────────────────────────────

김봉식, "북한 유무선 통신서비스 현황 및 시사점," 『초점』 제29권 10호, 2017.

김종선, "북한의 IT하드웨어소프트웨어 개발 동향 및 수준," 북한연구학회·과학기술정책연구원 공동학술회의(2015년 5월26일).

나영일, 현주, "북한의 체육 및 여가활동의 변화에 관한 연구: 단천 지역을 중심으로," 『한국체육사학회지』 제18권 2호, 2013.

이무철 외, "북한 분야별 실태 평가 및 변화 가능성 전망," 『경제인문사회연구회 협동연구총서』 19-15-01, 2019.

임을출, "북한의 4차 산업혁명 : 대응전략, 추진방식과 성과," 『동아연구』 제38권 2호, 2019.

한반도와
국제정치

학습 목표

❶ 한반도를 둘러싼 지정학적 특성을 이해

❷ 남북 분단의 국제정치적 기원과 해결방향에 대한 탐구

❸ 한반도 평화와 통일을 위한 국제적 필요조건에 대해 이해

열쇠말

냉전, 한반도와 지정학, 북한 핵문제, 평화체제

01

한반도,
마지막 냉전의 섬

1) 20세기 냉전과 한반도

2차 대전 종전과 새로운 전쟁

한반도는 유라시아대륙과 태평양을 연결하는 이름이다. 만약 통일국가가 한반도에 건설되어 있다면 한반도는 제 이름과 몫을 다하는 공간으로 역할을 하고 있을 것이다. 하지만 2차 대전 종전과 함께 한반도는 남북한으로 갈라져 있다.

1945년 8월 15일 일본이 연합국에 무조건 항복을 선언하면서 2차 대전은 끝이 났고 우리도 일제강점기에서 벗어날 수 있었다. 이미 2차 대전 중 미국, 영국, 소련, 중국 열강들은 한반도와 패전국 식민지의 독립에 대해 카이로회담(1943년 11월), 얄타회담(1945년 2월), 포츠담회담(1945년 7월)을 통해 논의했고, 이 회담에서 참가국들은 한반도를 적절한 시기에 독립시킬 것을 확인하였다. 하지만 전후 우리는 전승국의 지위를 얻지 못했고 한반도는 미소 열강의 지정학적 각축장이 되었다.

1945년 8월 9일 소련군은 북한 지역에 진출하였고, 같은 해 9월 8일 미군은 남한 지역에 진출하였다. 미국은 소련의 단독점령을 막고 한반도에 남아 있는 일본군의 무장해제를 위해 38도선의 분할진주를 소련에 제의하였다. 소련이 이에 동의하면서 한반도는 미소의 영향력 아래 남북으로 갈라지게 된다.

남한 지역에 진출한 미군은 군정을 선포하고 직접통치를 하면서 자유민주주의 체제의 대한민국 정부 수립을 후원했다. 북한 지역에 진출한 소련군도 군정을 실시하면서 토지개혁과 산업국유화 조치를 단행하고, 김일성 세력을 중심으로 한 공산주의 정권 수립을 지원하였다.

결과적으로 한반도는 2차 대전 이전의 일제강점기부터 내재된 우리 내부의 이념 및 계급갈등과 함께 전후 한반도를 둘러싼 미소 열강의 대립 구조가 더해져 분단의 과정을 거치게 된다. 이후 6.25전쟁을 겪으며 분단은 고착화 되었고, 미소 냉전기의 대립 속에서 한반도는 진영갈등과 체제경쟁의 최전선이 되었다.

냉전기의 남북관계

냉전은 2차 대전 이후 국제질서에서 우위를 점하려는 미국과 소련의 경쟁을 일컫는 용어로서 초기에는 유럽에서 벌어진 경쟁을 주로 묘사하는 것이었으나 1949년의 중화인민공화국의 수립 및 남북한 분단과 함께 전 세계적인 의미로 확장되었다.

남북한 분단은 세계적인 냉전체제의 한반도 지역화로도 이해할 수 있으며 1960년대까지 남북한은 공식적인 대화조차 없는 대결의 시대를 겪는다. 1970년대 초 미중 데탕트와 국제적인 해빙 무드 속에서 남북한도 분단 이후 최초로 공식 대화를 시작한다. 1971년 남북 적십자 회담을 시작으로 1972년에는 7·4남북공동성명도 발표한다. 하지만 1976년 판문점 도끼 만행 사건 등 북한의 도발과 남북한 긴장은 계속 반복됐다.

1980년대에 들어서도 미얀마 아웅산 묘소 폭파 사건(1983년), KAL기 폭파 사건(1987년) 등 북한의 테러가 있었다. 국제적으로도 1980년 모스크바 올림픽, 1984년 로스앤젤레스 올림픽에 자유진영과 공산진영의 일부 국가들이 불참하는 등 냉전기의 갈등도 여전했다. 그러나 이전과 달리 미소 간에는 전략

냉전기의 남북관계를 묘사한 한반도 지도

무기감축협정 등 대화노력도 병행되었고, 남북 간에도 각기 통일방안의 발표
(북한 1980년 고려민주연방공화국통일방안, 남한 1989년 한민족공동체통일방안)와 이
산가족 상봉을 위한 적십자대화가 진행되었다.

　냉전기의 남북관계는 대화 없는 대결의 시대에서 대화 있는 대결의 시대로
점차 이행한 것이다.

최초의 이산가족 상봉

1985년 남북적십자회담을 통해 분단 이후 최초로 이산가족 상봉이 합의되었고, 같은 해 9월 20일부터 23일까지 이산가족 고향방문 및 예술공연단이 서울과 평양을 동시 교환방문했다.

2) 미소 냉전의 종결과 한반도

미소 냉전의 종결

1989년 11월 베를린장벽이 무너지고 그해 겨울 몰타에서는 부시 미국 대통령과 고르바초프 소련 공산당 서기장이 만나 냉전의 종식을 선언했다. 2차 대전 이후 세계질서의 키워드였던 냉전이 공식적으로 해체되는 순간이었다.

냉전종식의 주인공인 부시 대통령과 고르바초프 서기장

이후 동서독은 통일 과정에 들어갔고, 유럽의 사회주의 동구권은 체제전환의 과정에 접어들었다. 1991년 12월 26일 소련은 마침내 해체를 결의했고 냉전질서는 종언을 고했다.

같은 시기 한반도에서도 남북한은 새로운 질서를 맞아 새로운 관계를 모색해나갔다. 1990년대 남북한은 총리를 수석대표로 하는 고위급회담을 수차례 개최하여 1991년 12월 13일 「남과 북 사이의 화해와 불가침 및 교류협력에 관한 합의서」(남북기본합의서)를 채택한다.

데탕트란?

데탕트(détente)는 '긴장완화', '휴식'을 의미하는 불어로 냉전 시기 프랑스 드골 대통령의 대소련 관계개선, 미국의 대중국·소련 긴장완화 정책을 일컬으며 널리 사용되기 시작한 국제정치 용어이다.

한국의 북방정책과 남북관계

「남북기본합의서」 채택은 남북관계와 대화 발전의 시금석이 된 중요한 계기로서 1990년대 우리가 집중적으로 추진했던 북방정책의 한 결실이기도 했다. 냉전이 해체되던 1980년대 말부터 우리 정부는 북방정책을 추진하여 소련 및 중국과 수교하고 동구권 외교를 확대해나갔다.

사회주의 동구권 몰락으로 인해 외교적 고립에 빠져 있던 북한도 남북대화를 통한 돌파구를 모색했고 이는 1991년의 「남북기본합의서」, 1992년의 「한반도 비핵화 공동선언」이 채택되는 배경이 되었다.

한편, 분단 이후 최초의 남북 단일팀이 1991년 일본 지바에서 열린 세계탁구선수권대회에 참가하여 단체전 우승을 거두기도 했다. 이를 계기로 한반도기와 아리랑이 세계 스포츠계에 본격적으로 알려지기 시작했다. 냉전의 해체와 함께 남북한 관계도 해빙무드를 맞았다.

한국-중국 수교 조인식(1992)
* 출처: 연합뉴스

　하지만 1990년대 초반 남북관계와 한반도는 북한의 핵개발 시도와 함께 화해와 갈등이 교차하는 국면을 맞이하게 된다. 1993년 북한이 「핵확산방지조약(NPT)」 탈퇴선언을 하면서 이른바 제1차 북핵 위기가 본격화됐다. 이어 1994년 남북대화 중 불거진 북측 대표의 '서울불바다' 발언, 1996년의 북한의 강릉 잠수함 침투사건 등 갈등국면이 지속되었다.

　하지만 이런 국면에서도 1994년 북미 제네바합의에 따른 한반도에너지개발기구(KEDO)의 대북 경수로 건설사업도 진행되고, 1995년에는 우리 정부의 대북 인도적 쌀 지원이 최초로 진행되는 등 협력과 갈등의 관계는 지속되었다. 이 시기 북한은 외교적 고립을 근본적으로 탈피하지 못했고 핵개발도 포기하지 못한채 21세기로 들어서고 있었다.

　1998년 국민의정부 출범 이후 햇볕정책이 시작되면서 북한 핵문제 해결을 위한 4자회담과 분단 이후 최초의 역사적인 남북정상회담(2000년)이 열리는가 하면, 미국 조지 W. 부시 행정부의 대북 압박정책과 제2차 북핵 위기(2002년)가 불거지는 등 남북관계와 한반도를 둘러싸고 훈풍과 역풍이 계속 교차했다.

3) 미중 대결과 한반도

중국의 부상

냉전 해체 이후 2000년대에 이르기까지 동북아는 물론 세계적으로 중요한 변수는 바로 중국의 부상이었다. 1978년 덩샤오핑이 실권을 장악하고 중국은 개혁개방을 선포했다. 1989년 천안문 사태로 잠시 주춤하기는 했지만 1992년 덩샤오핑이 남순강화에 나서며 다시 개혁개방에 적극 나서기 시작한 중국은 연평균 10% 내외의 고도성장을 거듭하며 세계의 공장이자 시장으로 거듭났다.

2001년 WTO에 정식가입한 중국은 2007년에는 독일을 제치고 세계 3위, 2010년에는 일본을 제치고 세계 2위의 경제대국으로 올라섰다. 2014년에 IMF는 중국이 구매력평가기준(PPP, Purchasing Power Parity)으로 미국을 제치고 세계 1위의 경제대국이 되었다고 발표했다. PPP 기준이기는 하지만 미국이 경제력 평가기준에서 세계 2위로 내려앉은 것은 142년만의 일이었다.

21세기가 시작될 때 미국 경제의 10% 규모였던 중국은 2018년 GDP 기준으로 미국의 65% 수준까지 육박했다. 2018년부터 미국과 중국은 본격적인 무역전쟁에 돌입했고 전문가들은 이것이 단순 무역갈등이 아닌 패권경쟁의 서막이라고 진단하고 있다.

미중 대결의 장기화와 한반도

한반도에서도 미중의 경쟁은 본격화되고 있다. 2018년부터 남북정상회담을

미중 패권경쟁

시진핑 주석, 김정은 위원장, 바이든 대통령

비롯하여 한반도 주변국의 교차 정상회담이 한창인 가운데 2019년에는 시진핑 주석이 취임 이후 처음으로 북한을 방문하기도 했고 트럼프 대통령은 판문점에서 김정은 위원장과 회동을 가지기도 했다. 하지만 2020년 코로나19의 엄습으로 인해 북한은 비상방역체제, 미국은 자국 코로나 상황관리와 대선국면으로 접어들어 북미대화는 진척되지 못했다.

2021년 바이든 대통령 취임 이후에도 북한의 비핵화 협상 과정에서 한반도에 대한 영향력을 보다 확대하려는 미중의 외교적 노력은 앞으로도 계속될 것이며 우리는 변화하는 질서 속에서 남북관계의 진전과 우리의 평화와 국익을 최대한 확보할 수 있는 전략 구상에 최선을 다해야 할 때이다.

02

북핵 문제

1) 북한의 핵개발 동기

안전보장

1989년 프랑스 상업 위성사진에 북한의 영변 핵단지가 포착되면서 국제사회에 북한 핵의 존재가 본격적으로 알려지기 시작했다. 냉전의 해체와 사회주의권 몰락으로 체제 고립에 빠지기 시작한 북한으로서는 가장 강력한 방위수단인 핵무기 개발을 선택한 것으로 보인다.

자신들을 향한 외부로부터의 안보위협을 방지하면서도 내부의 체제결속을 다질 수 있는 수단으로서 핵무장은 대단히 유용하다. 전 세계 어느 나라나 가지고 있는 무기도 아니면서 개발에 있어 다른 전력보다는 상대적으로 막대한 비용이 들어가지 않는 핵무기는 북한식 표현대로 스스로

북한의 영변 원자력 연구소 전경

의 안전보장을 지키는 '핵보검' 역할을 해주고 있다. 북한에게 핵무기는 안보용이나, 협상용 중 한 가지에 머물지 않고 다양한 효용을 가지고 있는 안전보장의 핵심요소라고 보아야 할 것이다.

북한의 핵무기

원자력은 핵분열 반응을 천천히 일으켜 전력 등으로 이용하면 평화적인 에너지가 되고, 단번에 핵분열 반응을 압축시켜 파괴적 목적으로 사용하면 핵무기가 된다.

북한은 사용후 연료봉를 재처리해서 얻은 플루토늄을 사용해 플루토늄탄을, 천연 우라늄을 농축시켜 얻은 고농축 우라늄(HEU, Highly Enriched Uranium)을 사용해서 우라늄탄을 확보해 핵능력을 고도화하고 있다.

플루토늄탄은 원자로에서 우라늄연료봉을 연소시킨 후 나온 결과물인 사용후 연료봉을 재처리해서 얻은 플루토늄을 바탕으로 만들어진다. 북한은 과거 영변의 5MW 원자로에서 연료봉을 인출하여 재처리해서 38kg의 플루토늄을 추출했다고 2008년 중국 정부에 신고한 바 있다.

또한 북한은 1990년대 말부터 우라늄탄 제조도 계획했다. 북한은 파키스탄으로부터 들여온 원심분리기를 기초로 우라늄을 농축시켜 핵무기의 원료인 U235를 추출하고 있다. 원심분리기는 직경 20cm, 길이 1.5m에 불과한 소형장비이므로 다른 재래식 전력 개발보다는 시설 소요가 상대적으로 적은 편이다. 북한의 고농축우라늄 프로그램은 2002년 10월 미국의 켈리 국무부 차관보 방북을 계기로 불거진 바 있다.

2) 비핵화 입장차

비핵화의 주요 쟁점

주요 쟁점		지역	협상성격	선결과제	비핵화방법	대상범위
입장차	북한	한반도	핵군축	북미 신뢰구축	단계적합의	영변 핵단지
	국제사회	북한	북한비핵화	선비핵화조치	포괄적합의	영변 이상

지역: 한반도 비핵화와 북한 비핵화

북한 핵문제는 북한이 1993년 「핵확산방지조약(NPT)」 탈퇴를 선언하면서 본격화되었다. 북한의 비핵화를 위해 1994년 「제네바 합의」, 6자회담(2002~2008), 2005년 「9.19공동성명」, 2007년 「2.13합의」와 「10.3합의」, 2012년 「2.29합의」 등의 국제적 노력이 계속되었다. 하지만 비핵화의 지역적 범위와 내용, 방법에 있어 인식의 간극은 매우 큰 상황이다.

우선 지역적 범위에서 북한 비핵화와 한반도 비핵화가 맞서고 있다. 국제사회는 북한 지역의 비핵화에 방점을 두는 반면 북한은 주한미군의 전술핵무기 반입가능성과 한미동맹의 핵우산을 거론하며 한반도 전체의 비핵화를 염두에 두고 있다.

협상성격: 핵군축 vs 북한 비핵화

북한은 북미 간의 대등한 핵군축을 주장하는 반면 국제사회는 북한 지역의 비핵화로 협상성격을 인식하고 있다. 이미 스스로 핵무장을 선언한 북한은 동등한 입장에서 핵군축 협상을 진행하자는 입장인 반면 국제사회는 북한 핵개발의 불법성을 강조하며 북한 지역의 비핵화가 협상의 기본틀임을 강조하고 있다.

선결과제 및 북미 간 상호조건: 북미 신뢰구축 vs 선비핵화 조치

북한은 비핵화 과정에서 자신들의 안전보장 문제를 최우선 과제로 생각하고 있으며 이를 보장하기 위해 비핵화 여정 돌입 이전에 북미 간의 충분한 신뢰구축을 중요한 선결과제로 여기고 있다. 비핵화 협상과 이행 과정에서 북미 간의 신뢰가 없으면 불가침이나 지속적인 비핵화 과정의 이행이 어렵다고 보는 것이다. 반면 미국을 비롯한 국제사회는 국제기준에 입각한 북한의 우선적인 비핵화 조치가 선행되어야 비핵화 협상과 과정이 진전될 수 있다고 본다. 북한이 동창리나 풍계리 핵시설의 폐쇄와 같은 선행조치를 취했지만 이는 국제기준에 부합하지 않은 일방적인 임의조치이며 사찰과 검증이 수반되는 국제기준의 선비핵화 조치를 취해야 한다는 것이다.

비핵화 방법: 단계적합의·동시적 이행 vs 포괄적합의·단계적이행

북한은 비핵화의 방법에 있어 단계적·동시적 해결방안을 강조한다. 비핵화의 각 단계마다 이행조건과 방법을 합의하고 이를 합의주체들이 동시에 이행하며 비핵화를 진전시키자는 것이다. 반면 미국을 비롯한 국제사회는 비핵화에 대한 정의와 로드맵을 포괄적으로 합의하고 이를 이행하자는 안을 기본으로 내세우고 있다. 이에 대한 중재안으로 우리나라는 비핵화 로드맵에 대한 포괄적 합의와 로드맵의 단계별 이행을 확인하여 비핵화를 추진하자는 이른바 '포괄적합의·단계적 이행'안을 내세우고 있다.

대상범위: 영변 핵단지 vs 영변 이상

북한은 비핵화의 대상범위로 영변 핵단지를 내세우고 있는 반면 미국은 영변 이상을 내세우며 대립하고 있다. 2018년 평양공동선언 제5조 2항에서 '영변 핵시설 폐기'라는 기준선이 남북 정상 간에 합의된 바 있으며 2019년 2월의 하노이 북미정상회담에서도 영변 핵단지가 비핵화의 대상범위로 거론된 바 있다. 이에 대해 미국은 영변 이상(beyond Youngbyon)을 내세우며 북한 전 지역의 비핵화를 주장하고 있다.

결국 북미 간에는 누가 먼저 선결조치를 취할 것이냐 하는 문제에서부터 비핵

근본적인 시각차로 합의와 결렬을 반복했던 6자회담

화의 범위와 대상, 방법에 대한 근본적인 시각차가 존재한다. 그동안에도 '①핵위기→②협상→③합의→④합의 이행 중 파기→⑤핵위기……'의 패턴이 반복되었는데 ④번 단계에서 북미 양측의 근본적인 시각차가 항상 걸림돌로 작용했다.

3) 핵위기의 지속과 대화 모색

2010년대의 북핵 위기 양상

1993년 북한의 「핵확산방지조약(NPT)」 탈퇴 선언 이후 북미대화를 중심으로 진행 중인 북한의 비핵화 협상은 인식의 격차가 크고 북한의 지속적인 도발로 난항을 거듭하고 있지만 동시에 북미정상회담 등을 통해 다양한 해결시도를 하고 있어 향후 그 진행방향에 전 세계의 이목이 집중되어 있다.

미국의 오바마 행정부(2009~2017)는 북핵 문제에 대해 전략적 인내를 내세우기도 했지만 이 기간 동안에도 2.29합의를 도출하는 등 대화 노력은 계속되었다. 이 기간에도 북한은 김정은 위원장 집권 이후 지속적인 핵실험(2013년, 2016년 두 차례, 2017년)을 통해 핵무장능력을 고도화했다.

북한의 핵실험에 맞서 국제사회는 제재의 강도를 더욱 높여갔고 남북대화도 동결된 가운데 2010년대 초중반 북한 핵문제는 표류하는 양상을 보였다.

핵확산방지조약(NPT)

핵확산방지조약(NPT)은 핵무기를 보유하지 않은 국가가 핵무기를 갖는 것과 핵무기 보유국이 비보유국에 핵무기를 제공하는 것을 금지하는 조약이다. 기존 핵국가로 분류되는 미국, 영국, 프랑스, 소련, 중국 외의 핵개발금지와 확산방지를 위해 1975년 체결됐다. 하지만 현재 인도, 파키스탄, 이란, 북한 등 NPT체제 밖의 실질적 핵무장국가들이 등장하고 있다.

2018년 싱가포르에서 열린 북미정상회담

2017년의 위기와 2018년의 협상

2017년 미국의 트럼프 대통령은 취임 후 강력한 대북 경고 메시지를 지속적으로 보냈고 같은 해 말에는 북핵 시설을 공격하려는 군사작전이 논의되는 등 위기도 고조되었다.

한편 2017년 중반 출범한 문재인 정부는 북한의 도발에 대해서는 단호히 대응하면서도 남북대화 재개와 북미대화 촉진을 위한 외교적 노력도 강조하였다. 특히 2018년 초 평창 동계올림픽을 계기로 남북 단일팀 구성과 특사교환을 통해 구체적인 평화 진작 노력을 지속했다.

2018년 4월 27일에는 판문점 남북정상회담을 통해 북한의 비핵화와 한반도 평화체제에 대해 양 정상이 합의하였고, 이어진 6.12 싱가포르 북미정상회담에서도 북미관계 정상화와 한반도 평화체제 구축, 완전한 비핵화에 대한 합의가 도출되었다.

2018년 「9.19 평양공동선언」에서 남북 정상은 다시 한 번 북한의 비핵화에 대해 합의하였고, 2019년 2월 베트남 하노이에서 북미정상회담이 열렸지만 합의없이 끝났다. 이후 2019~2020년 북미관계는 물론 남북관계도 정체기를 겪었다. 2021년 미국의 바이든 행정부 출범 이후 북한 비핵화의 새로운 전기가 마련될지 전세계가 주목하는 가운데 관련국들은 외교적 노력을 계속 기울이고 있다.

이러한 외교적 노력은 북한의 비핵화와 함께 종국적으로 종전선언과 평화협정으로 이어지는 한반도 평화체제의 구축을 통해 그 결실을 맺어야 완성될 것이다.

한반도 평화체제의 구축

1) 평화협정

정전협정의 평화협정으로의 전환

1950년 발발한 6.25 전쟁은 1953년 7월 27일 체결된 「정전협정」을 통해 휴전상태에 들어갔다. 법적으로 여전히 한반도의 전쟁은 완전히 종결되지 않은 상태이다.

정전협정의 정식명칭은 「국제연합군 총사령관을 일방으로 하고 조선민주주의인민공화국 최고사령관 및 중공인민지원군 사령원을 다른 일방으로 하는 한국 군사정전에 관한 협정」이다.

협정의 명칭에서도 알 수 있듯이 정전협정은 UN군과 북한, 중공군 사이에 맺어진 협정이다. 협정 서문에서 체결 당사자들은 "쌍방에 막대한 고통과 유혈을 초래한 한국충돌을 정지시키기 위하여서 최후적인 평화적 해결이 달성될 때까지 한국에서의 적대행위와 일체 무장행동의 완전한 정지를 보장하는 정전을 확립할 목적"을 밝히고 있다. 이 정전상태는 70여 년 가까이 지속되고 있으며 아직 협정에서 말한 '최후적인 평화적 해결'은 달성되지 않은 상황이다.

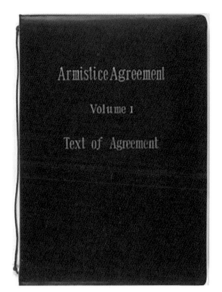

합의문 영문본

이 '최후적인 평화적 해결'은 법적으로 평화협정의 체결을 통해 달성할 수 있다. 정전이 아닌 완전한 종전을 선언하고 한반도 평화체제에 대한 구체적인 합의와 이행기준을 담은 평화협정의 체결을 통해 한반도 평화는 법적으로 구현된다.

이는 어느 일방의 선언으로만 완성되지 않고 한반도 평화협정 관련 당사자들의 참여와 동의를 통해서만 완전한 효력을 가진다. 2007년 10.4남북정상선언에서 남북 정상은 3자(남북미) 혹은 4자(남북미중)가 참여하는 종전선언 추진을 합의한 바 있다. 종전선언 이후 체결될 평화협정의 당사자는 남북만이 아닌 미국과 중국도 포함된다는 것이 일반적인 인식이다.

한반도 문제의 국제적인 성격을 고려할 때 미국과 중국 등 관련 핵심당사국의 참여와 동의를 통해 완전한 평화달성을 위한 법적 확인절차는 필요하며 이를 위한 대화의 노력도 역사의 긴 안목에서는 계속 진행 중이라고 할 수 있다. 또한 정전협정 당시 당사자가 되지 못했던 우리나라가 종전선언과 평화협정에 있어 당사자로 거론된다는 점에서 우리나라의 위상변화와 발전도 평가할 만하다.

2) 평화선언과 평화체제의 구축

평화선언(종전선언)

한반도 평화체제는 관련 당사자들이 '정전'을 '종전'으로 선언하면서 시작된다고 할 수 있다. 보통 평화협정의 서문이나 제1조에 종전에 관한 내용이 나오는데 한반도에서는 정전이 70년 가까이 지속되는 상황에서 특수한 국제정치적 환경이 펼쳐지고 있다. 바로 종전선언(평화선언)과 평화협정의 분리 추진이다.

한반도에서 북미 간의 적대관계가 상당 기간 지속되고 상호 신뢰가 단기간에 축적되기 어려운 정치적 환경에서 평화협정을 바로 논의하기에는 무리가 있는 것이 사실이다. 또한 미중 간의 경쟁 구도가 21세기 들어 본격화하면서 남북미중이 당사자가 되는 평화협정을 당장 체결하는 일은 쉬운 과제가 아니다.

따라서 평화협정을 본격 논의하기 이전에 관련 당사자들의 종전 내지 평화선언을 통해 신뢰와 대화 환경을 보다 공고히 조성하고 평화협정에 대한 구체적인 논의로 들어가자는 구상이 등장하는 것이다.

2006년 하노이에서 열린 한미정상회담에서 종전선언에 관한 구상이 논의되기 시작되었고, 2007년 「10.4 남북정상선언」과 2018년 「4.27 판문점선언」, 「6.12 북미싱가포르 정상합의」에서 종전선언 추진에 관한 내용이 재차 확인되었다.

당사자의 문제

평화협정 전 단계의 종전선언 내지 평화선언은 그 주체가 남북한을 기본으로 하고 여기에 미국 내지는 중국이 참여하는 바에 따라 3자 혹은 4자로 논의되고 있다.

중국은 이러한 구상에 대해 신축적인 반응을 보이고 있으며 이는 미중관계의 전개에 따라서도 그 향배가 결정될 것으로 보인다. 2018년 4.27 판문점선언에서 남북 정상은 2018년 연내 종전선언 추진을 합의한 바 있으며, 이어진 9.19 평양공동선언과 남북군사합의서 체결을 통해 사실상의 종전선언을 이루었다는 일부 평가도 존재했다. 여기에 미국과 중국의 확실한 보증과 북미관계 진전 및 비핵화를 통해 3자 또는 4자의 종전선언이 이루어진다면 한반도

평화체제 구축은 가속화될 것으로 전망된다.

주요 내용

한반도의 종전선언은 비핵화라는 당면과제에 있어 북미 간의 신뢰조성과 북한을 포함한 관련 당사자 상호 간 안전보장 측면에서 중요한 기점이 될 것으로 보인다.

이 종전선언은 내용적으로 1950년 6월 25일 발발하여 1953년 7월 27일 정전된 한반도의 전쟁상태를 완전히 종결하고 향후 이러한 참상과 군사적·정치적 긴장상태를 반복하지 않기 위해 평화협정을 체결함으로써 한반도에서의 항구적인 평화 정착을 위한 관련 당사자들의 의지를 확인하는 문구가 포함되어야 할 것이다. 그리고 종전선언을 바탕으로 한반도 평화협정 체결을 통해 한반도 평화체제 구축이 이루어져야 한다.

이는 내용적으로 남북-북미 간의 양자안보는 물론이고 중국과 러시아 등을 포함한 지역 내 다자안보도 교차 보장되어야 완성될 수 있을 것이다. 형식적으로는 종전을 선언하는 서문과 무력사용금지와 분쟁의 평화적 해결과 같

은 원칙을 담은 규정, 평화지대 설치와 평화관리기구, 군비통제와 군축 등의
내용을 담은 규정 등이 포함되어야 할 것이다.

한반도평화협정의 기본내용(안) 예시

- 서문(종전선언 및 재확인)
- 제1장 평화의 수립(전쟁 종결 및 불가역적 평화)
- 제2장 기본원칙(주권 및 체제인정, 무력사용 금지 및 불가침, 분쟁의 평화적 해결, 전후처리
  문제의 종식 및 문제제기 포기 등)
- 제3장 불가침 경계 및 관할 구역
- 제4장 평화지대의 설치와 국제적 이용(DMZ의 국제평화지대화)
- 제5장 평화관리기구(군사정전위원회의 대체 및 발전적 대안)
- 제6장 군비통제 및 군축(평화관리기구의 주임무)
- 제7장 타 조약 및 법률과의 관계
- 제8장 발효

학습 정리

❶ 한반도 분단은 20세기 냉전과 그 역사적 기원을 같이 하는 국제적 성격을 가진다.

❷ 북한은 국제적 고립 속에서 체제 유지를 위해 핵개발을 진행했고 비핵화를 둘러싸고 지역적 범위, 협상성격, 선결과제, 비핵화방법, 대상범위에 대해 국제사회와 근본적인 시각차를 보이고 있다.

❸ 한반도의 정전상태를 항구적 평화상태로 전환하기 위해서는 북한 비핵화는 물론 한국전쟁의 완전한 종식상태인 평화체제 구축이 필수적이다.

추천문헌

박종철 외, 『한반도 평화와 북한 비핵화: 협력적 위협감축(CTR)의 적용방안』, 서울: 통일연구원, 2011.

이삼성, 『한반도의 전쟁과 평화』 서울: 한길사, 2018.

이수혁, 『북한은 현실이다』 서울: 21세기북스, 2012.

우승지(편), 『김정은 시대의 정치와 외교』 파주: 한울, 2015.

허은 외, 『냉전분단시대 한반도의 역사 읽기: 분단국가의 수립과 국제관계』 서울: 선인, 2015.

그레이엄 앨리슨(저), 정혜윤(역), 『예정된 전쟁』 서울: 세종서적, 2018.

돈 오버도퍼, 로버트 칼린(저), 이종길(역), 『두 개의 한국』 서울: 길산, 2014.

리처드 하스(저), 김성훈(역), 『혼돈의 세계: 미국 외교정책과 구질서의 위기, 그리고 한반도의 운명』 서울: 매경출판, 2017.

셀리그 해리슨(저), 이홍동 외(역), 『코리안 엔드게임』 서울: 선인, 2003.

참고문헌

이삼성, 『한반도의 전쟁과 평화』 서울: 한길사, 2018

이성현, 『미중전쟁의 승자, 누가 세계를 지배할 것인가? : 중국편』 서울: 책들의정원, 2019.

이수혁, 『북한은 현실이다』 서울: 21세기북스, 2012.

최병일, 『미중전쟁의 승자, 누가 세계를 지배할 것인가?: 미국편』 서울: 책들의정원, 2019.

통일부 통일교육원, 『2020 북한 이해』 서울: 통일부 통일교육원, 2019.

통일부 통일교육원, 『2020 통일문제 이해』 서울: 통일부 통일교육원, 2019.

통일부, 『2020 통일백서』 서울: 통일부, 2020.

통계청 북한통계포털 www.kosis.kr/bukhan

통일교육원 www.uniedu.go.kr

통일부 북한자료센터 https://unibook.unikorea.go.kr

통일부 북한정보포털 https://nkinfo.unikorea.go.kr

북한의 군사

학습 목표

❶ 북한의 군사력 현황을 정리하고 남북의 군사력을 비교 이해

❷ 핵과 미사일 등 북한 군사위협의 특징과 국방과학 및 군수경제의 특성 이해

❸ 남북한 군비통제와 평화정착의 방향에 대한 탐구

열쇠말

군비경쟁, 군비통제, 비대칭전력, 대량살상무기, 병영생활

01

남북한 군사 경쟁

1) 북한의 기본 전력

지상전력

2018년 12월 기준으로 북한의 상비군 전력은 총 128만여 명으로 추정된다. 육군 110만여 명, 해군 6만여 명, 공군 11만여 명, 전략군 1만여 명이다. 우리 군 총병력 약 60만여 명의 두 배 이상 규모이다.

북한 육군은 총참모부를 정점으로 하여 휘하에 10개의 정규군단을 두고 있다. 이 밖에 2개의 기계화군단, 91수도방어군단(舊 평양방어사령부), 고사포군단, 11군단, 1개 기갑사단, 4개 기계화보병사단, 1개 포병사단 등을 보유한 것으로 알려져 있다.

해상전력

해군은 해군사령부 예하에 동·서해 2개 함대를 운용하고 있다. 이와 함께 13개 전대, 2개의 해상저격여단을 편성하고 있다. 해군 전력도 육군 전력과 비슷하게 60% 이상의 병력을 평양~원산 이남에 전진배치하고 있다. 하지만 그 규

남북한 군사력 비교

남한		북한
병력(평시)		
59.9만여 명	계	128만여 명
46.4만여 명	육군	110만여 명
7만여 명(해병대 2.9만여 명 포함)	해군	6만여 명
6.5만여 명	공군	11만여 명
-	전략군	1만여 명
주요 전력		
육군(부대)		
13개(해병대 포함)	군단(급)	17개
40개(해병대 포함)	사단	81개
31개(해병대 포함)	여단(독립여단)	131개
육군(장비)		
2,300여 대(해병대 포함)	전차	4,300여 대
2,800여 대(해병대 포함)	장갑차	2,500여 대
5,800여 문(해병대 포함)	야포	8,600여 문
200여 문	다연장·방사포	5,500여 문
발사대 60여 기	지대자유도무기	발사대 100여 기(전략군)
해군(수상함정)		
100여 척	전투함정	430여 척
10여 척	상륙함정	250여 척
10여 척	기뢰전 함정	20여 척
20여 척	지원함정	40여 척
10여 척	잠수함정	70여 척
공군		
410여 대	전투임무기	810여 대
70여 대(해군 항공기포함)	정찰·감시통제기	30여 대
50여 대	공중기동기	340여 대
180여 대	훈련기	170여 대
헬기(육·해·공군)		
680여 대		290여 대
예비전력(병력)		
310만여 명		762만여 명
(사관후보생, 전시근로소집, 전환·대체 복무 인원 등 포함)		(교도대, 노동적위군, 붉은청년근위대 등 포함)

*출처: 『2018 국방백서』

모는 유도탄정, 어뢰정, 소형경비정 및 화력지원정 같은 소형 함정 위주로 편성되어 있다.

최근에는 신형 중대형 함정과 고속특수선박을 배치해 전력강화에 힘쓰고 있다. 한편, 잠수함발사탄도미사일(SLBM) 탑재가 가능한 고래급 잠수함을 건조하며 수중 전력 강화에 박차를 가하고 있다.

공중전력

북한 공군은 항공 및 반항공사령부 예하 5개 비행사단, 1개 전술수송여단, 2개 공군저격여단, 방공 부대 등으로 편성되어 있다. 공군 역시 40% 이상의 전력이 평양~원산 이남에 전진 배치되어 있다.

북한은 방공을 위해 정찰 및 공격용 무인기를 적극 배치하고 있으며, 전방과 동서부 지역에 지대공 미사일을 집중 배치한 것으로 알려져 있다. 평양 지역에는 지대공 미사일과 고사포를 집중 배치하여 대공 방어망을 두텁게 구축하고 있다. GPS 전파교란기를 비롯한 다양한 전자교란 장비를 활용한 대공방어망 구축에도 심혈을 기울이고 있다. 2021년 8차 당 대회에서는 군사정찰위성, 500km 전방종심까지 정밀 정찰할 수 있는 무인정찰기 개발을 목표로 제시했다.

2) 우리 군의 대응방향

지상전력

북한은 전차와 야포 등 육군 장비에서 우리보다 수적 우세를 점하고 있다. 하지만 우리 전차가 진격하며 포를 발사하는 3세대 전차임에 반해 북한 전차는 정지하여 포를 발사하는 2세대 전차에 머무는 등 질적인 차원에서는 우리가 우세에 있다고 평가된다.

북한 미사일 방어 '3축 체계'

북한의 핵·미사일 도발 위협을 무력화시키기 위한 우리 군(軍)의 '3축 체계'인 킬체인, 한국형미사일
방어체계(KAMD), 대량응징보복체계(KMPR) 등의 구축 시기를 2020년대 초반까지 구축 예정

킬 체인 표적탐지 〉 식별 〉 판단결심 〉 타격

정찰위성
(2022년까지 총 5기 배치)
①

한국형미사일방어체계 (KAMD)
북한 중·단거리 미사일 패트리엇 또는 사드로 요격
②

F-15K

F-35A
(2018년부터
도입)

③

대량응징보복체계(KMPR)
북 핵무기 사용 징후 포착
선제 타격, 평양 등 일정 구역
초토화

무수단기지

북한

북극성2형

동창리기지

영변 ● 평양

남한

그린파인레이더

사드 미사일

공중조기경보기

PAC-3

지대지 미사일

함대지 미사일

연합뉴스

북한의 위협에 대한 한국군의 대응 방향('3축 체계'에서 '핵·WMD대응체계'로 진화발전중)

해상전력

북한은 주요 함정 현황에서도 우리보다는 수적 우세를 점하고 있다. 하지만
우리 해군이 3면을 활용한 작전을 펼칠 수 있는 것에 비해 북한은 동서해로
작전공간이 분리되어 있고, 질적인 면에서도 이지스 함정과 대형 상륙함을 운

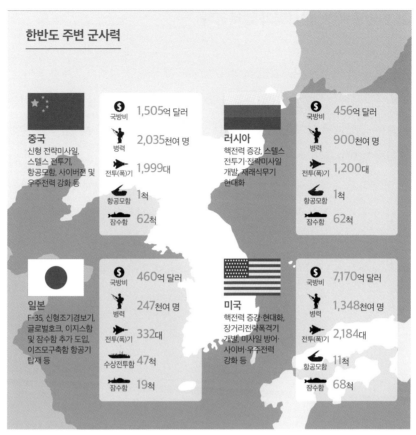

한반도 주변 군사력

중국
신형 전략미사일, 스텔스 전투기, 항공모함, 사이버전 및 우주전력 강화 등

국방비	1,505억 달러
병력	2,035천여 명
전투(폭)기	1,999대
항공모함	1척
잠수함	62척

러시아
핵전력 증강, 스텔스 전투기·전략미사일 개발, 재래식무기 현대화

국방비	456억 달러
병력	900천여 명
전투(폭)기	1,200대
항공모함	1척
잠수함	62척

일본
F-35, 신형조기경보기, 글로벌호크, 이지스함 및 잠수함 추가 도입, 이즈모구축함 항공기 탑재 등

국방비	460억 달러
병력	247천여 명
전투(폭)기	332대
수상전투함	47척
잠수함	19척

미국
핵전력 증강·현대화, 장거리전략폭격기 개발, 미사일 방어·사이버·우주전력 강화 등

국방비	7,170억 달러
병력	1,348천여 명
전투(폭)기	2,184대
항공모함	11척
잠수함	68척

* 출처: 『2018 국방백서』

용하는 우리 해군에 비해 열세에 있다고 평가할 수 있다.

공중전력

북한이 전투기 노후와 훈련용 연료부족 등으로 어려움을 겪는 데 비해 우리 공군은 최신예 전투기 도입사업과 한미동맹차원의 전시전력증강 등에 힘입어 제공권을 장악하고 있는 것으로 평가된다.

3) 한반도 주변 군사력과 남북경쟁

한반도 주변 지역은 미국과 중국의 경쟁이 군사적 전략 경쟁으로까지 점차 심화되는 가운데 일본과 러시아도 자국의 영향력 유지와 확대를 위해 군사력을 확장하고 있는 추세이다. 북한의 비대칭 전력 개발과 이에 맞선 남한의 국방개혁과 전력증강은 물론 한반도 주변 지역의 전략적 경쟁의 심화는 동북아 역내 안보의 유동성과 불확실성을 증대시키고 있다. 이런 상황에서는 남북한의 군사적 신뢰구축 노력을 지속하면서 남북한 상호위협을 감소시켜나가는 한편 한반도 외부의 위협에 대해서도 남북한이 공동으로 대응할 수 있는 국방전략을 모색하는 등 다각적이고 병행적인 전략이 필요하다.

비대칭 전력

1) 전략군 육성

북한은 핵과 미사일 개발을 통한 비대칭전력 개발에 주력하고 있다. 북한은 6차례의 핵실험을 통해 핵무기 소형화 능력을 고도화했으며, 플루토늄과 우라늄 핵무기를 양산할 수 있는 핵물질도 상당 부분 보유하고 있는 것으로 추정된다.

북한은 이러한 비대칭 전력 능력을 기초로 하여 전략로켓군사령부를 전략군으로 확대하여 별도의 사령부로 운용 중이다. 이 사령부 예하에는 9개의 미사일 여단이 있는 것으로 알려져 있다. 2016년 핵보유국 선언을 한 북한은 핵무기 소형화 능력도 고도화했으며 핵탄두를 탑재하여 발사할 수 있는 다양한 사거리의 지대지 미사일 능력을 보유하고 있다.

북한의 스커드-B/C 미사일은 우리나라를 타격할 수 있고, 노동계열 미사일은 일본을, 화성-10형(무수단) 및 화성-12형 미사일은 괌을 비롯한 태평양 일대를, 화성-14형 및 화성-15형은 미국 본토를 위협할 수 있는 것으로 알려져 있다.

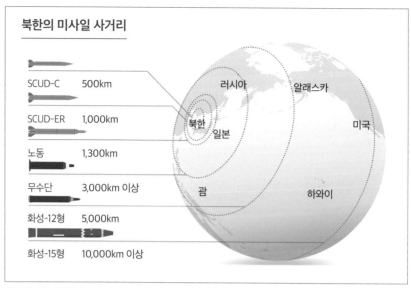

북한의 미사일 사거리

SCUD-C	500km	
SCUD-ER	1,000km	
노동	1,300km	
무수단	3,000km 이상	
화성-12형	5,000km	
화성-15형	10,000km 이상	

러시아 · 알래스카 · 북한 · 일본 · 미국 · 괌 · 하와이

*출처: 『2020 국방백서』

2) 전략무기

핵무기

북한은 1950년대부터 구소련과 중국의 지원을 받아 핵개발을 시작했다. 1956년에는 구소련과 북소원자력협정을 1959년에는 북중원자력협정을 체결하였다. 이후 1963년에는 구소련에서 연구용원자로(IRT-2000)를 도입했고, 1965년부터 영변 핵단지 조성을 본격화했다.

1980년대에 들어 북한은 무기급 핵물질 생산시설을 구비하고, 핵 전문 인력 양성 및 핵실험장 건설을 실시했다. 이 당시부터 북한은 영변 핵단지에서 5MWe흑연감속로, 사용후 핵연료봉 재처리시설, 핵연료봉 제조공장을 갖추고 핵개발에 박차를 가하기 시작했다.

영변 핵단지는 1989년 프랑스 상업 위성에 처음으로 노출되어 국제사회에 알려졌다. 이후 북한은 1991년 국제원자력기구(IAEA)와 안전조치협정을 체결하고 사찰을 받았다. 하지만 사찰 결과와 북한이 신고한 내용이 불일치하다는

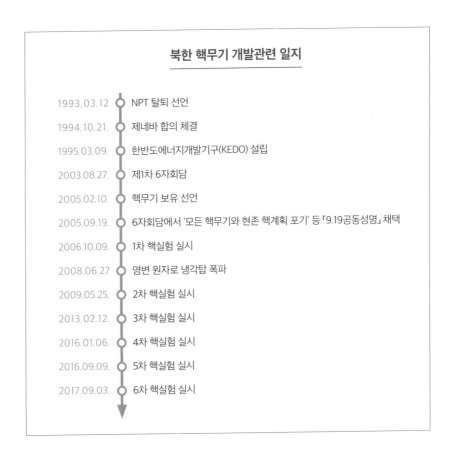

북한 핵무기 개발관련 일지

1993.03.12	NPT 탈퇴 선언
1994.10.21.	제네바 합의 체결
1995.03.09.	한반도에너지개발기구(KEDO) 설립
2003.08.27.	제1차 6자회담
2005.02.10.	핵무기 보유 선언
2005.09.19.	6자회담에서 '모든 핵무기와 현존 핵계획 포기' 등 「9.19공동성명」 채택
2006.10.09.	1차 핵실험 실시
2008.06.27	영변 원자로 냉각탑 폭파
2009.05.25.	2차 핵실험 실시
2013.02.12.	3차 핵실험 실시
2016.01.06.	4차 핵실험 실시
2016.09.09.	5차 핵실험 실시
2017.09.03.	6차 핵실험 실시

평가가 나오면서 북한 핵문제가 국제사회의 주요 이슈로 등장하기 시작했다.

급기야 북한이 1993년 핵확산방지조약(NPT) 탈퇴를 선언하면서 제1차 북한 핵위기가 발생했다. 당시 핵위기는 1994년 북미 제네바 합의로 일단락되었고 북한의 핵활동은 2002년까지 동결되었다.

국제원자력기구(International Atomic Energy Agency)

국제원자력기구(IAEA)는 원자력의 평화적 이용을 장려하기 위해 1957년 7월 29일에 설립된 유엔 산하 독립기구이다. 오스트리아 빈에 본부가 있으며 2005년 노벨 평화상을 받기도 했다.

2002년 10월 미국은 북한의 시인을 전제로 북한이 고농축 우라늄 프로그램을 통한 핵무기 개발을 진행 중이라는 의혹을 제기했다. 이후 2002년 12월 북한은 핵동결 해제를 발표했고, 2차 북한 핵위기가 시작되었다. 미국 부시 행정부는 북한에 대한 중유 지원과 경수로 건설 중단을 포함한 북미 제네바 합의 파기를 선언했고, 북한도 국제원자력기구 사찰관 추방, 영변 핵시설 동결 해제, 사용후 핵연료봉 재처리 등으로 맞섰다.

이 문제를 해결하기 위해 2003년 8월부터 6자회담이 시작되었다. 회담을 통해 2005년 9.19공동성명, 2007년 2.13합의, 10.3합의 등의 성과를 거두었으나, 합의사항은 지속적인 이행이 이루어지지 않다가 2008년 12월 6자회담 수석대표회의를 끝으로 현재 재개되지 않고 있다.

이 가운데 북한은 2006년 10월 9일 제1차 핵실험을 시작으로 2017년 9월까지 총 6차례의 핵실험을 실시했다. 2012년 4월 채택된 경제건설 및 핵무력 건설 병진노선을 통해 핵개발에 심혈을 기울이던 2016년에 스스로 핵보유국을 선언했다.

이후 2018년 4월 20일 노동당 중앙위 제7기 제3차 전원회의에서는 이 병진노선을 경제건설 총력집중노선으로 전환하기로 결의하고 남북정상회담과 북미정상회담을 통해 '완전한 비핵화'를 공약했다. 하지만 2019년 2월 하노이에서 열린 제2차 북미정상회담에서 비핵화의 범위와 수준에 대해 북미는 이견차를 좁히지 못했다.

미사일

북한은 1970년대부터 탄도미사일 개발을 시작했고 1980년대 후반에는 사거리 300km 스커드-B와 500km 스커드-C를 실전배치한 것으로 알려져 있다. 1990년대 후반에는 사거리 1,300km 노동미사일, 2007년에는 사거리 3,000km 이상의 무수단(화성-10형) 미사일을 배치했다. 이 미사일들은 별도의 시험 발사 없이 배치된 것으로 알려져 있으며 2000년대 중반부터 고체연

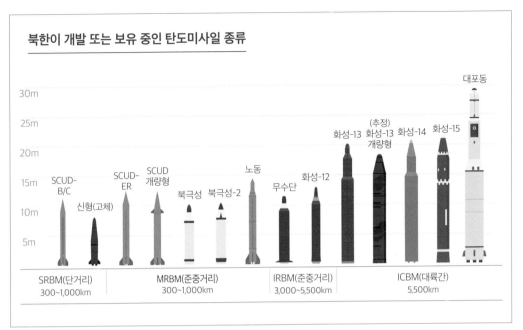

북한이 개발 또는 보유 중인 탄도미사일 종류

| SRBM(단거리) 300~1,000km | MRBM(준중거리) 300~1,000km | IRBM(준중거리) 3,000~5,500km | ICBM(대륙간) 5,500km |

* 출처: 『2020 국방백서』

료 탄도미사일 개발을 추진한 것으로 파악된다.

북한은 2012년부터는 인공위성 실험 명목으로 미사일 시험발사를 지속했다. 특히 2016년부터 2017년에는 화성10형, 화성-12형, 화성-14형, 화성-15형 미사일을 시험 발사하며 미국 본토에 대한 타격능력을 과시하려 했다. 또한 2015년에는 고체연료를 사용한 잠수함발사탄도미사일(SLBM) 시험발사를 진행하기도 했다.

북한은 핵실험과 미사일 시험발사를 통해 핵과 미사일을 연계하여 운용하겠다는 의지를 행동으로 표명했고, 기존의 미사일사령부를 전략로켓군사령부로 확대개편하기도 했다. 현재 이 전략로켓군사령부는 전략군으로 개편되어 북한의 핵심전력으로 자리 잡고 있다.

03

군사제도와 정책

1) 군사제도

4대 군사노선

북한의 기본적인 군사노선은 전군 간부화, 전군 현대화, 전민 무장화, 전국 요새화로 대표되는 4대 군사노선이다. 전군 간부화, 전민 무장화, 전국 요새화는 1962년 12월 경제·국방 병진노선이 채택된 노동당 중앙위 제4기 5차 전원회의에서 제시되었다. 여기에 전군 현대화가 1966년 10월 제2차 당대표자회에서 추가되었다. 4대 군사노선은 북한의 기본적인 군사노선이며 이는 1990년대부터 주로 등장한 자위적 군사노선의 근간을 이루고 있으며 이에 기초하여 병력 증강과 주요 전력 개발에 박차를 가하고 있다.

김일성~김정일~김정은 시기 군사정책 변화

김일성 시기에는 전후복구와 4대 군사노선의 제시를 통해 독자적인 군사력 건설과 병력 증강의 토대를 마련한 시기였다. 전쟁 발발 이전 20만 명 수준이던 북한군 규모는 전쟁 이후 1955년에는 40만 명 수준까지 증가한 것으로 보고되고 있다. 이 시기 중국과 소련의 지원을 받아 전력과 장비 증강이 이루어졌다. 전쟁 이후 북한에 주둔하던 중국인민지원군이 철수할 때 군사물자의 상당 부분을 무상 양도하기도 했다. 1960년대 이후 북한은 군수산업 분야를 국가의 주요 경제 부문으로 규정하고 제2기계공업성(1967년) 신설 및 제2경제위원회(1972년)로의 확대·재편을 단행하며 군사중심의 국가정책에 집중했다.

김정일 시기는 1990년대 이후 본격화된 고립의 위기 속에서 이를 돌파해 나갈 핵과 미사일 개발과 같은 비대칭 전력 육성을 시작한 시기로 요약할 수 있다. 1998년에는 인공위성 개발을 명분으로 대포동-1호를 발사했고, 2006년에는 대포동-2호 발사를 시도했다. 2009년에는 우주개발을 명분으로 은하-2호 장거리 로켓을 발사했다. 또한 2000년대 중반부터 고체연료 미사일(KN-02)개발을 시도했다. 한편 2006년 10월 9일 제1차 핵실험, 2009년 5월 25일 제2차 핵실험을 단행하며 핵개발도 본격화했다.

김정은 시기는 핵과 미사일 능력 고도화로 군사정책 방향을 집약할 수 있다. 2013년 2월(제3차 핵실험)부터 2017년 9월(제6차 핵실험)까지 핵능력 고도화를 위한 핵실험을 지속했고, 2016~2017년 기간 동안 화성-10, 화성-12, 화성-14, 화성-15형과 같은 대륙간탄도미사일(ICBM) 시험을 통해 미국 본토에 대한 타격능력을 과시했으며, 잠수함발사탄도미사일(SLBM)인 북극성 시험 발사도 지속하며 군사력 강화에 총력을 기울였다. 2019년에는 이른바 신무기 4종세트(이스칸데르 미사일, 에이태킴스 미사일, 초대형방사포, 신형대구경조종방사포)를 선보이며 전술적 타격능력도 대내외에 과시했다.

지휘체계

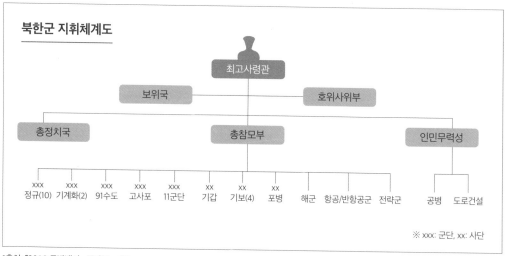

북한군 지휘체계도

```
                          최고사령관
                   보위국 ─────────── 호위사위부
          총정치국          총참모부              인민무력성

  xxx    xxx   xxx   xxx   xxx   xx   xx   xx   해군  항공/반항공군  전략군   공병  도로건설
정규(10) 기계화(2) 91수도 고사포 11군단 기갑 기보(4) 포병
```

※ xxx: 군단, xx: 사단

*출처: 『2018 국방백서』, 국방부, p.22.

2) 군수경제의 발전

국가운영과 군의 역할

북한에서 군은 조선노동당 규약과 헌법 등에서 '수령의 군대', '당의 군대', '혁명의 군대' 등으로 규정되고 있으며 국가건설과 발전의 전면에서 다양한 역할을 수행하고 있다.

사회주의 국가의 군이 가지고 있는 역할과 유사하게 북한에서도 군은 정치적 역할이 상당했으며, 현재도 노동당과 내각의 고위직은 군 고위간부직을 대부분 겸직하고 있다.

특히 김정일 시기에 국가 위기를 극복하기 위해 군의 역할을 강조하며 모든 분야에서 군이 앞장서 나간다는 선군정치가 제시되며 군의 위상과 지위는 더욱 강화되었다. 이 시기에는 국방위원회가 사실상 국정 전반을 장악하고 운영하는 등 군의 영향력이 매우 확대되었다.

김정은 시기 들어 당의 위상이 강화되고 군의 비중이 상대적으로 줄어든 경향도 있으나 북한에서 군은 일선 건설현장과 경제부문에서도 역할을 하며 국가경영에 있어 핵심적인 요소를 차지하고 있다.

경제·국방 병진노선

1962년 12월 열린 노동당 중앙위원회 제4기 5차 전원회의에서는 경제·국방 병진노선이 채택되었다. 북한의 기본적인 국가건설 전략에서 국방력 건설은 경제개발과 함께 중요한 기둥으로 제시되었고 이러한 기조는 현재에도 지속되고 있다.

특히 김정은 시기 들어 처음으로 열린 당 중앙위 전원회의였던 2013년 3월 노동당 중앙위 제6기 23차 전원회의에서는 이른바 핵·경제 병진노선이 채택된 바 있다. 이는 2018년 4월 노동당 중앙위 제7기 3차 전원회의에서 '병진노선의 위대한 승리 선포'와 함께 경제건설총력집중노선으로 전환되었으나 북한에서 군수부문의 경제적 비중은 여전히 큰 것으로 알려져 있다.

경제·국방 병진노선 선전 포스터

제2기계공업성 및 제2경제위원회

북한은 1962년에 제시한 전군 간부화, 전민 무장화, 전국 요새화에 더해 1966년 전군 현대화를 추가한 후 제2기계공업성을 1967년 신설하였다. 제2기계공업성은 내각에서 군수산업을 담당하며 군의 현대화와 장비와 전력 보강에 집중했다. 이는 1960년대 북한의 중공업 우선정책과도 궤를 같이하는 발전방향이다.

1972년에는 제2기계공업성을 내각에서 분리하고 확대·재편하여 군수산업 관련 조직을 통합한 제2경제위원회를 출범시켰다. 현재 제2경제위원회는 국무위원회 산하 기관으로 내각과도 분리되어 독자적 위상을 갖춘 조직으로 평가되고 있다. 제2경제위원회는 별도의 계획, 생산, 분배, 대외무역의 체계를 갖추고 북한 군수경제를 위한 물자와 재원을 일반경제보다 우선하여 확보하고, 제2경제위원회 산하의 무역회사와 기관을 통해 외화도 충당하고 있는 것으로 알려져 있다.

제2경제위원회 산하에는 수백 개의 공장과 기업소가 있으며 첨단기술이 필요한 장비를 제외하고는 군사력 충당과 증강에 필요한 각종 물자와 장비를 대부분 독자적으로 생산하고 있다. 제2경제위원회 산하 제1국은 소형무기 및 탄약, 제2국은 전차 및 장갑차, 제3국은 방사포, 제4국은 미사일, 제5국은 핵과 생화학 무기, 제6국은 함정 및 잠수정, 제7국은 항공기를 담당하고 있다.

3) 병역과 계급구조

군복무 및 병영생활

북한에서는 전민 군사복무제에 따라 남성은 10년, 여성은 7년의 병역의무를 진다. 북한에서는 모든 남자가 만14세가 되면 초모대상자가 된다. 이후 두 차례의 입대 신체검사를 받는다. 고급중학교 졸업 후 입대를 하는데 신체검사

북한 여군들의 제식훈련 모습

합격기준은 신장 148cm, 체중 43kg이다. 원래 신장 150cm, 체중 48kg였던 것이 1990년대 식량난 이후 입영 대상자들의 체격이 왜소해지면서 하향조정된 것으로 알려져 있다.

특수분야 종사자나 정책 수혜자는 입대 대상에서 제외된다. 정책 수혜자로는 안전원, 과학기술·산업 필수요원, 예술·교육 행정요원, 군사학 시험 합격 대학생, 특수·영재 학교 학생, 부모가 고령인 독자 등이 해당된다.

병영생활에서는 기본적으로 '군무생활 10대 준수사항'을 복무규율로 지켜야 한다. 여기에는 ①군사규정 철저 준수 ②무기의 정통과 철저한 관리 ③군

건설활동 중인 북한의 군인들

사 명령의 철저 집행 ④당 및 정치 조직에서 준 분공(分工)의 어김없는 집행 ⑤ 국가기밀, 군사기밀, 당 조직 비밀 엄격 유지 ⑥사회주의식 법과 질서 철저 준수 ⑦어김없는 군사정치 훈련 참여 ⑧인민에 대한 사랑 및 인민 재산의 침해 금지 ⑨국가 재산과 군수 물자의 철저한 보호 및 절약 노력 ⑩군대 안의 일치 단결, 미풍 확립 등이 포함된다.

군 복무 중 휴가는 기본적으로 연1회 15일 정기휴가가 허용된다. 표창 수여나 결혼, 부모 사망 등에도 10~15일의 특별휴가가 부여된다. 하지만 군 복무 기간 중 실제 휴가를 사용하여 고향에 다녀온 비율은 20%정도인 것으로 알려져 있다.

북한에서 군 생활은 주요 특수부대를 제외하고는 대부분 복무기간의 30~50%를 건설과 영농활동 동원 등 비군사적인 부분에 할애하고 있다. 부식도 중앙이나 외부에서의 조달이 아닌 대부분이 부대 단위로 영농이나 어로, 채취 등을 통해 자체 해결하고 있는 것으로 파악되고 있다. 이밖에 외화벌이, 영리활동, 근로동원 등 수익사업을 위한 경제활동에도 군이 상당 부분 관여하고 있는 실정이다.

계급구조

북한군 계급은 군관(軍官) 15종, 하전사(下戰士) 8종으로 구성되어 있다. 계급이라는 표현 대신 군사칭호라는 표현을 쓴다. 군관은 원수급과 장령급, 상급군관, 하급군관으로 나뉜다. 원수급(대원수, 원수, 차수)을 제외하고는 우리 군의 계급구조상 장성급(장령급), 영관급(상급군관), 위관급(하급군관)에 해당하는 계급구조를 가지고 있다고 할 수 있다. 하전사는 우리의 부사관과 병사를 포괄하는 군사칭호로서 특무상사, 상사, 중사, 하사, 상급병사, 중급병사, 초급병사, 전사로 구성되어 있다.

1992년 4월 13일 80세 생일을 맞은 김일성이 대원수로 추대되었고, 김정일은 사후인 2012년 2월 14일 대원수로 추대되었다. 김정은은 2012년 7월 17일 원수 칭호를 수여받았다.

더 알아봅시다!

북한 인민군의 병영생활

우리는 북한의 모든 군인을 각종 특공무술과 총으로 무장된 공포의 '일당백' 군인으로 상상하게 됩니다. 정말 그럴까요?

북한에서는 고급중학교를 졸업하고 만 17세가 되면 누구나 군에 입대를 하게 됩니다. 건강상 문제나, 체격 조건, 인재 선발과 같은 특별한 경우가 아니면 남성과 여성들은 해당 지역에 있는 '군사동원부'(한국의 병무청)를 통해 입대하게 됩니다. 군 복무는 북한에서 공민의 권리로 국방의 의무를 지도록 규정하여 남성은 10년, 여성은 7년을 복무하도록 하고 있습니다.

그런데 오랜 군사복무 기간도 서러운데 총 대신 삽과 망치를 들고 건설만 하게 된다면 어떨까요? 실제로 북한에는 삽과 망치를 들고 건설만 하는 건설 군인이 있는데요. 군 입대를 앞둔 청년들이 가장 피하고 싶은 부대, 바로 공병부대입니다. 공병부대는 북한 정권이 필요로 하는 건설현장에 동원되기 때문입니다. 공병부대를 건설부대라고도 부릅니다.

오늘날 북한 대규모의 건설현장에는 항상 건설 군인들이 있습니다. 매일 아침 총 대신 삽과 망치를 들고 살림집 건설장, 고속도로 건설장, 발전소 건설장 등 북한이 추진하는 대규모 건설현장에 투입되어 적게는 10년이라는 시간을 건설만 하다가 제대하게 됩니다. 그래서 북한에서는 이들을 건설 군인, 건설부대라고 말합니다. 그러니 북한의 선군정치는 대규모 건설현장을 건설 군인으로 채워 넣어 경제를 발전시키는 정치인 셈입니다.

공병부대가 투입된 북한의 대규모 건설현장

학습 정리

❶ 북한은 재래식 전력에서 우리에 비해 양적 우세를 점하고 질적으로 열세를 면하지 못한 것으로 평가되었으나 신무기 4종세트 개발 등으로 상당한 전력보강을 추진하고 있다.

❷ 북한은 비대칭 전력 증강을 통해 열세를 극복하고 체제보장을 위한 노력을 기울이고 있다.

추천문헌 ─────────────────────────────

권양주, 『북한군사의 이해』 서울: 한국국방연구원, 2014.
박용환, 『김정은 체제의 북한 전쟁전략: 선군시대 북한 군사전략』 서울: 선인, 2019
유용원, 『유용원의 밀리터리 시크릿』 서울: 플래닛미디어, 2020.
이성춘, 『김정은 시대 북한의 대남 군사협상 전략』 서울: 선인, 2018.
장철운, 『남북한 미사일 경쟁사: 현무 vs 화성』 서울: 선인, 2015.

참고자료 ─────────────────────────────

장철운, 『남북한 미사일 경쟁사: 현무 vs 화성』 서울: 선인, 2015.
국방부, 『2018 국방백서』 서울: 국방부, 2018.
통일부 통일교육원, 『2020 북한 이해』 서울: 통일부 통일교육원, 2019.
통일부 통일교육원, 『2020 통일문제 이해』 서울: 통일부 통일교육원, 2019.
통일부, 『2020 통일백서』 서울: 통일부, 2020.
통계청 북한통계포털 www.kosis.kr/bukhan
통일교육원 www.uniedu.go.kr
통일부 북한정보포털 https://nkinfo.unikorea.go.kr

12강

남북관계

학습 목표

❶ 남북대화의 시기적 특성과 주요 합의 이해
❷ 남북한 통일방안의 공통점과 차이점 이해
❸ 통일지향의 평화적 남북관계 모색

열쇠말

남북합의서, 통일방안, 평화적 남북관계

주요 남북 합의

1) 7.4남북공동성명

「7.4남북공동성명」은 세계사적인 전환기 가운데 나온 남북한의 역사적인 합의였다. 1970년대는 세계사적으로 미·중관계가 핑퐁외교로 상징되던 해빙기를 맞이하던 시기였다.

이러한 국제 정세는 남북한도 대화의 장으로 나오게 했고 1971년부터 남북적십자회담이 시작됐다. 1972년에는 남북 정상이 특사교환을 한 후 남과 북의 통일원칙의 대근간인 '자주·평화·민족대단결' 원칙이 명시된 「7.4남북공동성명」이 발표되었다. 「7.4남북공동성명」의 각 항은 이후 주요 남북합의의 기본원칙이 됨은 물론이고 주요 내용의 원형을 이루고 있다.

제1항의 자주·평화·민족대단결 원칙은 남북관계의 기본원칙으로 줄곧 거론되어오고 있다. 제2항 남북사이의 긴장상태 완화와 신뢰구축은 남북기본합의서와 2018년 9.19남북군사합의서까지 적용가능한 기본원칙을 제시해주고 있다. 제3항의 남북한의 끊어진 민족적 연계회복과 다방면적인 제반교류는 남북한 주요 합의마다 빠지지 않고 반영되는 주요 사항이다.

7·4남북공동성명

1. 쌍방은 다음과 같은 조국통일원칙들에 합의를 보았다.

   첫째, 통일은 외세에 의존하거나 외세의 간섭을 받음이 없이 자주적으로 해결하여야 한다.

   둘째, 통일은 서로 상대방을 반대하는 무력행사에 의거하지 않고 평화적 방법으로 실현하여야 한다.

   셋째, 사상과 이념, 제도의 차이를 초월하여 우선 하나의 민족으로서 민족적 대단결을 도모하여야 한다.

2. 쌍방은 북과남 사이의 긴장상태를 완화하고 신뢰의 분위기를 조성하기 위하여 서로 상대방을 중상 비방하지 않으며 크고 작은 것을 막론하고 무장도발을 하지 않으며 불의의 군사적 충돌사건을 방지하기 위한 적극적인 조치를 취하기로 합의하였다.

3. 쌍방은 끊어졌던 민족적 련계를 회복하며 서로의 이해를 증진시키고 자주적 평화통일을 촉진시키기 위하여 남북 사이에 다방면적인 제반교류를 실시하기로 합의하였다.

4. 쌍방은 지금 온 민족의 거대한 기대 속에 진행되고 있는 남북적십자회담이 하루 빨리 성사되도록 적극 협조하는 데 합의하였다.

5. 쌍방은 돌발적 군사사고를 방지하고 남북 사이에 제기되는 문제들을 직접, 신속 정확히 처리하기 위하여 서울과 평양 사이에 상설 직통전화를 놓기로 합의하였다.

6. 쌍방은 이러한 합의사항을 추진시킴과 함께 남북사이의 제반문제를 개선 해결하며 또 합의된 조국통일 원칙에 기초하여 나라의 통일문제를 해결할 목적으로 이후락 부장과 김영주 부장을 공동위원장으로 하는 남북조절위원회를 구성, 운영하기로 합의하였다.

7. 쌍방은 이상의 합의사항이 조국통일을 일일천추로 갈망하는 온 겨레의 한결같은 념원에 부합된다고 확신하면서 이 합의사항을 성실히 이행할 것을 온 민족 앞에 엄숙히 약속한다.

「7.4남북공동성명」은 그 이전에 공식적인 상호교류가 없던 남북관계의 개선방향을 자주·평화·민족대단결의 원칙에서 밝혀준 선언이며, 실천적으로는 남북한 간 구체적인 상호 권리·의무관계를 직접 창설한다기보다는 "합의된 조국통일원칙에 기초하여 나라의 통일문제를 해결할 목적"으로 "남북조절위원회를 구성·운영"하여 남북관계를 발전시키기로 한 합의라고 할 수 있다.

남북관계와 특사

특사(特使, special envoy)는 특정문제를 처리하기 위해 특별한 임무를 부과하여 파견하는 일시적 성격의 대표사절로서 남북관계에서는 "대북특별사절"이라는 명칭으로 북한에서 행하여지는 주요 의식에 참석하거나 특정한 목적을 위하여 정부의 입장과 인식을 북한에 전하거나 이러한 행위와 관련하여 남북합의서에 서명 또는 가서명하는 권한을 가진 자를 말한다(남북관계 발전에 관한 법률 제4조).

---

2) 남북기본합의서

「남북한의 화해와 불가침 및 교류협력에 관한 합의서(이하 '남북기본합의서')」는 1980년대 말~1990년대 초 냉전종식과 동구권 해체라는 역사적 전환기 속에서 탄생하였다. 이 시기 5차례의 남북고위급회담과 13차례의 실무대표접촉을 통해 완성되었고, 1992년 2월 19일 발효되었다. 서문 외에 4장 25조항으로 구성되었다.

서문에서는 「7.4남북공동성명」에서 천명한 조국통일 3대 원칙의 재확인, 민족 화해 이룩, 무력 침략과 충돌 방지, 긴장 완화와 평화 보장, 교류 협력을 통한 민족 공동의 번영 도모, 평화통일을 성취하기 위한 공동의 노력 등을 규정하고 있다.

제1장은 남북화해에 관해 다루고 있는데, 특히 상호 체제 인정 및 존중, 내부 문제 불간섭, 비방·중상 중지, 파괴·전복 행위 금지, 정전상태의 평화상태

전환, 국제무대에서 대결과 경쟁 중지, 민족 성원 상호 간의 화해와 신뢰 등에 관한 내용을 담고 있다.

제2장은 남북 불가침에 관해 규정하고 있는데, 주로 무력 불사용과 무력침략 포기, 대립되는 의견이나 분쟁의 평화적 해결, 불가침 경계선과 구역 명시, 남북 군사공동위원회 구성 및 운영, 남북 군사당국자 간 직통전화 설치 등을 명시하고 있다.

제3장은 남북 교류 협력에 관한 내용으로, 주로 남북 간의 교류와 협력을 통해 민족 전체의 복리 향상과 민족 공동체의 회복·발전을 촉진하기 위한 실천적 조치 등을 담고 있다.

제4장은 수정 및 발효에 관한 내용을 담고 있으며, 그 밖에도 남북기본합의서에서는 각 장마다 협의 실천기구인 분과위원회·공동위원회·남북연락사무소에 관한 조항들을 설정하고 있다.

남북기본합의서를 통해 남북한은 상대방의 실체를 인정하고, 군사적 침략이나 파괴·전복 행위를 하지 않으며, 상호 교류 협력을 통해 민족 공동 발전과 점진적·단계적 통일을 실현할 수 있는 기틀을 마련하였다.

남북 쌍방은 남북기본합의서의 이행과 준수를 위한 구체적 대책을 협의하는 과정을 거쳐 제8차 남북고위급회담(1992.9.15.~18.)에서 남북화해, 불가침, 교류협력의 이행과 준수를 위한 "부속합의서"를 채택·발효하였다. 1992년 합의 내용의 실질적인 이행은 후속회담으로 상정된 정치분과위원회, 군사분과위원회, 교류협력분과위원회, 핵통제분과의원회 등 4개 분과위원회에서 논의되도록 하였다. 이에 따라 1992년 3월부터 12월까지 각 분과위원회 별로 적게는 7회, 많게는 13회에 걸쳐 남북협상이 진행되었지만 아무런 합의 성과를 내지 못하고 중단되었다. 분야별 후속회담이 진행되는 과정에서 북한은 남한의 한미합동 군사훈련을 구실로 기본합의서 이행을 위한 분과별 회담의 중단을 일방적으로 선언했다. 그리고 1993년 북한의 핵확산금지조약(NPT) 탈퇴선언 이후 남북 관계는 다시 경색되었다.

남북합의서의 법적 정의

"남북합의서"라 함은 정부와 북한 당국 간에 문서의 형식으로 체결된 모든 합의를 말하며(남북관계 발전에 관한 법률 제4조) 대개 "합의서", "공동보도문" 등의 형식을 취한다.

3) 6.15남북공동선언과 10.4남북정상선언

제1차 남북정상회담과 「6.15남북공동선언」

1990년대 남북관계는 경색국면을 면치 못했다. 1994년 김영삼 대통령과 북한 김일성 주석의 남북정상회담이 합의되기도 했으나 김일성 주석의 사망으로 성사되지 못했다. 북한의 식량난과 각종 군사적 도발 등으로 남북관계는 진전을 보지 못했다.

1998년 김대중 대통령 취임 이후 정경분리와 포용정책을 근간으로 하는 대북정책이 시행되었고 기회가 있을 때마다 특사제안과 남북정상회담을 제의했다. 북한의 호응에 따라 마침내 2000년 김대중 대통령과 김정일 위원장 사이의 역사적인 제1차 남북정상회담이 개최되어 자주적 협력, 남북 통일방안의 공통성 인정, 인도적 문제 해결, 민족경제의 균형발전과 제반 분야의 교류협력 강화, 당국회담 개최 등을 합의했다.

6·15남북공동선언을 통해 남과 북은 통일을 위한 남측의 연합제안과 북측의 낮은 단계의 연방제안 사이의 공통점을 확인하고 이 방향에서 통일을 지향하기로 합의함으로써 남북관계 발전과 통일과정에 있어 전환기적인 장을 마련했다. 그리고 후속회담으로 21차까지 이어진 남북장관급회담이 남북관계의 총괄조정회담 역할을 하며 남북관계를 구체적으로 이끌어 나가는 체계를 마련했다. 덧붙여 분단 이후 최초의 남북국방장관회담(2000.9.26)이 개최되는

6.15남북공동선언 전문

조국의 평화적 통일을 염원하는 온 겨레의 숭고한 뜻에 따라 대한민국 김대중 대통령과 조선민주주의인민공화국 김정일 국방위원장은 2000년 6월13일부터 6월 15일까지 평양에서 역사적인 상봉을 하였으며 정상회담을 가졌다.

남북정상들은 분단 역사상 처음으로 열린 이번 상봉과 회담이 서로 이해를 증진시키고 남북관계를 발전시키며 평화통일을 실현하는 데 중대한 의의를 가진다고 평가하고 다음과 같이 선언한다.

1. 남과 북은 나라의 통일문제를 그 주인인 우리 민족끼리 서로 힘을 합쳐 자주적으로 해결해나가기로 하였다.
2. 남과 북은 나라의 통일을 위한 남측의 연합제 안과 북측의 낮은 단계의 연방제 안이 서로 공통성이 있다고 인정하고 앞으로 이 방향에서 통일을 지향시켜 나가기로 하였다.
3. 남과 북은 올해 8·15에 즈음하여 흩어진 가족, 친척 방문단을 교환하며, 비전향 장기수 문제를 해결하는 등 인도적 문제를 조속히 풀어나가기로 하였다.
4. 남과 북은 경제협력을 통하여 민족경제를 균형적으로 발전시키고, 사회, 문화, 체육, 보건, 환경 등 제반분야의 협력과 교류를 활성화하여 서로의 신뢰를 다져 나가기로 하였다.
5. 남과 북은 이상과 같은 합의사항을 조속히 실천에 옮기기 위하여 빠른 시일 안에 당국 사이의 대화를 개최하기로 하였다.

김대중 대통령은 김정일 국방위원장이 서울을 방문하도록 정중히 초청하였으며, 김정일 국방위원장은 앞으로 적절한 시기에 서울을 방문하기로 하였다.

2000년 6월 15일

대한민국	조선민주주의인민공화국
대통령	국방위원장
김대중	김정일

등 정치·군사·경제 다방면에 있어서 남북관계의 전기를 마련했다.

제2차 남북정상회담과 「10.4남북정상선언」

남북한은 2007년에는 제2차 남북정상회담을 열어 「남북관계 발전과 평화번영을 위한 선언」 10.4남북정상선언도 채택했다. 이 남북정상선언은 앞선 「남북관계 발전과 평화번영을 위한 선언」의 연장선에서 보다 구체적이고 실질적인 남북 간 협력과 통합을 추구했다.

이 선언에서 남북 정상은 "6·15공동선언을 고수하고 적극 구현"(제1항)하는 한편 1991년 「남북기본합의서」에서 구체화된 바 있는 내정불간섭과 상호존중(제2항) 원칙도 재확인했다. 나아가 군사적 신뢰 구축과 긴장완화(제3항), 남북경제협력 강화(제5항), 사회문화협력 확대(제6항), 인도주의 협력사업 추진(제7항) 등 이전 남북 간 합의의 연장선을 재확인하고 확대 발전시키는 방향으로 남북 간 관계를 규율했다. 더불어 남북관계를 조율하는 총괄조정 회담체계로 남북총리회담을 규정함으로써 이전의 「6·15남북공동성명」 체제의 남북장관급회담보다 격을 향상시켰다. 규범력과 실천력 확보에 있어서 그 동력을 한층 강화한 것이다.

나아가 「10·4남북정상선언」은 6자회담 협력과 평화체제 구축(제4항) 및 국제무대에서의 협력(제8항) 등도 추가하여 북핵 문제를 해소하고 한반도 정전체제의 평화체제로의 전환을 통한 통일비전을 제시할 것을 규정하는 등 규범적 차원에서 한반도 미래를 제시하는 의의를 가졌다.

하지만 2008년 이명박 정부 출범 이후 남북관계의 전면적 재검토와 금강산 관광객 박왕자 씨 총격사건(2008년), 천안함 폭침(2010년), 연평도 포격사건(2010년) 등으로 남북관계는 경색되었고 남북합의서의 규범적 의의는 현실적 정치 논리에 밀려 실효를 거두지 못했다.

남북합의서의 효력정지

「남북관계발전에 관한 법률」 제23조는 국회의 체결·비준 동의를 얻은 남북합의서의 효력을 정지시키고자 하는 때에는 국회의 동의를 얻어야 한다고 규정하고 있다. 학계에서는 현재 남북합의의 효력을 정지시킨 각종 조치에 대해 이 조항을 근거로 재검토해야 한다는 주장이 제기되고 있다.

제1차 남북정상회담

제2차 남북정상회담

새로운 남북관계

1) 「4.27 판문점선언」과 「9월평양공동선언」

한반도의 평화와 번영, 통일을 위한 판문점선언(「4.27판문점선언」)

2018년 4월 27일 문재인 대통령과 김정은 위원장은 10여 년간의 남북관계 경색국면을 전환하고 판문점에서 역사적인 남북정상회담을 재개했다. 이 자리에서 남북 정상은 '한반도 평화시대' 개막을 선언하고, △남북관계의 전면적·획기적 발전 △군사적 긴장완화와 상호 불가침 합의 △한반도의 완전한 비핵화 및 평화체제 구축 등에 대해 협의하고 「4.27 판문점선언」에 합의했다.

　「4.27 판문점선언」은 구체적으로 민족자주의 원칙 확인, 기존 남북 간 선언·합의 철저 이행, 고위급회담 등 분야별 대화 개최, 남북공동연락사무소 개성지역 설치, 각계각층의 다방면적 교류·협력 및 왕래·접촉 활성화, 「10.4남북정상선언」 합의사업 적극 추진, 철도·도로 연결 및 현대화, 비무장지대의 평화지대화, 서해 평화수역 조성 및 안전어로 보장, 국방부장관회담 등 군사당국자회담 수시 개최, 무력 불사용과 불가침 합의 재확인 및 엄격 준수, 종전선언, 항구적 평화체제 구축을 위한 3자 또는 4자 회담 개최, 한반도의 완전한 비핵화

판문점 선언을 발표하는 두 정상

목표 확인 등을 합의했다. 또한 같은 해 가을 평양에서의 정상회담 개최를 합의했고 이를 이행하는 9월 평양남북정상회담이 개최되었다.

「9월평양공동선언」

2018년 9월 남북정상은 평양공동선언을 통해 「4.27 판문점선언」의 이행성과를 평가하고 남북관계를 지속적으로 발전시켜 나가는 구체적인 사항을 합의했다. 남북관계를 새로운 높은 단계로 진전시켜 나가기 위한 실천적인 대책들이 「9월평양공동선언」에서 다수 포함되었다.

구체적으로는 한반도에서의 실질적인 전쟁위험 제거를 위한 판문점선언 군사 분야 이행합의서 채택, 민족경제를 균형적으로 발전시키기 위한 남북철도 및 도로 연결, 개성공단과 금강산관광사업의 정상화, 서해경제공동특구 및 동해관광특구 조성, 이산가족 문제 해결을 위한 인도적 협력, 2032 하계올림픽 남북공동주최 등 다방면의 교류협력 강화, 완전한 비핵화 등을 추진하기로 합의하였다.

2) 남북 군사적 긴장해소

판문점 선언 군사분야 이행합의서

2018년 9월 평양 남북정상회담 기간 중 남북한은 「역사적인 '판문점선언' 이행을 위한 군사분야 합의서」(이하 「9.19남북군사합의」)를 「9월평양공동선언」의 부속합의서로 채택했다. 남과 북은 "한반도에서 군사적 긴장 상태를 완화하고 신뢰를 구축하는 것이 항구적이며 공고한 평화를 보장하는 데 필수적이라는 공통된 인식"으로부터 「4.27 판문점선언」을 군사적으로 철저히 이행하기 위하여 다음과 같은 사항을 합의하였다.

첫째, 남과 북은 지상과 해상, 공중을 비롯한 모든 공간에서 군사적 긴장과 충돌의 근원으로 되는 상대방에 대한 일체의 적대행위를 전면 중지하기로 하였다. 이를 위해 남과 북은 남북군사공동위원회를 가동하여 대규모 군사훈련, 무력증강 문제 등을 다루기로 하고 남북 군사분계선 일대에서의 연대급 이상의 각종 군사연습 중지와 비행금지구역 설정 등을 합의했다.

둘째, 남과 북은 비무장지대(DMZ)를 평화지대로 만들어나가기 위한 실질적인 군사적 대책을 강구하기로 합의하였다. 이를 위해 남북 쌍방은 비무장지대 안에 감시초소(GP) 시범 철수, 판문점 공동경비구역의 비무장화, 비무장지대 내에서 시범적 남북공동유해발굴, 비무장지대 안의 역사유적에 대한 공동조사 및 발굴과 관련한 군사적 보장대책 협의 등을 추진키로 했다.

셋째, 서해 북방한계선 일대를 평화수역으로 만들어 우발적인 군사적 충돌을 방지하고 안전한 어로활동을 보장하기 위한 군사적 대책을 취해 나가기로 하였다.

넷째, 남북 교류협력 및 접촉 왕래 활성화에 필요한 군사적 보장대책을 강구하기로 하였으며 한강(임진강) 하구 공동이용을 위한 군사적 보장대책을 강구하기로 했다.

다섯째, 남북의 군사적 신뢰구축을 위해 직통전화 설치와 남북군사공동위원회 구성과 운영에 대한 구체적 협의를 해나가기로 하였다.

운용적 군비통제

「9.19남북군사합의」는 남과 북이 군사분야에서 실질적인 상호 신뢰구축 조치를 합의하고 감시초소 시범철수와 판문점 공동경비구역 비무장지대화 등 실제 합의사항을 이행했다는 점에서 그 의의를 평가할 만하다. 또한 대북 제재 국면하에서 남북경협과 교류협력이 전면 확대되기 이전에 제재 외 분야인 군사분야에서 남북한 신뢰구축을 선행하여 대화와 협력 분위기를 지속 강화했다는 점에서 의미가 있다.

특히 남북한이 비핵화와 상호 군축 등 구조적 군비통제 이전에 지금의 군사력을 유지하면서 그 부대배치와 운영 등을 통제하여 긴장완화와 신뢰구축을 시도하여 운용적 군비통제를 현실화했다는 점에서 의미가 크다. 비록 북한의 개성 남북공동연락사무소 폭파(2020.6.16), 대남사업의 대적사업화를 위한 4대 군사행동계획 추진 등으로 그 취지가 무색해졌지만 향후 남북관계의 평화적 발전을 위해서 언제든 활용가능한 유의미한 선례를 남겼다고 할 수 있다.

DMZ

DMZ(Demilitarized Zone), 비무장지대는 분쟁당사자들의 합의에 의해 무장이 금지된 지역이나 지대를 의미하며 한반도에서는 휴전선으로부터 남북 각각 2km씩의 구간을 비무장지대로 하기로 합의한 바 있다.

한반도 통일방안

1) 남한의 통일방안

통일방안 논의의 시작

1980년대 민족화합민주통일방안, 한민족공동체통일방안이라는 이름으로 공식화된 우리 정부의 통일방안은 1994년 민족공동체통일방안으로 명칭을 변경하여 오늘에 이르고 있다.

우리 정부는 남북한 간의 체제경쟁에서 확실히 우위를 점한 1980년대 들어 북한의 통일방안 구상에 대응하는 측면에서 통일방안을 공식화하기 시작했으며, 신뢰구축이 통일 환경 조성의 핵심이라는 판단 아래 남북한의 화해협력과 교류협력의 전면확대와 실질화를 통한 민족공동체의 건설을 주요 골자로 하는 통일방안을 마련하여 유지하고 있다.

민족공동체통일방안은 남북관계의 핵심인 신뢰구축과 화해협력을 통해 평화를 조성하는 과도기를 거쳐 민족구성원 모두가 의식과 문화 면에서 공동체적 가치관과 동질성을 회복해나가는 과정을 밟아 통일을 장기적이고 점진적인 과정으로 이루어나갈 것을 제안하고 있다.

'선 평화, 후 통일'로 집약할 수 있는 우리 정부의 통일방안은 남북한이 화해협력을 통해 신뢰를 구축하여 동질성을 회복하는 기초를 마련하고 그 토대 위에서 민족공동체 단일국가로 나아가는 통합을 지향하는 과정을 구상하고 있다.

민족공동체통일방안

민족공동체통일방안은 통일을 점진적이고 단계적으로 이루어나간다는 기조 하에 화해협력과 남북연합을 거쳐 통일국가를 완성해나가는 3단계로 통일과 정을 상정하고 있다.

민족공동체통일방안은 화해협력과 남북연합을 거쳐 1민족1국가1체제1정 부로 통일을 이루는 목표를 제시하고 있다. 화해협력 단계는 남북 간의 불신

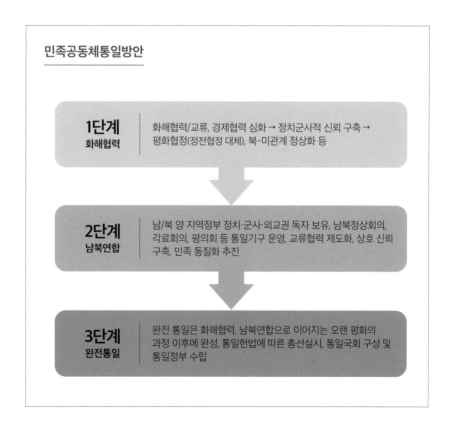

과 적대를 줄이고 상호협력의 장을 열어가는 단계이다. 이 단계에서는 남북한
이 두 체제와 두 정부를 유지하면서 분단 상태를 평화적으로 관리하며 각 분
야의 교류협력을 확대해 상호신뢰를 축적해나가는 것이 중요한 과제이다.

남북연합 단계는 화해협력 단계의 신뢰를 바탕으로 남북한의 교류와 협력
이 제도화되는 단계이다. 남북한 간의 평화정착과 민족의 동질화가 촉진되면
서 한편으로 남북이 공동으로 구성하는 남북정상회의, 남북각료회의, 남북평
의회 등 통일기구를 운영하며 국가통합을 위한 다양한 방안들이 논의되는 단
계이다. 연합의 기본정의대로 복수의 국가가 각자의 주권을 유지하면서 연합
기구에 특정한 권한을 부여하여 공동의 사무와 문제를 처리하는 결합형태를
통해 남북한 통일을 촉진하는 과정이다.

이 남북연합 과정에서 제정한 통일헌법에 따라 남북한 자유총선거를 실시
하여 통일의회와 통일정부를 구성하면 1민족 1국가 1체제 1정부의 통일국가
가 완성되는 것이다.

우리의 통일방안은 결국 남북이 화해협력을 거쳐 신뢰를 구축하고 남북교
류와 협력을 제도화한 후 이를 정치통합의 기반으로 삼아 민족통일과 국가통
일을 동시에 이루는 것을 목표로 하고 있다.

2) 북한의 통일방안

고려민주연방공화국통일방안

북한은 민주기지론에 입각하여 무력통일방안을 1950년대까지 유지했다. 즉,
북한 지역에서의 혁명역량을 강화하여 미군이 점령하고 있는 남한 지역에서
도 혁명을 완수하여 한반도를 공산화 통일한다는 것이었다.

이후 북한은 1960년 8.15광복 15주년 경축대회에서 남북한 제도를 유지
하면서 연방제를 실시하자는 남북연방제를 제기하여 과도기적 단계로서의

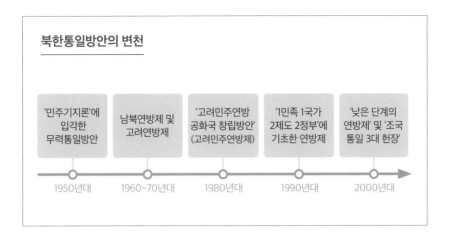

북한통일방안의 변천

'민주기지론'에 입각한 무력통일방안	남북연방제 및 고려연방제	'고려민주연방 공화국 창립방안' (고려민주연방제)	'1민족 1국가 2제도 2정부'에 기초한 연방제	'낮은 단계의 연방제' 및 '조국 통일 3대 헌장'
1950년대	1960~70년대	1980년대	1990년대	2000년대

남북관계를 제시했다. 이후 1973년에는 고려연방공화국이라는 단일 국호에 의한 연방제 실시를 주장하기도 했다. 이때까지는 과도기적 단계로서의 연방제를 제시하는 수준이었다.

1980년 10월 10일 노동당 제6차 대회에서 고려민주연방공화국통일방안을 제시하면서 과도기적 방안으로서의 연방제가 아닌 통일국가의 형태로 연방제를 제시하였다. 이는 통일국가의 형태로 1민족 1국가 2제도 2정부를 제시하는 안으로 요약할 수 있다.

남과 북이 각자의 지역자치제를 실시하며 각자의 사상과 제도를 그대로 유지하는 한편 남과 북 동수의 대표로 최고민족연방회의를 구성하고 그 상임기구로 연방 상설위원회를 구성하여 남과 북의 지역정부를 지도하는 것을 핵심 내용으로 한다.

느슨한 연방제와 낮은 단계의 연방제

1990년대부터 북한의 연방제 제안은 전술적 변화를 보인다. 북한은 1980년대 말 동구권 몰락과 함께 체제 유지의 불안을 느끼게 되자 남북공존을 모색하며 1991년 신년사에서 지역자치 정부에 더 많은 권한을 부여하되 장차 중앙정부에 더 많은 권한을 이양해나가는 방향의 1민족 1국가 2제도 2정부에 기초한 연방제 이른바 '느슨한 연방제'를 제시했다.

2000년대에 들어서는 '낮은 단계의 연방제'를 제시했다. 북한은 고려민주연방공화국 창립방안 제시 20주년 기념 평양시 보고대회(2000.10월)에서 1민족 1국가 2제도 2정부를 원칙을 유지하면서 남북한 정부가 현재의 기능과 권한을 그대로 가지는 연방제안을 제안했다. 동서독의 흡수통일에 대한 목격과 체제경쟁에서의 열세인식 속에서 각자의 제도와 정부를 그대로 유지한 안을 계속 제안하고 있는 것으로 보인다.

북한의 통일방안은 '선 혁명, 후 통일'로 요약할 수 있는 과거의 통일방안부터 현재의 수세적·방어적인 수정 연방제안으로 변화해오고 있다고 할 수 있다. 하지만 주권이 연방정부에 속해 있는 본래적 의미에서의 연방제와 달리 각 지역정부가 사실상 주권을 소재하고 각자의 이념과 체제를 지킨다는 점에서 논리적 모순이 있는 등 향후 문제의 여지가 남아 있다.

연합과 연방

연합(confederation)과 연방(federation)은 국가주권의 소재에 따라 구별된다. 연합은 주권이 연합 회원국 각자에 속해 있는 반면 연방은 중앙의 연방정부가 주권을 가지고 있다. 독립국가연합과 미합중국 연방이 대표적이다.

3) 통일방안의 새로운 모색

공식적 통일방안과 현실적 통일환경의 괴리

현재 남북한은 각각 민족공동체통일방안과 고려민주연방공화국통일방안을 각자의 통일방안으로 유지하고 있다. 다만 북한은 느슨한 연방제와 낮은 단계의 연방제를 내세우는 등 모호성을 유지하면서 통일에 대해 다소 수세적이고 방어적인 태도를 보이고 있다.

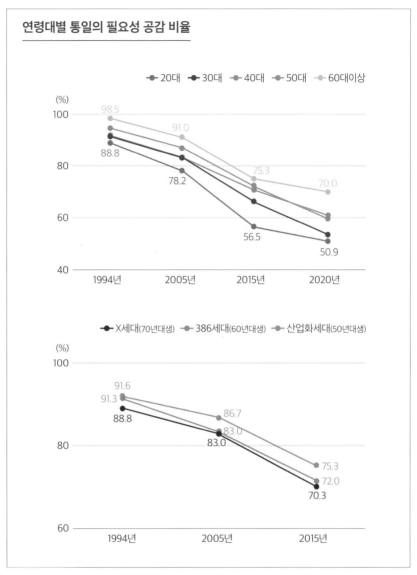

연령대별 통일의 필요성 공감 비율

* 출처: 박주화, "2030과 통일인식: 비판 아닌 롤모델이 필요하다." 『통일시대』(서울:민주평화통일자문회의, 2020.9)

지난 2019년 10월 23일 김정은 위원장은 금강산 현지시찰에서 "금강산은 북과 남의 공유물이 아니다"라는 공개적 발언까지 하기에 이르렀다. 동시에 그 자리에서 "금강산이 마치 북남관계의 상징, 축도처럼 되여있고 북남관계 가 발전하지 않으면 금강산관광도 하지 못하는 것으로 되어 있는데 이것은 분명히 잘못된 일이고 잘못된 인식"이라며 "손쉽게 관광지나 내여주고 앉아서 득을 보려고 했던 선임자들의 잘못된 정책으로 하여 금강산이 10여 년간 방치되어 흠이 남았다고, 땅이 아깝다고, 국력이 여릴 적에 남에게 의존하려 했던 선임자들의 의존정책이 매우 잘못되였다"고 말했다.

선대에 남북협력사업의 상징이자 통일을 향한 교육장이자 살아 있는 학습장으로 인식되어온 금강산에 대해 새로운 세대의 김정은 위원장은 남과 북의 공유물이 아니며 선대의 정책도 잘못되었다고 공개비판할 정도로 북한의 대남인식과 통일과 민족에 대한 관점도 상당 부분 바뀌었다.

김정은 위원장 집권 이후 우리민족제일주의 이외에 우리국가제일주의라는 담론이 등장한 점도 눈여겨볼 점이다. 화성-15형 발사 다음날인 2017년 11월 30일 노동신문에는 "조국청사에 길이 빛날 민족의 대경사, 위대한 조선인민의 대승리"라는 사설이 실리는데 여기서 우리국가제일주의가 처음 등장했다.

2019년 김정은 위원장은 신년사에서도 우리국가제일주의를 거듭 강조했고, 2019년 1월 1일 '우리의 국기'라는 노래를 보급한 것에 대해 친필서명으로 지시했다. 민족이라는 관념보다는 스스로 강성국가로 발전하여 자력부흥과 자력번영이라는 독자생존의 길을 걷겠다는 노선이 과연 공식적인 통일방안과 얼마나 부합할 수 있을지에 대해 신중한 평가가 필요하다.

통일방안의 재검토

우리 사회에서도 민족공동체통일방안이라는 공식적 통일방안과 현실적 통일의식 및 사회환경 사이의 괴리는 없는지에 대해서도 신중한 평가가 역시 필요하다.

서울대 통일평화연구원이 2007년부터 매해 계속하고 있는 전국민 통일의식조사에서 2030세대는 통일의 필요성에 대해 가장 부정적으로 응답하는 세대로 기록되고 있으며 이는 10년 이상 변하지 않고 있다.

2030세대에 분단은 더 이상 극복의 대상이거나 비정상적인 조건이 아닌 것으로 보인다. 분단이라는 조건이 경제성장을 극도로 저해하거나 전면적 전쟁의 위협으로 상존하고 있지 않은 상태에서 젊은 세대에게 분단은 반드시 극복해야 할 필수과제로 인식되지 않을 수도 있다.

이런 가운데에서 북한이 현존하는 위협이 되지 않는 수준에서 공존하는 것이 최선이며 이것이 사실상의 통일이라는 논의도 등장할 수 있는 것이다. 새로운 세대의 새로운 인식을 가진 새로운 지도자가 등장한 북한뿐만 아니라 우리 사회에서도 통일인식에 대해 전혀 새로운 인식과 감수성을 가지 세대가 출현했으며 시간이 흐를수록 인구구성의 절대다수를 차지한다는 점에서 통일방안에 대한 전면적인 검토와 재고찰이 필요한 시점이다.

통일 국가 비교

독일의 통일: 주민들이 일궈낸 값진 성과

흔히 독일의 통일은 베를린 장벽의 갑작스러운 붕괴와 함께 평화롭고 순조롭게 진행된 역사적인 대 사건으로 여겨진다. 하지만 베를린 장벽의 붕괴는 장기간 동안 축적된 동독 사회 변화의 결과였으며 또한 이 사건 이후 여러 가지 정치·외교적 장애물을 슬기롭게 극복하고 이룩한 값진 성과라고 할 수 있다.

분단되었으나 완전하게 단절되지는 않았던 독일

비록 동서독은 분단되었지만 양국 간의 교류는 완전하게 단절되지 않았다. 1961년 베를린 장벽의 설치 이전에는 비교적 자유롭게 두 지역을 이동할 수도 있었다. 가령 1953년 동-베를린 지역에서 정부의 일방적인 노동할당량 증가에 반대하는 대규모 파업이 발생하였다. 이때 동독의 노동자의 처지에 공감하였던 서-베를린 지역의 노동자들과 주민들도 동-베를린으로 넘어가 같이 시위를 벌이기도 하였다.

　1972년 동서독기본조약이 체결되면서 양국의 관계는 본격적으로 개선되기 시작하였다. 새롭게 취임한 에리히 호네커 서기장은 국제적인 데탕트 분위기에 보조를 맞추고 동시에 서독으로부터 경제적 지원을 받기 위해 관계 개선에 동의하였다. 이 시기를 즈음하여 서독 주민들의 동독방문과 사회문화 교류가 활발하게 진행되었다. 또한 교회 지도자들 사이의 교류가 실시되면서 서독 정부와 교회는 동독 지역에 방치된 여러 기독교 유적을 보전하기 위한 자금을 지원하였다. 서독의 지원으로 동독의 교회는 더 큰 자율성을 확보할 수 있었다.

서독의 가수들이 동독에서 열광적인 분위기 속에서 공연하기도 하였지만 동독의 문화가 서독으로 유입되기도 하였다. 가령 동독에서 제작된 '거짓말쟁이 제이콥'은 서독뿐만 아니라 1977년 미국 아카데미 영화제 외국어영화상에 노미네이트되었다. 동독영화 '솔로서니'의 주인공 뢰나테 크레스너가 1980년 서독에서 주최하는 베를린영화제의 여우주연상을 받기도 하였다. 그리고 동독은 서독과 마찬가지로 자본주의에 비판적인 뉴-헐리우드 영화들과 다양한 오락영화들을 수입하여 상영하기도 하였다. 즉 동서독은 분단되었으나 완전히 단절되었던 것은 아니었다.

살 만했던 동독경제와 무혈혁명

동독은 사회주의 국가들 가운데 가장 부유하고 발전된 국가였지만 주민들에게 밝은 미래를 약속해주지는 못했다. 동독은 주민들에게 비교적 양질의 의식주를 제공하였지만 경제성장률은 답보 상태였으며 서구의 선진국가와의 경제 격차는 갈수록 벌어지기 시작하였다. 소련의 고르바초프 등장으로 일련의 개혁의 분위기가 조성되고 헝가리, 체코슬로바키아도 사회운동이 발생하면서 체제변화의 조짐을 보이기 시작하였다. 1989년 여름부터 많은 동독 주민들이 헝가리와 체코슬로바키아를 경유하여 서독으로 탈주하기 시작하였다. 그리고 가을부터 라이프치히에서는 사회주의의 개혁과 민주주의 확대를 요구하는 평화시위가 본격적으로 개최되었다. 주최 측의 예상을 뛰어넘는 수 십만의 인파가 몰려들기 시작하였고 이 시위는 라이프치히를 넘어 동독 전역으

월요시위가 시작되었던 라이프치히의 성 니콜라이 교회

로 확산되었다. 당시 동독의 최고지도부는 군대를 동원하여 시위를 진압하는 것을 계획하였지만, 고르바초프는 이러한 계획에 반대하였다. 이에 사회주의 통합당의 정치국원들은 10월 18일 에리히 호네커 서기장을 실각시키고 일부 개혁을 약속하며 시위대를 달래려고 하였다. 하지만 시위는 계속되었으며, 귄터 샤봅스키의 여행 자유화 실언으로 인해 11월 8일 베를린 장벽의 붕괴라는 역사적인 사건이 발생하였다.

외교적인 성과

당시 주민들은 통일이 조만간 이뤄질 수 있을 것으로 기대하였지만 두 독일과 주변국의 지도자들은 매우 큰 고민에 빠져 있었다. 고르바초프는 무력진압을 반대하였던 것이었지, 소련 안보의 최전선인 동독을 포기할 계획은 없었다. 당시 40만 명에 육박하는 소련의 군대가 동독 지역에 주둔하고 있던 상황에서 주민들의 통일 요구가 계속될 경우 유혈사태가 발생할 가능성도

베를린 장벽 붕괴 30주년 기념 우표

배제할 수 없었다. 이러한 상황 속에서 헬무트 콜 서독 수상이 외교력을 발휘하였다. 미국에게는 통일 독일이 나토에 잔류할 것, 소련에게는 경제지원과 나토군이 동쪽으로 더 이상 진출하지 않을 것을 약속하였다. 또한 통일 독일이 유럽공동체 일원으로 남을 것을 약속하여 프랑스와 영국의 지지를 이끌어냈다. 1990년 3월 동독에서 처음이자 마지막으로 자유선거가 개최되었다. 독재정당 사회주의통합당의 후신인 민주사회당은 18%를 득표하여 영향력을 상실하였으며, 민의에 기초한 민주 연립정부가 수립되었다. 이후 서독 측과 통일을 위한 실무적인 협약을 실시하였고 동독의회는 서독의 기본법 23조에 따라 1990년 10월 3일 서독으로의 편입을 선포하여 통일을 이룩할 수 있었다.

베트남의 통일: 무력을 통한 통일

쟁취한 분단

베트남의 분단은 단순하게 외세에 의해 이루어진 것이 아니라 베트남의 독립운동 세력이 온 힘을 다하여 프랑스로부터 국토의 절반을 쟁취한 성취였다. 1946년 베트남노동당은 민족주의 세력과 국내의 지주세력과 연대하여 프랑스의 재침략에 대항하였다. 1954년 디엔 비엔 푸에서 대승을 거두어 마침내 프랑스의 철군을 이끌어낼 수 있었다. 하지만 북베트남은 프랑스군의 영향력이 남부에 강력하게 남아 있었고 이 지역에 대한 개입 가능성을 높이는 미국과 당장 대결할 수 없다고 판단하였다. 이에 따라 17 도선을 기준으로 북부는 호치민이 남부는 바오다이 황제가 통치하되, 1956년 7월 전국 총선거를 실시한다는 내용이 담긴 제네바 협정에 승인하였다.

전쟁의 포화 속으로

공산권의 승리를 우려한 미국과 남베트남 측의 거부로 인해서 1956년으로 예정된 선거는 이루어지지 않았다. 이러한 상황에서 북베트남은 소모된 국력을 회복하고 국가기관을 정상화시킨 이후 무력으로 남베트남을 해방할 것을 결의하였다. 1960년 제3차 당 대회에서는 남베트남과 미국의 부당한 개입을 비판하는 내용이 1순위로 논의되었고 북부에서 사회주의 건설은 후 순위에서 논의되었을 만큼 통일은 중요한 화두였다. 베트남 경제사절단은 1차 5개년 경제발전계획을 위한 원조를 얻기 위해 중국을 방문하여 주은래 총리를 접견하였다. 주은래 총리는 향후 남부를 해방하는 과정에서 북부의 폭격이 발생할 수 있으니 산업시설을 밀집하여 건설하지 말 것을 당부하였다. 이미 북베트남 내부에서는 1960년을 전후로 무력통일이 결의되었다는 점을 추론할 수 있다. 1960년 12월 북베트남의 지시에 따라 남베트남 민족해방전선이 조직되어 최남단 껀터를 중심으로 무장봉기가 발생하였다.

1964년 통킹만 사건을 통해서 미국이 공식적으로 개입하였고 본격적인 전면전이 발생하였다. 미국은 막대한 군사력과 자금을 투입하였음에도 불구하고 원했던 정치적 결과를 얻지 못했다. 미라이 학살, 미국 내의 반전여론, 베트남의 구정 공세의 충격. 닉슨 대통령 탄핵 등으로 골머리를 앓았던 미국은 1973년 파리협정을 통해 출구전략을 모색하였다. 이 덕분에 1973년 헨리 키신저와 레 득토는 노벨평화상을 수상할 수 있었고 미군은 베트남에서 철수하기 시작하였다. 하지만 북베트남은 1974년도부터 또 다시 남부를 중심으로 무력투쟁을 전개하기 시작하였다. 부패하고 규율이 엉망인 남베트남의 군대는 사상적으로 무장되고 잘 훈련된 북베트남 정규군과 베트콩을 상대할 수 없었다. 1975년 3월 북베트남 정규군이 춘계공세를 실시하였고 4월 30일 남

디엔 비엔 푸 전투 승리 기념비

사이공 대통령 궁에 가장 먼저 진입한 843 탱크

베트남 대통령 궁을 점령하여 전쟁은 끝이 났다. 전쟁의 승리로 염원하였던 조국의 통일과 완전한 독립을 이룩할 수 있었다.

통일 그 이후

그렇지만 베트남의 통일 이후의 상황은 녹록하지 않았다. 남베트남의 지식인, 엘리트와 사업가뿐만 아니라 주민들도 보트에 자신의 몸을 의탁하여 조국을 떠났다. 난민인 보트피플은 해적에게 납치를 당하기도 하였으며 가까스로 주변국에 도착하여도 환영받지 못했다. 남베트남 군, 행정부, 교육기관에서 근무하였던 사람들은 재교육 캠프에 강제적으로 수용되었다. 이뿐만 아니라 통일은 새로운 경제적 문제를 초래하였다. 당시 남베트남은 미국의 경제지원과 미군에 납품하는 국내 기업의 수익으로 경제를 유지하고 있었다. 하지만 미군

베트남 북부에서 남부를 횡단하는 열차 '통일호'
* 기차 전면에는 개혁을 상징하는 '도이머이' 문구가 새겨져 있다.

의 철수와 원조감소로 인하여 통일 이전부터 남베트남의 경제는 악화되고 있었던 상황이었다.

통일 베트남 정부는 기존의 빈곤한 북부 주민들뿐만 아니라 새로운 주민의 생계를 책임져야 하는 새로운 과제를 부여받았다. 하지만 미국과 싸워 이겨 통일을 이룩한 베트남은 사회경제적 문제는 손쉽게 해결할 수 있을 것이라고 믿었다. 따라서 베트남노동당은 당명을 베트남공산당으로 변경하고 전 국토에 사회주의 건설을 확립하는 박차를 가하였다. 1976년 제 4차 당 대회에서 1976-1980 제2차 5개년 경제발전계획이 선포되었고 북부에서는 협동농장의 확장과 중공업화가 추진되었다. 남부에서는 토지개혁, 산업 및 상업의 국유화가 실행되었다. 이러한 무리한 정책은 성공을 거두지 못하였으며 캄보디아와 중국과의 연이은 전쟁으로 인해 국가 경제는 더욱 더 악화되었다. 이러한 문제점을 극복하기 위해서 1986년 제 6차 당 대회에서 '도이머이(혁신)'를 선포하며 시장경제를 수용하는 방향으로 정책을 선회하였다. 이 덕분에 최빈국이라는 오명을 탈피하였고 현재는 해외 자본을 적극적으로 유치하여 동남아시아의 핵심적인 제조업 국가로 부상하고 있다.

예멘의 통일: 성급한 통일과 무력으로 이뤄진 재통일

식민, 독립, 내전

20세기 예멘은 전쟁과 합의 그리고 또 다른 전쟁이 발생하는 비극을 반복적으로 경험하였다. 예멘은 한 민족을 이루고 있었지만 북부 지역은 오스만제국이 남부 지역은 영국의 지배로 인해 분단되었다. 국토로만 보면 우리나라의 충청도처럼 남북이 아닌 동서로 분단되었다. 1918년 북부는 터키를 상대로 투쟁하여 독립을 얻어 무타와킬 왕조를 수립하였다.

1962년 이맘 아흐마드 사망 이후 북예멘의 군부는 쿠테타를 일으켜 예멘

아랍공화국을 건설하였고 왕당파와 내전을 겪었다. 아덴과 남부예멘 지역에서는 사회주의 계열 인사들이 주축이 되어 봉기를 일으켜 영국으로부터 독립하여 1967년 2월 예멘인민민주공화국을 수립하였다. 남예멘이 사회주의를 표방하기는 하였지만 이 국가는 우리가 일반적으로 알고 있는 스탈린 체제와는 거리가 멀었다. 국가기관과 관료제가 발달하지 못했기 때문에 국가가 사회를 개입하고 동원하는 것에는 한계가 있었다.

많은 피를 흘리고 수립된 두 국가는 안타깝게도 화해를 이룩하지 못했다. 1972년 4월 남예멘의 공격으로 내전이 발생하였고 10월 카이로협정으로 급한 불을 껐다. 하지만 남북 예멘 모두 상대국가의 반체제 혹은 반군진영을 지원하는 방식으로 반목하였다. 게다가 예멘의 지도자들은 강력한 부족전통으로 인하여 자국에서도 제대로 통제력을 발휘하지도 못하였다. 1978년 북예멘의 보수파에 의해 북예멘의 하마디 대통령이 암살당하였고, 후임자인 가쉬미 대통령은 남예멘에 의해 암살당하는 혼란한 정치상황이 계속되었다. 이 상황 속에서 샬레 대령이 북예멘의 대통령에 올랐다.

1979년 2월 약 3주간의 대구모 국경분쟁이 발생하였고 카이로협정의 원칙을 재확인하는 쿠웨이트화해협정이 체결되었다. 이 협정은 양국관계에 의미 있는 진전을 가져왔다. 남예멘의 완고한 맑스주의자인 이스마일은 알리 나세르 무함메드로 교체되었다. 그는 사우디아라비아와 중동 국가들과의 관계 개선에 노력을 기울였으며 반면 북예멘의 살레는 모스크바를 방문하여 소련과의 관계를 개선하여 주변국과 관련 국가들의 이해관계의 조정을 시도하였다.

성급하고 불안정한 통일
국내외 정세가 요동치기 시작하면서 양국은 통일이라는 선택지를 진지하게 받아들이기 시작하였다. 소련의 경제적 위기는 자연스럽게 남예멘에 대한 지원의 감소로 이어졌다. 북예멘 역시 저발전을 극복할수 있는 묘수가 없는 암울한 상황 가운데서 유전(油田)이 발견되었다.

남북 모두 이데올로기적 갈등이 자본주의 진영의 승리로 기울어감에 따라 남북이 지속적으로 갈등하고 다투는 것보다는 평화적으로 협력하고 유전개발을 통해서 경제적 부를 획득하는 것이 양측 모두에게이익이 된다고 판단하였다. 이 때문에 과감하게 통일을 추진하게 되었다. 비록 그전에 민간의 교류가 진행되었지만 예멘의 통일은 전형적으로 국가지도자들 일방적으로 결정하는 톱 다운 형식으로 진행되었으며 1990년 5월 22일 통일이 공식화되었다.

통일 당시에는 권력을 비교적 평등하게 배분하였다. 김용욱(2006)에 따르면, 대통령은 북예멘의 살레, 남예멘의 사회당 서기장 알-바이드(소련의 지원을 받았던)는 부통령이 되어 통치를 시작하였다. 각료는북측이 19명 남측이 15명을 배정받았으며 의회는 총 301석 가운데 북측 159석, 남측 111석, 전통부족집단이 31석 배정받았다.

조상현(2012)에 따르면, 당시 가장 중요한 군사부분에 대한 일원적통제는 이루어지지 않았다. 살레 대통령이 통합군 사령관직을 겸직하였지만 남예멘 측이 국방장관, 북예멘측이 총참모장을 각각 차지하였다. 이뿐만 아니라 군의 요직을 남북예멘 출신에게 절반씩 안배하였다. 정치권이 통합을 유지하고 있었을 시점에는 분열된 군은 체제를 위협하지는 않았다.

내전과 재통일

1994년 선거에서 남예멘 출신의 알-바이드의 사회당이 54석을 차지하고, 이슬람연맹에 밀려 제 3당으로 추락하자 상황이 악화되었다. 알-바이드는 과거 남예멘의 아덴으로 돌아가서 남북의 경제적 격차와

내전으로 폐허가 된 남예멘의 타이즈

사회주의 세력을 탄압하는 중앙정부를 비판하고 자신의 지지자들을 결집시켰다. 중앙정부의 일원적인 통치를 받지 않았던 과거의 남예멘 군대는 대통령이 아닌 남예멘 출신의 알-바이드의 명령에 따라 움직이기 시작하였다.

국제사회가 중재를 시도하였지만 성공하지 못했고 내전이 발생하고 말았다. 1994년 5월부터 7월, 비교적 짧은 기간 동안 전쟁이 진행되었다. 하지만 남예멘은 북예멘에 비해 군사력과 경제력 모두 열세였기 때문에 북예멘의 손쉬운 승리로 막을 내렸다.

하지만 분단 극복 후에도 이 지역에 평화가 정착되지는 못했다. 살레 대통령은 독재를 펼치다가 퇴임 후 암살당했으며, 시아파와 수니파의 갈등, 아랍의 봄으로 인한 정치혼란, 알카에다와 IS의 개입, 이란의 시아파 후티 반군 지원 등으로 인해 매우 어려운 시간을 보내고 있다.

비영리 단체인 FFP에서 매해 발간하는 『취약국가보고서』(Fragile State Index Annual Report)에 따르면 예멘은 113.5점으로 최하위를 차지하였다. 만약 1990년 통일 이후 양측이 지혜를 모아 평화를 수립하였다면 위와 같은 연쇄적인 불행을 현명하게 방지했었을지도 모른다. 예멘 사례는 준비되지 않는 통일은 국가전체와 미래세대까지도 위기에 빠뜨릴 수 있다는 교훈을 준다.

학습 정리

❶ 남북은 1970년대부터 대결 혹은 협력의 가운데에서도 700회 가까운 공식 대화를 유지하며 300건 가까운 합의서를 도출했다.

❷ 20세기에 발표된 남북한의 민족국가 중심의 통일담론은 변화양상을 보이고 있다.

❸ 새로운 세대와 환경 가운데에서 새로운 통일인식과 평화공존 방안에 대한 모색이 필요하다.

참고문헌

김용욱. "예멘과 독일의 통일사례 비교와 시사점: 통합 합의과정 및 통일방식을 중심으로." 『한국정치외교사논집』 제28집 1호 (2006).

송정남. 『베트남 역사읽기』 서울: 한국외국어대학교 출판부, 2010.

조상현. "예멘 내전과 남북한 통일교훈 분석." 『중동연구』 제31권 2호 (2012).

크리스치안 퓌러. 『그리고 우리는 거기에 있었다: 교회에서 일어난 무혈혁명』 서울: 예영 커뮤니케이션, 2015.

Communist Party of Vietnam, 85 years of the Communist Party of Vietnam: A selection of documents from eleven party congresses. Hanoi: The Gioi Publishers, 2015.

Taylor Frederick. The Berlin Wall. London: Bloomsbury, 2006.

Zelikow Philip and Rice Condoleezza. Germany Unified and Europe Transformed: A Study in Statecraft. Massachusetts: Harvard University Press, 1997.

추천문헌

김연철. 『냉전의 추억: 선을 넘어 길을 만들다』 서울: 후마니타스, 2009.

김종수. 『북한청년과 통일』 서울: 선인, 2018.

박종철 외. 『통일 이후 국가정체성 형성방안: 이론과 사례연구 중심』 서울: 통일연구원, 2015.

박종철 외. 『민족공동체 통일방안의 새로운 접근과 추진방안(3대 공동체 통일구상 중심)』 서울: 통일연구원, 2010.

통일미래교육학회. 『남북통일 팩트체크 Q&A 30선』 서울: 박영사, 2020.

하영선 외. 『통일한반도와 동아시아 공동체로 가는 길』 서울: 나남, 2011.

참고자료 ────────────────────────────────────

서울대 통일평화연구원, 『2019년 통일의식조사』 서울: 서울대 통일평화연구원, 2019.

정대진, "남북한 합의서의 규범적 성격 연구," 『통일연구』 제18권 제1호 (2014).

정대진, "남북한 통합형태의 법적 쟁점: 자결권을 중심으로," 『통일과 법률』 제35호
(2018).

정대진, "통일교육법제 변화와 지방정부의 역할," 『통일연구』 제23권 제1호 (2019).

정일영·정대진, "남북합의서 이행의 한계와 대안의 모색: 5.24조치와 『남북관계발전에
관한법률』 제23조를 중심으로," 『통일연구』 제21권 제1호(2017).

통일부 통일교육원, 『2020 북한 이해』 서울: 통일부 통일교육원, 2019.

통일부 통일교육원, 『2020 통일문제 이해』 서울: 통일부 통일교육원, 2019.

통일부, 『2020 통일백서』 서울: 통일부, 2020.

통일법제 데이터베이스 www.unilaw.go.kr

13강

남북경제협력사업

인도적 지원

대북투자

경제협력과
인도적 지원

학습 목표

❶ 남북경협사업의 연혁과 주요 성과를 이해

❷ 북한의 인도적 상황과 국제사회와 한국의 인도적 지원을 이해

❸ 북한의 FDI 추이와 대북 투자에 대한 이해

열쇠말

남북경제협력사업, 개성공단, 인도적 지원

01

남북경제협력사업

1) 경과

남북경협은 1988년 당시 노태우 정부의 '7.7선언(민족자존과 통일번영을 위한 특별선언)' 이후에 「남북물자교류에 대한 기본지침」이 마련되면서 공식화되었다. 이후 김대중 정부 시절 2000년 6월 남북정상회담의 성과로 「남북경협 4대 합의서」가 채택되고 금강산 관광사업과 개성공단 개발사업이 시작되면서 남북경협은 본격화되었다. 노무현 정부는 2007년 '10.4 남북정상회담' 이후 「남북경제협력 공동위원회 구성·운영에 관한 합의서」를 채택하는 등 남북경협의 사업들에 대하여 양적인 확대를 이루어냈다.

2008년 이후 이명박 정부와 박근혜 정부를 거치면서 남북경협은 정체 및 중단기를 맞이하였다. 금강산 관광객 피격사건으로 금강산 관광이 중단되었고, 2010년 천안함 폭침으로 인하여 개성공단을 제외한 모든 남북경협사업이 중단되었다. 하지만 이마저도 북한의 연이은 장거리 미사일 시험 발사 등으로 전면 중단되었다.

남북경협사업의 주요 사건

최초 반입 승인
(대우, 도자기 519점)

「남북한 교역 대상 물품 및 반출 반입
승인 절차에 관한 고시」 제정

최초의 협력·사업 승인(대우)

1988.07.07.	1988.11.14.	1990.08.01.	1990.09.25.	1994.11.08.	1995.05.17.	1998.04.30.

「민족 자존과 통일
번영을 위한 특별
선언」 발표

「남북 교류 협력에 관한 법
률」 및 「남북 협력 기금법」
제정

남북경협 활성화 조치(제1차) 발표
경제 인사 방북 및 위탁가공교역 기술
자 방북 허용 등

남북경협 활성화 조치(제2차) 발표
위탁가공교역을 위한 생산 설비 반출 제한
폐지, 협력 사업 투자 규모 제한 폐지 등

2005.08.01.	2004.10.31.	2004.03.05.	2000.08.28.	2000.09.18.	2000.09.11.

「남북 해운 합의서」 및
「남북 해운 합의서의
이행과 준수를 위한
부속 합의서」 발표

경의선, 동해선
도로 공사완료
(12.01 개통)

제8차 남북경제협력
추진위원회
「임진강 수해 방지와
관련한 합의서」 채택

제2차 남북경제협력추진위원회
「남북 사이에 거래되는 물품의 원산지
확인 절차에 관한 합의서 서명」

경의선, 동해선 철도
및 도로 연결 착공식
개최

제2차 장관급 회담
임진강 수해 방지 사업
공동 추진 합의

2005.08.18.	2006.06.06.	2007.05.17.	2008.12.01.	2009.10.14.	2010.05.24.	2013.11.13.

제1차 남북농업
협력위원회

제12차 남북경제협력추진
위원회 「남북 경공업 및
지하자원 개발 협력에 관한
합의서」 채택

남북열차
시험 운행

북한, 남북 육로
통행 제한 등
'12.1조치' 실시

임진강 수해방지
남북 실무 회담
방류 사전통지 등 합의

천안함 피격 사건
관련 '5.24조치' 발표

나진-하산 물류 협력
사업 추진 관련
한-러 사업자 간
MOU체결

2) 금강산 관광사업과 철도연결 사업

금강산 관광

1998년 11월 18일 시작된 금강산 관광은 우리 국민이 북한을 여행하는, 남북 분단 50년사에 획기적인 사건이다. 금강산 관광을 통한 남북교류는 당국 간 대화 통로가 없던 상황에서 화해 분위기 조성은 물론이고 비공식적인 남북대화 채널이 확보되어 남북정상회담을 성사시키는 역할을 담당하였다. 이를 계기로 남북경협은 과거 단순교역과 소규모 위탁가공 수준에서 한 단계 발전하여 투자가 동반된 대규모 민간 경협시대의 서막을 열었다. 금강산 관광은 2008년 7월 관광이 중단되기까지 약 9년 8개월 동안 196만 명이 넘는 관광객을 기록하며, 남북교류사업 중 가장 많은 인적교류를 기록하였다.

외금강 호텔 전경

　　금강산 관광은 단순한 관광사업이 아닌 대규모의 인적·물적 교류가 동반
되었다는 점에서 남북한 신뢰 형성과 민족 동질성을 회복에 발판을 마련하였
다. 금강산 관광 대상 지역 초기에는 해금강, 삼일포 정도로 제한되었지만, 횟
수를 거듭할수록 내금강 지역까지 확대되었으며, 이동 수단도 해로를 통한 관
광에서 육로관광으로 발전하였다. 이와 같이 금강산 관광사업은 남북관계의
개선에 큰 역할을 담당하며 한반도 긴장 완화에 기여한 것으로 평가된다.

　　북한은 금강산 관광을 위해 동해안의 군사적 요충지인 장전항을 개방했으며, 육로관광을 허용할 당시에는 국도 7호선도 개방하였다. 북한 군부의 내부 반발이 적지 않았을 것임에도 불구하고 전격적으로 개방을 결정한 것은 당시 북한의 남북경협에 관한 의지를 엿볼 수 있는 대목이다.

철도·도로 연결 사업

남북을 잇는 대표적인 철도는 경의선(서울~신의주)과 경원선(서울~원산)이다. 2000년 6·15공동선언에서 금강산 관광사업과 개성공단 사업이 본격적으로 추진되면서 남북의 철도와 도로 연결이 활발히 진행되었다. 2002년에는 남북 경의선(문산~개성 27.3km)과 동해선(제진~금강산 28.5km) 철도를 시범 운행하였으며, 2007년 12월부터 도라산→판문역 간 남북화물열차가 개통되었다.

2) 개성공단

개성공단의 건설

개성공단 개발은 2000년 6월에 개최된 역사적인 남북정상회담의 성과로 같은 해 8월 현대아산과 북측이 '공업지구 건설 운영에 관한 합의서'를 체결하며 시작되었으며, 노무현 정부에서 개성공단 입주와 가동이 본격화되었다. 다만 이명박 정부 출범 이후 발생한 금강산 관광객 피격 사건(2008.07)과 천안함 폭침 사건(2010.03)으로 5.24 조치가 단행되어 개성공단을 제외한 남북교류가 전면 중단되고 만다. 결국 개성공단은 한 차례 잠정중단(2013.04 ~ 2013.08)에 이어 2016년 2월부터는 전면적으로 폐쇄된 상황이다.

개성공단의 운영

개성공단은 북한이 보유한 양질의 노동력과 우리의 기술력, 자본을 결합하여 남북의 공동 경제 번영이라는 '상생'의 취지에서 출발하였다.

개성공단은 1단계 분양이 완료하면서 본격적인 성장 궤도에 진입하였

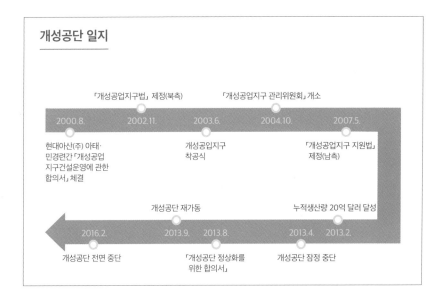

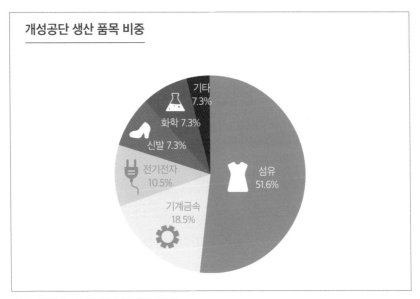

개성공단 생산 품목 비중

기타 7.3%
화학 7.3%
신발 7.3%
전기전자 10.5%
섬유 51.6%
기계금속 18.5%

* 출처: 통일부, 『2020 통일백서』 참고하여 재구성

으며, 2015년 12월 기준으로 125개의 기업이 입주하여 누적 생산액이 32.3억 달러에 달하는 성과를 이루었다. 북측 노동자 수 또한 중단 이전까지 약 55,000명이 넘으며 인적 규모에서도 최대 규모를 자랑했다.

개성공단은 남측 인사가 위원장을 맡은 개성공업지구관리위원회에 의해 운영되었으며 북측은 중앙특구개발지도총국이 관리위원회의 파트너로 협력하였다. 다만, 2013년 개성공단의 일시 중단 이후, 공업지구 운영에 대한 남북 당국의 관여가 지속되면서 현대아산이 계획했던 1단계 개발에도 미치지 못한 채 중단되고 말았다.

개성공단 사업의 평가

개성공단은 남북이 서로의 장점을 결합해 공동의 이익을 창출한 남북경제통합의 실험실이었다는 점에서 재평가될 필요가 있다.

개성공단 사업은 경제적인 성과 이외에도 다음과 같은 의미가 있다.

첫째, 남북관계 개선 및 평화정착에 대한 기여이다. 개성공단 사업을 통해 사상 유례가 없는 대규모의 인적 왕래가 이루어졌으며, 남북의 인원들의 한 공간에 상주하면서 적대적인 감정이 해소되어 민족 동질성 회복의 가능성을 보여주었다. 둘째, 개성공단을 통한 북한의 시장경제 학습이다. 북한은 개성공단을 공동으로 운영하면서 시장경제에 대한 기본적인 개념을 익히게 되었다. 셋째, 군사적 긴장 완화이다. 개성 지역은 군사 요충지로, 북한은 공단 조성을 위해 이 지역에 있던 주요 군사시설들을 후방으로 이동 배치하였다. 이는 군사분계선을 10km 북쪽으로 이동한 효과가 있다. 넷째, 남북의 인원에 대한 인식 개선이다. 개성 지역 주민들은 개성공단을 통해 우리의 경제력을 직접 확인할 수 있었고 그 결과 한국에 대한 인식의 변화를 가져왔다. 이처럼 개성공단은 남북화해협력의 상징으로 남북인원이 함께 근무하며 이해의 폭을 넓혀가는 통일의 실험장이었다.

인도적 지원

1) 인도적 지원의 개념

인도적 지원이란 무엇인가?

인도적 지원((humanitarian assistance)이란 일반적으로 "생명을 구하고 고통을 경감시키기 위해 자연재해(natural disaster)와 인위적인 재해(manmade Disaster)로부터 인간의 존엄성을 보호하는 활동"을 의미한다.

예를 들어 국제기구, 정부, 비정부기구(NGO)가 지진, 태풍, 산사태 등 자연재해와 전쟁, 내전으로 발생한 난민 등 인위적인 재해에 대해 지원하는 행위이다. 대표적인 국제기구에는 유엔개발계획(UNDP), 유엔난민기구(UNHCR), 유엔아동기구(UNICEF), 유엔세계식량계획(WFP) 등이 있다. OECD 개발원조위원회(DAC) 회원국인 공여국(Donor Countries)은 정부 차원에서 실시한다. 또한 국제적십자위원회(ICRC), 우리민족서로돕기운동과 같은 국내외 NGO도 인도적 지원을 실시한다.

UN의 인도적 지원 4대 원칙

인도(Humanity)
인간의 생명과 존엄성을 보호하는
인도주의적 관점에서 실시

중립(Neutrality)
전쟁, 내전과 같은 적대행위가
발생하였을 경우 어느 쪽에서도 정치,
종교, 이념, 인종 등 논쟁에 개입하지 않고
중립성을 준수하며 실시

공평(Impartiality)
오직 필요에 따라 차별 없이
공평하게 적용

독립(Independence)
정치, 경제, 군사적 목적이나
이익과 관계없이 실시

* 출처: UNOCHAR

인도적 지원의 형태

일반적으로 인도적 지원은 인명구조, 주거 시설, 물·식량, 의약품·의료 서비스, 위생시설 등 대부분이 단기적이고 일시적인 사업 형태이다. 그러나 최근에는 인도적 위기 상황을 예방하거나 재발 방지를 위해 장기적이고 지속적인 개발협력의 관점에서 지원하는 방식도 도입되고 있다.

2) 북한의 인도적 상황

북한은 인도적 지원이 필요한가?

북한은 인도적 지원이 필요한 상황일까? 만약 필요하다면, 구체적으로 어떠한 분야에 얼마만큼의 지원이 필요할까? 국제기구의 조사 결과에 따르면 북

북한의 주요 인도적 상황

전체인구	지원 필요인원	지원목표 인원	필요재원	인도지원 파트너 기관수
2,500만 명	1,090만 명	380만 명	1억 2,000만 달러	12

한의 인도적 상황이 매우 심각한 것을 알 수 있다.

북한에 상주하는 UN 기구와 국제 NGO로 구성된 UN 북한팀이 2019년에 발표한 '2019년 북한 인도주의 필요와 우선순위'는 북한의 인도적 상황의 심각성을 구체적으로 보고하고 있다. 동 보고서에 따르면 전체 인구의 약 43%에 해당하는 1,090만 명의 주민들이 식량, 영양, 건강, 물 및 위생과 관련된 인도적 지원이 필요하다. UN 북한팀의 보고서는 북한의 인도적 상황을 구체적으로 설명하고 있다.

만성적인 식량 불안과 영양실조

북한 인구의 약 절반이 최소한의 식량조차 제공받지 못하는 상태이다. 계층별로 살펴보면 풀죽으로 연명하는 최빈민층이 총인구의 10~20%, 강냉이밥이 주요 식량이며 죽을 일상적으로 먹는 하층이 총인구의 50~60%로 추정되고 있다. 지역과 국가 단위에서 기아를 포괄적으로 측정하고 추적 관측하는 도구로 활용되는 '세계기아지수(GHI)'에 따르면 북한은 '심각(serious)' 단계 분류되었다. 이는 북한은 영양결핍 인구 비율이 높으며 특히 5세 미만 아동의 체중 미달, 발육 부진, 사망률이 높은 것을 의미한다.

북한이 만성적인 식량 불안 상태가 된 원인은 농경지 부족, 낙후된 농업기술, 반복되는 자연재해 등이 복합적으로 작용한 결과라고 할 수 있다. 북한의 식량 문제를 개선하기 위해서는 단기적이고 긴급한 물자지원과 더불어 구조적인 문제를 해결하기 위한 장기적인 개발협력도 필요하다.

보건 서비스에 대한 접근성

개도국의 보건 문제는 주로 전염성 및 비전염성 질병의 피해, 영유아 사망률, 산모 사망률 등의 개선에 주목한다. 개인의 건강은 인간의 존엄성과 행복한 삶을 영위하기 위한 핵심적인 요소이며, 국가 차원에서 개인의 건강은 경제발전에도 큰 영향을 미친다. 건강한 삶은 생산력 증대 및 저축률 향상으로 연결되며, 결과적으로 국가발전에 이바지하기 때문이다.

'2019 북한 인도주의 필요와 우선순위'에 따르면, 북한 주민의 약 900만 명이 양질의 보건의료 서비스에 접근하지 못하고 있는 것으로 추산된다. 보건 서비스의 부족은 일반 성인보다 산모, 영유아에 보다 큰 영향을 미친다. 설사와 폐렴은 선진국에서 예방 가능한 흔한 질병이지만 북한에서는 5세 미만 아동의 주된 사망 원인이다. 5세 미만 아동 사망의 90%는 충분한 영양섭취, 필수 의약품 그리고 수액제를 통해 예방할 수 있다.

북한의 전체 출산 중 7.8% 이상이 집에서 이루어지는 가정분만이며, 이 과정에서 산모가 사망하는 경우도 많다. 결핵, 말라리아와 같은 질병도 인도적 지원을 통해 약품, 진단기기, 의료기기가 충분히 보급되면 얼마든지 극복할 수 있는 문제이다. 이러한 인도적 지원은 개인의 건강을 증진시켜 궁극적으로 국가발전에도 긍정적인 영향을 미칠 수 있다.

물과 위생(WASH: Water, Sanitation and Hygiene)

물과 위생은 생명과 직접적으로 연관된 분야로 인도적 지원의 대표적인 분야이다. 안전한 식수공급, 개인 및 공공 위생관리는 질병과 직결된다. 물은 인간의 존엄성뿐만 아니라 위생, 작물, 재배 가축사용에도 활용되기 때문에 다른 분야에도 큰 영향을 미친다. 안전한 물의 제공은 도시 지역보다 농촌 지역이 더욱 심각한 상황이기 마련인데, 북한 농촌 지역의 56%가 안전한 식수를 제공받고 있지 못하며, 이러한 식수 부족은 여성들이 전담하는 경우가 65%에 이르고 있다.

자연재해

북한에서 발생하는 대표적인 자연재해는 홍수, 폭염, 가뭄이 있다. 최근에는 지구 온난화로 인한 이상기후가 계속되어 자연 재해 피해는 과거보다 더욱 빈번하게 발생하고 있다. 특히 홍수와 가뭄은 이재민을 발생시키고 각 가정의 생계와 지역 사회 경제에 막대한 타격을 입힌다.

최근 발생한 대표적인 자연재해의 피해를 살펴보면, 2013~2014년에는 18개월 동안 계속된 가뭄으로 1,800만 명의 북한 주민이 식량 불안과 영양부족, 질병의 위험에 노출되었다. 2018년 여름에는 평균기온보다 최고 11도 이상 높은 폭염이 주요 농업 지역에 타격을 입혔으며 같은 해 이어진 홍수로 34만 명이 피해를 입고 17,000헥타르 이상의 경지가 파괴되었다.

3) 국제사회와 한국의 인도적 지원

지원실적

북한에 대한 인도적 지원은 1990년대 중반 경제난이 이어지는 가운데 발생한 수해를 계기로 시작되었다. 대북 인도적 지원은 2000년대 증감이 반복되었는데, 2010년대 북한의 핵·미사일 실험 이후 국제사회의 대북제재가 본격적으로 가해지면서 인도적 지원도 급속히 줄어들었다.

국제사회가 합의한 UN 인도주의 원칙에 따르면, 인도적 지원은 정치, 경제, 군사적 상황과 무관하게 실시되어야 한다. 그러나 대북 인도적 지원은 정치적 이데올로기와 대북정책에 따라 크게 좌우되고 있다. 북한의 인도적 상황이 근본적으로 개선되지 않았음에도 불구하고 핵·미사일 실험 및 대외관계에 따라 대북 인도적 지원 실적은 큰 폭으로 감소하였기 때문이다. 북한의 인도적 상황이 근본적으로 개선되지 않았음에도 불구하고 핵·미사일 실험 및 대외관계 악화에 따라 인도적 지원실적은 큰 폭으로 감소하였다. 대북 인도적

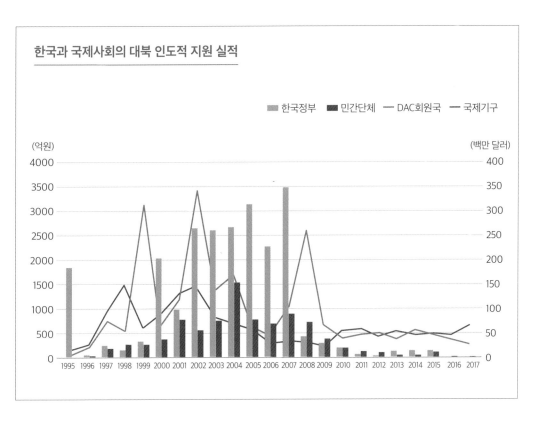

한국과 국제사회의 대북 인도적 지원 실적

지원은 정치적 이데올로기와 대북정책에 따라 크게 좌우되었기 때문이다.

지원 분야와 성과

국제사회와 한국에서 북한에 제공한 인도적 지원은 영양 상태를 개선하기 위한 쌀·옥수수·밀가루 등의 식량 지원, 농업 생산성을 높이는 비료 지원, 말라리아·조류 인플루엔자 예방 관련 방제 지원, 영유아·모자 보건, WASH 지원, 수해 복구를 위한 자재 제공 등이 있다. 인도적 지원은 북한의 긴급한 위기 상황을 극복하고 북한 주민의 삶을 개선하는 데 기여했다.

예를 들어 2012년 이후 5세 미만 어린이의 만성적인 영양실조 비율이 28%에서 19%로 감소했다. 20여 년에 걸쳐 지속된 대북 인도적 지원은 남북 교류 협력 기반 조성, 대북 지원 민간단체 육성, 모니터링 제도 개선 등 장기적인 관점에서 북한개발협력의 경험을 축적하는 데도 이바지했다.

대북제재에 따른 인도적 지원의 감소

UN대북제재위원회는 대북제재가 북한의 인도적 지원에 미치는 영향을 최소화하기 위해 2018년 '대북 인도적 지원을 위한 면제 가이드라인'을 발표했다. 그러나, 국제사회의 대북제재는 실제로 인도적 지원을 위축시키고 있다. 최근 북한의 인도적 상황은 개선되지 않았음에도 불구하고, 2018년 국제사회의 인도적 지원은 약 1,190만 달러로 2017년 동기간 약 2,640만 달러 대비 절반 수준으로 감소한 것에서도 알 수 있다. 북한 주민의 인도적 상황을 개선하기 위해 북한의 비핵화와 개혁·개방 및 국제사회의 노력이 필요하며, 정치·외교 관계에 좌우되지 않는 지속적인 지원이 필요하다.

03

대북투자

1) 북한 투자 현황

해외직접투자(FDI) 현황

유엔무역개발회의(UNCTAD)는 1991년부터 매년 전 세계 각 국가의 투자동향을 분석한 「World Investment Report」를 발간하고 있다. 북한 투자동향은 1994년도부터 발표되고 있으나, 투자국 및 투자업종 등 투자에 대한 상세 내용이 기술되지 않아 구체적인 사항을 파악하기 어렵다.

동 보고서에 따르면 1988년부터 2017년까지 북한으로 유입된 외국인직접투자액은 총 21억 5,600만 달러로 집계되었다. 이는 같은 기간 우리나라의 외국인직접투자액인 1천 806억 달러의 1.2%에 해당하는 수치다.

또한 북한과 유사한 국가체제와 1인당 GDP를 보이고 있는 저소득국가인 캄보디아, 미얀마, 라오스의 FDI를 비교한 결과에서도 북한의 FDI는 캄보디아의 10.1%, 라오스의 32.9%, 미얀마의 8.1% 수준으로 현재까지 북한으로의 투자 유입은 매우 미미한 실정이다.

2) 북한 투자 평가

기업들의 해외투자 동기

미국국제개발처(USAID)에 따르면, 일반적으로 기업들이 해외투자를 결정할 때 고려하는 4가지 동기는 시장 지향형, 생산효율 지향형, 전략적 자산 지향형, 천연자원 지향형이다.

시장 지향형은 새로운 고객 및 수출시장 접근을 위해 해외투자 고려, 국내 기업의 해외 판매기업 설립, 수요층이 많은 지역 또는 인근 지역에 제조 공장 설립을 주요 판단요소로 본다.

생산효율 지향형은 새로운 기술 또는 경쟁력 있는 노동력 확보를 통해 제품 생산원가를 낮출 목적의 해외투자, 주로 인건비 절감을 목적으로 해외에 제조 목적의 자회사 등 설립을 목적으로 한다.

전략적 자산 지향형은 브랜드, 신기술, 유통망 확보 등을 위해 이루어지는 해외투자, 선진국에 소재한 기업들을 중심으로 유명 브랜드 투자 및 실리콘밸리의 기술기업 투자를 중시한다.

천연자원 지향형은 국내에서 생산되지 않는 천연자원에의 접근을 위한 해외투자, 해외 유전 투자, 주요 광물의 광구 투자에 관심을 가진다.

북한 투자 동기

기업들의 해외투자 동기의 4가지 유형을 북한에 적용해 평가해 보면 어떨까?

결론적으로, 북한 투자는 시장 지향형, 생산효율 지향형, 천연자원 지향형의 3가지 측면에서 긍정적인 것으로 평가된다.

시장 지향형 면에서 북한은 2,500만 명의 작은 내수 시장이지만, 중국의 동북 3성과 러시아의 연해주, 일본 등을 포함하면 2억 명의 거대 시장으로 주변 국가의 중심부로서 접근성이 뛰어나다.

생산효율 지향형 면에서 북한은 단기적으로 교육 수준이 높고 저렴한 노동력 제공이 가능해 기업들의 생산원가를 낮춰 경쟁력을 높일 수 있다.

전략적 자산 지향형 면에서 북한의 매력도는 현저히 떨어진다. 현재 단계에서 북한의 브랜드, 신기술, 유통망 확보 측면에서 전략적 자산이라 평가할 요소가 없기 때문이다.

천연자원 지향형 면에서 북한은 경쟁력을 지니고 있다. 부존하는 광종만약 500여 종이며, 이중 상업적으로 유용한 광물은 200여 종, 경제성 있는 광물은 20여 종으로 평가된다. 우리나라 6대 전략광물인 유연탄, 우라늄, 철, 동, 아연, 니켈의 북한 매장량은 국내 수요의 수십 배에 달하는 것으로 추정된다. 아직까지 북한의 자원 매장량 및 경제성 평가에 대한 상세정보 제공이 원활히 이루어지지 않고 있다. 북한의 천연자원 데이터베이스가 구축되면 천연자원에 대한 보다 정확한 평가를 할 수 있을 것이다.

해외의 '북한 투자'에 대한 시각

해외에서는 '북한 투자'를 어떻게 평가하는지 파악하기 위해 2018-2019년 사이 주요 외신을 확인해보았다. 그 결과, 2018년 6월 북미정상회담이 개최되면서 북미 관계 개선의 움직임 속에서 대북투자에 관한 다양한 전망을 다루었다. 북한 투자에 관해 천연자원과 노동력, 거대시장과의 접근성, 인프라 개발 니즈를 장점으로 꼽고 있으나, 지금까지 북한 사업은 실패사례가 보여주듯 기회와 리스크를 모두 가진 양날의 검으로 묘사하고 있다.

기회 면에서는 저렴한 노동력, 지경학적 요충지가 높이 평가된다. 북한의 1,800만 명의 노동인구는 베트남 노동인구의 시간당 임금보다 저렴한 임금으로 아시아의 공급체인에 적절한 노동력 공급이 가능하다. 지경학적으로 개방된 북한은 남북한 간의 철도가 중국과 러시아와 연결된다면 한반도의 대유라시아 무역연결성이 향상되어 중요한 역할이 가능하다. 리스크 면에서는 역행하는 제조업과 미비한 인프라로 대변되는 투자환경의 불확실성을 들 수 있다.

3) 북한의 전략적 가치와 투자 유의사항

북한의 전략적 가치

북한과의 경제협력이 활성화된다면 우리는 성장의 '빅 찬스'를 잡을 수 있다. 한국이 당면한 성장 정체를 돌파하고 지속적 경제성장을 위해 남북한의 경제협력은 절실한 이슈가 되고 있다.

> 1) 지정학적 리스크에 따른 '코리아 디스카운트' 문제를 해결하여 경제성장을 촉진하게 될뿐더러 새로운 시장을 개척할 수 있다.
> 2) 북한을 비롯한 중국의 동북3성, 그리고 러시아의 연해주까지 약 2억 명이 넘는 인구가 한국을 중심으로 단일 시장화함으로써 명실상부한 동북아경제공동체 형성의 토대를 구축하게 된다.
> 3) 북한은 생산기지로서의 매력, 인프라와 자원, 관광 등의 개발 가능성도 충분하다.
> 4) 장기적으로는 남북한 공동의 번영과 경제통합을 위한 기반을 조성할 수 있다.

북한 투자 유의사항

북한 투자는 기회만큼이나 많은 위험이 존재한다. 대북 투자를 경험했던 많은 실패 사례들이 보여주듯이, 투자를 집행하기 전에 신중한 사업 검토가 필요하다. 북핵 문제의 해결을 전제함은 물론, 동시에 성공적인 대북 투자를 위해서는 북한의 정치, 산업, 제도 등 다방면에서 발생할 수 있는 리스크 요인에 대해 면밀히 파악해야 한다. 북남경제협력법, 외국인투자법 등에 기초해 기업들은 정치·경제적 리스크를 최소화해야 할 것이다.

또한 투자가능여부, 토지이용권한, 분쟁해결절차 등 구체적인 리스크들을 관리해야 한다. 리스크 점검과 함께 투자비 회수방안을 단계적으로 마련하는 것도 중요하다. 북한 경제의 문이 언제 열릴지 아무도 알 수 없다. 그러나 그 문이 열렸을 때 준비가 되어 있지 않다면 남들보다 늦을 수밖에 없다. 북한 경제의 문이 열리고, 그 기회를 놓치지 않으려면 사전에 준비가 되어 있어야 한다. 북한 투자를 위해 관련 전문 인력을 육성해야 하고, 어느 지역, 어느 부분에 투자를 집행할 것인지, 투자를 위한 자본은 어떻게 조달할 것인지에 대해서도 구체적인 계획을 세우고 실행해야 할 것이다.

이보다 앞서 정부와 민간 투자자의 상호협력하에 남한이 향후 경제협력과 개발사업 진행에서 최적의 파트너라는 신뢰를 북한 당국에 심어주는 일도 매우 중요할 것이다. 이 모든 준비를 위해 민간 투자자들은 지금부터라도 북한에서의 비즈니스에 관심을 갖고 과거의 경험, 북한의 현재 상황 등을 종합적으로 고려하여 투자 및 진출 전략을 사전에 수립할 필요가 있다.

학습 정리

❶ 남북경협은 국제 정세와 남북관계의 부침에 의해 어려움을 겪으면서도 개성공단과 금강산 관광 등을 성사시켜며 괄목할 만한 성과를 거두며 향후 한반도 미래의 청사진을 제시하였다.

❷ 북한 주민의 인도적 상황을 개선하기 위해 북한 당국의 비핵화 노력과 한국을 포함한 국제사회의 인도적 지원이 필요하다.

❸ 북한 투자는 천연자원과 노동력, 거대시장과의 접근성, 인프라 개발 니즈를 장점으로 꼽고 있으나, 기회만큼이나 많은 위험이 존재하기 때문에 투자를 집행하기 전에 북한의 정치, 제도, 산업 등 다방면에서 발생할 수 있는 리스크 요인에 대한 점검이 선행되어야 한다.

추천문헌

나승권·홍이경,『개성공단의 국제경쟁력 강화방안 연구』서울: 대외경제정책연구원, 2014.

박순성,『북한경제와 한반도 통일』서울: 풀빛, 2003.

박지연·손혁상 외,『북한개발협력과 지속가능발전목표』서울: 오름, 2020.

법무법인 태평양,『개성공업지구 법규 및 제도해설』서울: ㈜로앤비, 2004.

손혁상 외,『북한개발협력의 이해: 이론과 실제』서울: 오름, 2017.

임을출,『웰컴투 개성공단』서울: 해남, 2005.

중소기업진흥공단,『중소기업 남북경협 실무절차 및 추진사례』서울: 중소기업진흥공단, 2007.

한국수출입은행,『개성공단 투자환경』서울: 수출입은행, 2005.

한국토지공사,『개성공업지구개발사』한국토지공사, 2009.

UN Humanitarian Country Team. *2019 DPR Korea Needs and Priorities. 2019.*

참고자료

KOTRA·산업연구원,『남북한 협력지구 심화확장발전 전략』산업통상자원부 용역보고서 (2013).

김영윤,『남북경협 실패사례 연구: 대북 경협사업의 성공을 위한 정책과제』서울: 통일연구원, 2004.

송장준,『개성공단 활성화를 위한 정책과제』서울: 중소기업연구원, 2011.

손혁상 외,『북한개발협력의 이해: 이론과 실제』서울: 오름, 2017.

삼정 KPMG 대북비즈니스지원센터,『북한 비즈니스 진출 전략』서울: 두앤북, 2018.

문경연 외, "대북지원 20년(1995~~2015): 민간단체의 대북지원 성과와 과제,"『국제관계연구』제22권 제1호 (2017).

양문수, "개성공단 발전 방안 모색: 쟁점과 과제,"『남북경협의 과거현재미래』경실련 통일협회
    남북경협 정책 심포지엄 (2006년 9월 14일)

중소기업진흥공단,『중소기업 新 남북경협실무 100문 & 100답』서울: 중소기업진흥공단,
    2006.

개성공업지구지원재단 http://www.kidmac.com

Bloomberg. https://www.bloomberg.com/asia

ReliefWeb. https://www.reliefweb.int/country/prk

UN Humanitarian Country Team. *2019 DPR Korea Needs and Priorities*. 2019.

UNCTAD. https://www.unctad.org

UNCTAD. *World Investment Report*. Geneva: United Nations, 2018.

UNHCR. https://emergency.unhcr.org/entry/44765/humanitarian-principles

14강

북한 인권

학습 목표

❶ 북한 인권문제가 대두된 배경과 국내외 논의 동향에 대한 이해

❷ 국제사회의 인권문제 제기에 대한 북한의 대응을 이해

❸ 북한 인권문제의 주요 쟁점을 이해하고 우리의 과제에 대해 토의

열쇠말

북한 인권, 인권의 상대성, 인권의 보편성

북한 인권문제 동향

1) 북한 인권문제의 대두

국제사회는 제2차 세계대전을 통한 대량학살, 인종차별 등 광범위한 인권침해를 경험하며 '보편적 인권'의 필요성을 절감하였다. 그 결과 'UN 세계인권선언(1948)' 등 보편적 인권과 관련된 협약 및 선언, 법·제도가 만들어지기 시작했다.

그러나 미국과 소련을 축으로 하는 냉전체제가 도래하면서 인권은 체제경쟁, 상대를 비난하기 위한 수단으로 이용되기도 했다. 또한 국익을 중심으로 하는 현실정치 속에서 인권은 정치·군사·경제 등 여러 분야에 영향을 받고 주요 현안에 뒤처질 수밖에 없었다. 이러한 맥락 속에서 냉전시기 북한 인권문제는 국제사회에서 지금과 같은 관심을 받지 못했다.

한편, 냉전시기 남북관계에서 인권은 상대를 비난하는 수단으로써 이용되었는데, 주로 북한이 한국의 인권문제를 제기했다는 점에서 현재와 차이를 보인다. 당시 한국은 군사정권이 유지되면서 국제사회로부터 국내 인권문제에 대해 지속적으로 비난을 받고 있었다. 북한은 이를 근거로 한국 정부를 비난

UN 세계인권선언문 영문본

하고 체제 정당성을 선전하는 데 이용했다. 반면, 한국은 북한 인권 상황에 관심을 가질 여력도 없었을 뿐만 아니라 북한 인권 상황에 대한 정보가 적었기 때문에 문제를 제기하는 것에 한계가 있었다.

김병로(1997)에 따르면, 북한 인권문제는 국제앰네스티(AI) 연례보고서

(1983), 아시아워치(Asia Watch, 현재 Human Rights Watch/Asia)와 미네소타변호사 국제인권위원회(Minnesota Lawyers International Human Rights Committee)가 공동으로 발간한 북한인권보고서(1988) 등 국제 인권기구들에 의해 국제사회에 알려지기 시작했다. 무엇보다도 1990년대 경제 위기 이후 국제사회가 대북지원 과정에서 심각한 인권침해실태를 목격하게 되고 북한이탈주민의 증언이 이어지면서 북한 인권문제에 대한 관심이 확산되었다.

2) 국내에서의 북한 인권 논의

정부

역대 정부는 기본적으로 대북정책의 틀 속에서 북한 인권정책의 방향성을 설정하고 추진해왔다. 역대 정부의 대북 인권정책은 공통점과 차이점을 모두 가진다. 먼저, 모든 정부는 보편적 가치로서의 인권의 중요성을 수용하고, 북한 주민들의 생존권 보장을 위한 인도적 지원의 필요성에 공감했다. 김대중 정부의 대북 포용정책, 노무현 정부의 평화번영정책에서는 물론 이명박 정부 시기 북한의 천안함 폭침(2010)으로 인한 5.24조치에서도 영유아 등 취약계층에 대한 순수한 인도적 지원은 유지하였다.

　한편, 북한 인권문제 접근 및 개선 방식에 있어서는 다소 차이가 있었다. 진보 정권의 경우 남북관계의 특수성을 고려하여 국제사회 등에서 적극적으로 인권문제를 제기하는 것을 자제하면서, 북한을 개혁·개방으로 유도하여 사회권을 중심으로 북한 인권의 전반적인 상황을 개선하기 위해 노력하였다. 반면, 보수 정권은 남북관계와 북한 인권문제를 별도의 사안으로 보고 국내외적으로 북한 인권문제를 적극적으로 제기하여 북한 정권을 압박하고, 자유권을 중심으로 북한 인권상황을 개선하고자 하였다. 이 같은 역대 정부의 북한 인권문제에 대한 입장은 유엔총회 북한인권결의안 표결에서도 잘 나타난다.

역대 정부의 유엔총회 북한 인권결의안 입장

정부	연도	찬성:반대:기권	한국입장
노무현 정부	2005년	88:21:60	기권
	2006년	99:21:56	찬성
	2007년	101:22:59	기권
이명박 정부	2008년	94:22:63	공동제안/찬성
	2009년	99:20:63	공동제안/찬성
	2010년	106:21:55	공동제안/찬성
	2011년	123:16:51	공동제안/찬성
	2012년	컨센서스 채택	공동제안
박근혜 정부	2013년	컨센서스 채택	공동제안
	2014년	116:20:53	공동제안/찬성
	2015년	119:19:48	공동제안/찬성
	2016년	컨센서스 채택	공동제안
문재인 정부	2017년	컨센서스 채택	공동제안
	2018년	컨센서스 채택	공동제안
	2019년	컨센서스 채택	공동제안 불참
	2020년	컨센서스 채택	공동제안 불참

*주: 컨센서스 채택
컨센서스 방식은 표결을 거치지 않고, 명시적인 반대가 없는 경우에 전원 합의에 이르렀다고 간주하여
결의안을 채택하는 방식이다.

국회

북한 인권 관련 국회 논의 동향은 「북한인권법」 제정 과정에서 잘 나타난다. 2004년 미국 「북한인권법」이 통과된 이후 국내에서는 제17대 국회 당시 김문수 의원이 처음으로 북한인권법안을 대표 발의(2005.8.11.)하였다. 이후 제19대 국회에 이르기까지 약 20개의 북한 인권 관련 법안 발의가 있었다. 이 과정에서 여당과 야당, 진보와 보수는 남북관계에 대한 시각의 차이를 기반으로 「북한인권법」의 실효성, 북한 인권의 범주, 인도적 지원 조항 포함 여부, 북한 인권 관련 기구 설치 문제 등 여러 쟁점에서 논쟁하고 갈등하였다. 그리고 마침내 「북한인권법」이 국회 본회의를 통과하여 2016년 3월 3일 제정되었다. 그러나 국회에서의 북한 인권 접근방법, 개선방안 등 대북 인권정책을 둘러싼 논쟁은 여전히 현재 진행 중이다.

「북한인권법」

북한 주민의 인권 보호 및 증진에 기여하기 위해 2016년 3월 3일 제정, 같은 해 9월 4일부터 시행되었다. 북한 주민들의 인권개선에 대해 포괄적으로 규율한 최초의 법률이라는 점에서 의의를 가진다. 매 3년 「북한인권 증진기본계획」 수립(제6조), 통일부에 「북한인권증진자문위원회」(제5조)·「북한인권기록센터」 설치(제13조), 「북한인권재단」 설립(제10조) 등을 주요 내용으로 하고 있다.

시민단체

시민단체는 북한 인권 개선을 위해 적극적으로 활동하며 다양한 역할을 수행하고 있다. 먼저, 국내 및 국제사회에 북한 인권 실태를 알리고 이를 공론화시키기 위한 다양한 활동을 하고 있다. 북한 인권 실태보고서 발간, 국제회의 개최 등 북한 인권 관련 의제를 확산시키기 위한 노력을 지속하고 있다. 정부의 대북인권정책을 비판, 감시함과 동시에 의견을 적극적으로 개진하며 정책 결정과정에도 영향을 미친다. 이러한 시민단체의 역할은 남북관계와

G7 정상회담을 앞두고 캐나다 퀘벡에서 가두시위 중인 북한 인권 관련 시민단체

국내외 정치적 상황에 영향을 받는 정부의 대북 인권정책의 한계를 상호 보완한다고 할 수 있다.

3) 국제사회의 북한 인권 논의

국제기구

유엔(UN)

유엔은 1995년 북한의 대북 긴급지원 요청 이후, 가장 먼저 북한 인권 상황에 관심을 가졌다. 유엔은 유엔헌장 및 인권 관련 조약에 기반한 여러 수단을 통해 북한 인권실태에 대한 심각한 우려를 표명하며 북한 당국에게 북한 주민들의 인권을 개선할 것을 지속적으로 권고하고 있다. 2003년 유엔인권위원회(UNCHR)의 북한인권결의안 첫 채택을 시작으로, 유엔총회는 2005년, 유엔인권이사회(UNHRC)는 2008년부터 북한인권결의안을 채택하고 있다.

'유엔인권이사회'

유엔인권이사회는 가입국들의 인권상황을 정기적, 체계적으로 검토하고 개선하기 위한 조직으로, 2006년 6월에 출범하였다. 1946년 유엔경제사회이사회(ECOSOC) 산하기관으로 설립된 유엔인권위원회를 개편·발전시킨 것이다. 유엔경제이사회 산하기관이 아닌 유엔총회 산하기관으로 격상되었고, 유엔인권위원회와 달리 상설로 운영한다는 점에서 차이가 있다. 유엔인권이사회는 가입국들의 인권상황을 정기적, 체계적으로 검토하고 개선하기 위한 임무를 수행하고 있다.

또한 특별절차로써 2004년부터 북한 인권 특별보고관이 활동 중이며, 유엔인권이사회는 2013년 '북한 인권에 관한 조사위원회(Commission of Inquiry on Human Rights in the DPRK, 이하 'COI')'를 설치하였고, COI는 2014년 북한인권실태에 대한 보고서를 제출하였다.

"조직적이고 광범위하며 중대한 인권침해가 북한 정부, 기관 및 당국자들에 의해 이루어져 왔으며, 인권침해 사례들은 많은 경우 인도에 반한 죄(crimes against humanity)를 구성한다"(COI 보고서 중)

(좌) 유엔인권이사회에서 작성한 '북한인권 조사위원회 보고서' (우) 스위스 제네바 유엔인권이사회에서 위 보고서를 발표하고 있는 모습

2015년 유엔인권최고대표사무소(OHCHR)는 COI 보고서의 후속 조치로 유엔인권사무소(서울)를 설치하였다. 유엔인권사무소는 북한의 인권침해에 대한 감시 및 증거보존 강화, 책임규명을 위한 임무를 수행하고 있다.

유엔은 2021년 기준 193개국을 회원국으로 하고 있고, 북한 또한 회원국으로 참여하고 있다는 점에서 적지 않은 정치적 영향력을 발휘하고 있다.

유럽연합(EU)

유럽연합(EU)은 탈냉전 이후 미국 중심의 새로운 국제질서 속에서 영향력을 확보하고자 하였다. 때문에 미국이 주도적으로 영향을 미치고 있는 동북아 지역을 주목하면서, 아시아와 적극적으로 파트너십을 구축하려는 신아시아 전략(Towards a New Strategy)을 채택하였다. 이러한 아시아 전략 속에서 유럽연합은 1999년 북한과 국교수립을 본격적으로 추진하였다. 황재옥(2012)에 따르면, 유럽연합은 제3세계 국가들과 양자 간 교역이나 협정 체결 시, 민주주의와 인권존중을 최우선적으로 추구해야 할 보편적 가치로 간주했으며 자연스럽게 북한 인권문제에 대한 관심으로 이어졌다.

　유럽연합의 북한 인권문제에 대한 접근은 미국과는 다소 차이를 보인다. 보편적 가치로써 인권 개선을 촉구하는 것에서는 동일하나, '강압적' 수단보다는 설득, 대화와 같은 평화적 과정을 선호한다. 때문에 초기 유럽연합은 주로 인도적 지원과 경제협력, 그리고 정치·인권대화를 통해 북한 인권문제에 접근하였다. 그러나 이러한 노력에도 불구하고 북한 인권 상황이 개선되지 않자, 유럽연합은 2003년 유엔인권위원회 북한인권결의안이 상정되는 데 적극적 역할을 하는 등 과거보다 강경하고 적극적으로 북한 인권문제를 제기하고 있다. 그러나 한편으로는 북핵 문제와 인권문제를 분리하고, 인도적 지원과 대화를 지속하며 북한 인권 개선 및 북한 개방을 이끈다는 입장을 유지하고 있다.

개별 국가

개별 국가 행위자는 대표적으로 미국, 일본을 들 수 있다. 이들은 대체적으로 탈냉전 시기, 1990년대 후반부터 북한 인권문제에 관심을 갖기 시작했다. 두 개의 진영으로 나누어져 있던 여러 국가들은 탈냉전 이후 새로운 대외관계와 정책을 모색하기 시작했고, 북한과의 관계 및 대내외적 요인을 고려하여 북한 인권문제를 다루어왔다.

미국

김수암(2011)에 따르면, 미국은 냉전체제가 종식되고 이념 경쟁이 사라지자 인권의 보편적 가치를 토대로 대외정책의 정당성을 확보하려 했다. 자연스럽게 미국의 대외정책에서 인권이 차지하는 비중은 점점 증가하였다. 9.11 사태 이후 미국은 테러지원국(State Sponsors of Terrorism)을 지정하고 이들에 대한 정치적·군사적 압박과 함께 자유민주주의 확산이라는 포괄적·적극적 대외정책을 추진하면서 '인권'을 핵심 가치이자 효율적 수단으로 활용하기 시작했다.

　이러한 맥락에서 미국 의회에는 2003년 「북한자유법」(North Korean Freedom Act of 2003)이 상정되었다.

그러나 대량살상 무기와 같은 북한 인권과 무관한 내용들이 포함되었다는 비판에 직면하자 일부 내용을 수정하여 「북한인권법」(North Korean Human Rights Act of 2004)을 제정하였다. 2004년 제정된 미국의 「북한자유법」은 북한 인권 재승인법안이 계속 통과되면서 2022년까지 연장되었다. 이 외에도 미국은 「국가별 인권보고서」, 「인신매매보고서」 등 정부차원의 북한 인권 관련 보고서를 정기적으로 발간하고, 북한 인권 가해자를 제재 대상으로 지정하는 등 북한 당국에 직·간접적으로 인권개선을 촉구·압박하고 있다.

일본

일본은 2006년 제정된 「북한인권법」의 정식 명칭인 「납치문제 및 기타 북한 당국에 의한 인권침해문제에의 대처에 관한 법률」에서 알 수 있듯 보편적 가치 측면에서의 북한 인권문제보다는 일본인 납치문제 등 북한과 관련된 일본인에 대한 인권에 초점을 두고 있다. 또한 일본의 대북정책은 요코다 메구미 유골 진위 논란과 같이 국내적으로 파급력이 큰 북일관계 쟁점으로 인해 반북 여론 등 국내 정치적 요소에 많은 영향을 받는다. 이는 대체로 대외정책의 큰 틀 속에서 북한 인권에 대한 접근이 이루어지는 미국과 유럽연합과는 다른 일본의 특징이라 할 수 있다.

국제 비정부기구(INGO)

북한 인권문제 관련 국제 비정부기구는 개별 국가 및 국제기구에 실질적 영향력을 미친다. 이들은 북한 인권 관련 보고서를 정기적으로 발간하고, 국제사회에서 지속적으로 북한 인권문제를 제기하는 등 북한 인권 개선을 위한 다양한 활동을 하고 있다.

일례로 국가별정례인권검토(UPR)에는 각 국가의 인권과 관련된 이해당사자들이 의견서(Stakeholder's information)를 제출하는 과정이 있다. UPR 제2기

(2012~2016)에는 세계기독연대(CSW) 등 약 10여 개의 기구가 북한 인권 관련 의견서를 제출하기도 했다. 또한 휴먼라이츠워치(Human Rights Watch)의 보고서는 파급력이 크기 때문에 개별 국가의 주요 정책결정자들과 국회에서 참고자료로 사용하기도 한다.

한편, 북한이탈주민을 주축으로 한 국제 비정부기구도 북한의 인권 상황 개선을 위해 활발히 활동하고 있다. 이들은 국제학술회의, 캠페인 등을 통해 각국 의원 면담, 청원서 제출 등 주요국과 국제기구의 개입을 적극적으로 촉구하고 있다.

이러한 국제 비정부기구들이 각각 개별 활동뿐만 아니라 서로 협력하며 북한 인권문제에 대응하기도 한다. 국제앰네스티(AI), 휴먼라이츠워치(Human Rights Watch) 등 한국을 포함한 전 세계 40여 개 이상의 인권단체들은 서로 연대하여 북한반인도범죄철폐국제연대(International Coalition to Stop Crimes against Humanity in North Korea, 이하 'ICNK')를 설립하였다. ICNK는 유엔의 북한 인권문제에 대한 접근의 한계를 지적하며 북한의 '인도에 반한 죄'에 대한 조사를 위한 유엔의 북한 인권에 관한 조사위원회(COI) 설립을 추진하였다. 이러한 ICNK의 노력은 유엔의 COI 설립에 크게 기여하였다.

이처럼 국제 비정부기구들은 북한 인권문제 접근의 한계에도 불구하고 지속적으로 개별 국가 및 국제기구와 협력하고 네트워크를 구축하여 꾸준히 북한 인권문제 개선을 위해 노력하고 있다.

02

북한의 대응

1) 북한의 인권인식

인권문제에 대한 북한의 대응을 이해하기 위해서는 북한이 인권을 어떻게 인식하고 있는지 알아볼 필요가 있다. 먼저 북한이탈주민 480명을 대상으로 한 "북한에서 '인권'에 대해 들어본 적이 있는가?"에 대한 설문조사 결과 25.6%가 "있다", 74.4%가 "없다"라고 답하였다. 이는 북한 거주 당시 북한이탈주민 대다수가 '인권' 개념을 인지하지 못하고 있음을 의미한다고 할 수 있다.

그렇다면, 북한 당국은 인권을 어떻게 정의하고 국제사회의 인권문제 제기에 대해 어떻게 대응하고 있을까? 북한은 인권이 개인이 아닌 집단의 권리이며, 계급적 특성을 가진다고 본다. 그리고 '우리식(북한식) 인권'을 강조하며, 보편성보다는 특수성을 강조하는 '문화상대주의적' 입장으로 접근한다.

첫 번째로, 북한은 '사람은 육체적 생명과 함께 사회정치적 생명'을 가지며, '자주성을 생명으로 하는 사회적 존재, 단결과 협력을 생존 방식으로 하는 사회적 존재'라고 규정한다. 때문에 개인의 인권은 존재할 수 없으며, 집단의 한 구성원으로서 사회적 인권을 가진다고 주장한다.

인권에 대한 북한의 주장

"개인의 권리문제는 집단의 한 성원으로서의 권리문제인 것만큼 사회적 집단을 떠난 고립적, 개별적 사람들의 권리문제란 있을 수 없다."

평양출판사. 2017. 「인권을 말하다」 p.33.

두 번째로, 북한에서는 인권이 '초계급적(보편적)'으로 적용될 수 없는 '계급적' 특성을 가진다고 말한다. 북한은 근대 인권이 봉건사회에서 자본주의로 전환되는 과정에서 신흥 자본가들이 반봉건 투쟁에 유리한 구호로써 자유·평등 같은 개인의 권리를 만들어 이용했다고 주장한다. 때문에 북한은 인권의 초계급적인 보편성을 인정하지 않으며, 자유권과 평등권에도 비판적이다.

이와 같은 북한의 인권 인식은 사회주의 체제의 집단주의적 특성과 사회주의 대가정론과 같은 북한 체제의 특성이 결합된 것이라 할 수 있다. 그리고 개인보다는 집단을 중시하고, 계급투쟁을 통해 진정한 인권을 누릴 수 있다고 주장한 마르크스 인권론과 맥락을 같이 한다.

세 번째로, 북한은 인권의 상대성을 강조하는 문화상대주의적 입장을 견지하고 있다. 북한의 김혜련(2017)은, 제2차 세계대전 이후 유엔의 세계인권선언, 인권조약 채택 등 보편적 인권기준 형성과 관련하여 '실제로 인권의 보호와 촉진에서 북한이 많은 전진을 이룩'했다고 주장하였다. 그럼에도 불구하고 서구의 기준에 입각한 보편적 인권기준을 서로 다른 역사와 정치, 경제, 문화발전 수준을 가진 나라에 일률적으로 적용하고, 이를 외교적 압박을 위한 정치적 도구로 사용함으로써 국제적으로 문제가 되고 있다고 지적하였다.

북한의 인권문제는 북핵 문제, 대북지원과 같은 북한의 대내외 이슈와 연계되어 거론되는 경우가 많다. 이에 대하여 북한은 국제사회의 인권문제 제기는 체제에 대한 위협이며, 국가의 자주권을 침해하는 내정간섭이라고 주장하곤 한다.

2) 국제사회의 인권문제 제기에 대한 대응

북한은 위와 같은 인식과 국익을 기반으로 국제사회의 인권문제 제기에 대해 강력히 비난하며 반발해왔다. 그러나 한편으로는 인권 관련 국제조약기구에 가입하고 보고서를 제출하며, 관련 법률을 제·개정하는 등 부분적으로 인권 보장을 위한 국제 시스템을 따르기도 한다.

개별 국가들의 인권문제 제기에 대한 대응

북한은 개별 국가와의 관계에 따라 인권문제에 대한 대응 방식에 차이를 보여 왔다. 남북 관계에 있어 인권문제는 남북 간 정치·군사·경제·사회 전반의 이 슈와 관련성을 가진다. 남북 분단 상황 속에서 북한은 한국의 북한 인권문제 제기를 적대정책, 체제 위협으로 인식하여 강력히 반발하는 동시에 계급적, 집단적 인권의 측면에서 한국의 자유민주주의 체제와 이로 인한 인권문제를 지속적으로 비난해왔다.

북한은 자본주의와 자유민주주의하에서 기본적 권리와 정치적 권리가 자 본가 계급에 집중되어 있고, 소수 특권층의 이익만 보호된다고 비난한다. 이 러한 북한의 한국 인권실태에 대한 비난 논조는 '노동신문'에 한국 언론보도 를 인용하여 종종 실리기도 한다. 또한 북한은 '남조선인권대책협회'를 만들 고 '남조선인권유린실태보고서(2014)'를 발간하기도 하였다.

미국의 인권문제 제기에 대해서는 문화상대주의적 입장에서 접근한다. 미 국을 대표적인 '제국주의 국가'로 보고 미국의 인권문제 제기를 국가의 자주권 을 위협하는 적대 정책이자 내정간섭이라고 비난한다. 때문에 연례인권보고 서 발간, 「북한인권법」 연장, 북한인권결의안 참여 등 미국이 북한 인권 관련 움직임을 보이면 즉각적으로 강력하게 반발하며 자본주의와 자유민주주의 체 제, 인종차별 등을 근거로 미국의 인권문제를 함께 비난해왔다.

특히 북미관계에 있어 북한 인권문제는 북핵 문제와 연계되어 북미관계의 변수이자 장애물이 되기도 한다. 일례로 2019년 11월 14일 유엔총회 제3위원회에서 채택된 북한인권결의안에 미국이 공동제안국으로 참여한 것에 대해 강력히 반발하였다.

북한 외무성대변인 담화 中

"앞으로 조·미 대화가 열린다고 해도 관계개선을 위한 미국의 대(對)조선 적대시 정책 철회문제가 대화 의제에 오르지 않으면 핵 문제가 논의될 일은 없을 것이다."

(2019.11.17.)

한편, 일본의 북한 인권문제 제기에 대해 북한은 과거 식민지 시절 강제징용, 위안부와 같이 일본이 조선인을 대상으로 했던 인권유린 문제와 연계하여 일본을 역으로 비난하는 방식으로 대응해왔다. 북한은 일본 정부가 일본인 납치문제를 제기하기 전에 과거 식민지배에 대한 과거 청산이 우선되어야 한다고 주장한다. 즉, 일본이 현재 북한의 인권문제를 제기할 권리가 없으며, 식민지 시절 인권유린에 대한 일본의 사과와 보상 등 과거청산이 선행되어야 한다는 입장을 고수하고 있다.

"과거청산은 조일현안문제해결에서 일본의 최우선 과제"

"일본정부는 과거청산보다 '랍치문제'를 조일현안문제해결의 우선적 과제로 내세우고 소동을 핀다. … 조일현안문제해결의 최우선적 과제는 '랍치문제'가 아니라 일본의 과거청산이며 여기에 조일관계개선의 열쇠가 있다."

「로동신문」(2013.11.14.)

유럽연합의 북한 인권문제 제기에 대해 북한은 상대적으로 덜 적대적인 반

응을 보여왔다. 그 이유는 첫째, 미국과의 대립구도에서 유럽연합과의 원만한 관계 형성은 국제사회에서의 북한의 입지와 연계되기 때문이다. 그리고 이는 미국의 영향력이 큰 아시아 지역 국가들과 적극적인 파트너십 형성이라는 유럽연합의 목적에도 부합한다.

둘째, 미국 등과 다른 유럽연합의 북한 인권문제 접근 방식 때문이다. 앞서 살펴본 바와 같이 유럽연합은 다른 국가들에 비해 인권문제를 북핵 문제와 분리하고, 강압보다는 설득과 대화를 통해 북한 인권문제에 접근한다. 때문에 경제적 지원과 함께 인권문제를 제기하는 유럽연합에 우호적으로 대응하였다. 그러나 유럽연합이 유엔 북한인권결의안에 참여하는 등 국제사회와 함께 북한 인권문제를 제기할 때에는 체제 위협, 내정간섭으로 간주하여 강력히 반발하기도 한다.

유엔 및 비정부기구

북한은 유엔에 대해 '미국을 비롯한 소수 강대국들의 전횡의 도구로 이용되는 기구'라고 비난하며, 기본적으로 부정적인 입장이다. 그리고 유엔에서 제기하는 북한 인권문제 또한 문화상대주의적 입장을 기반으로 미국 등 강대국에 의한 체제 위협이자 적대정책으로 인식한다. 때문에 유엔 북한인권결의안, 안보리에서의 북한 인권 논의, COI 보고서(2014)등에 적극 반발하고 있다.

북한은 한편으로 UPR 참여, 국제 인권조약 가입 및 보고서 제출 등 국제사회의 보편적 인권 보장을 위한 제도에 부분적으로 참여하고 있다. 북한은 1차 UPR(2009), 2차 UPR(2014), 3차 UPR(2019)에 참여하여 국가보고서를 제출하였다.

북한은 또한 시민적·정치적 권리 규약 등 국제 인권조약을 비준·가입하고, 당사국의 의무에 따라 권리별 보고서를 제출하였다. 보통 북한은 보고서를 제출하더라도 규약에 규정된 원 기한을 지키지 않은 경우가 대부분이나, 장애인 권리협약 최초 이행보고서의 경우, 처음으로 기한 내에 제출했다는 점에서 주

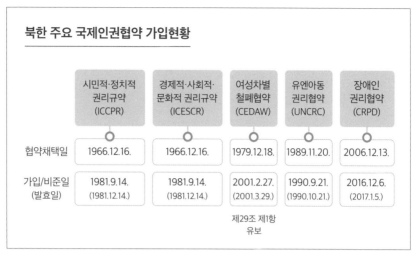

북한 주요 국제인권협약 가입현황

	시민적·정치적 권리규약 (ICCPR)	경제적·사회적·문화적 권리규약 (ICESCR)	여성차별 철폐협약 (CEDAW)	유엔아동 권리협약 (UNCRC)	장애인 권리협약 (CRPD)
협약채택일	1966.12.16.	1966.12.16.	1979.12.18.	1989.11.20.	2006.12.13.
가입/비준일 (발효일)	1981.9.14. (1981.12.14.)	1981.9.14. (1981.12.14.)	2001.2.27. (2001.3.29.)	1990.9.21. (1990.10.21.)	2016.12.6. (2017.1.5.)
			제29조 제1항 유보		

※ 여성차별철폐협약 제29조 제1항: 본 협약의 해석 또는 적용에 관한 둘 또는 그 이상 당사국간의 분쟁이 직접교섭에 의해 해결되지 아니하는 경우 그들 중 하나의 요구가 있으면 중재재판에 회부되어야 한다. 중재재판 요구일로부터 6개월 이내 당사국이 중재재판 구성에 합의하지 못하면 동 당사국 중 일방은 국제사법재판소 규정에 부합하는 요청에 의해 동 분쟁을 국제사법재판소에 회부할 수 있다.
* 출처: 국가인권위원회

목을 받았다. 그러나 조약 가입 보고서 제출 등 북한의 참여 그 자체는 의미가 있으나, 보고서 내용은 자국의 노력을 일방적으로 선전하는 등 내용적 측면에서는 부족하다는 평가를 받고 있다.

한편, 북한 당국은 한국 및 국제 비정부기구들의 북한 인권문제 활동에 대해 다른 행위자들과 비교했을 때 상대적으로 뚜렷한 대응을 보이지는 않는다. 다만, 북한이탈주민들의 북한 인권문제제기에 대해서는 소수의 체제이탈자 (북한이탈주민)들의 일방적인 주장일 뿐이며 내부에 거주하는 다수는 문제 삼지 않는다고 주장하며 대응하고 있다.

3) 인권 관련 북한 내 노력과 한계

북한은 국제 인권조약 가입 외에도 대내외적 환경변화를 고려하여 인권 관련 국내법을 제·개정하는 등 법제를 정비해왔다.

임예준(2016)에 따르면, 북한은 1987년 유추제한이론 도입 등 「형법」을 전면 개정하였고, 1992년에는 「형사소송법」을 전면 개정하여 인권보장 원칙을 명시하였다. 또한 1993년 「변호사법」 제정, 1997년 「판결·판정집행법」 제정, 1998년 「재판소구성법」 등은 1990년대 전반적인 사법제도의 정비를 보여준다. 이 외에도 「장애자보호법」(2003), 「년로자보호법」(2007), 「녀성권리보장법」(2010), 「아동권리보장법」(2010) 등 취약계층의 인권에 관한 법률도 채택하였다.

이와 같은 법·제도 정비가 실제 북한 주민들의 인권개선으로 이어지는지는 명확하지 않다. 그러나 임예준(2016)은 국제 인권조약 당사국에 주어지는 일차적 의무가 국내 입법임을 고려할 때, 이러한 법제 발전을 현실과 다르다 하여 부정적으로만 평가할 필요 또한 없다고 말한다. 북한은 이러한 법·제도 개선 노력을 국제 인권조약 기구 제출 보고서에 주요 성과로 강조하고 있으며, 이는 북한의 반발에도 불구하고 국제사회의 인권문제 제기가 일정 부분 효과가 있는 것으로 볼 수 있다.

03

주요 쟁점과 과제

북한 인권문제는 남북관계와 국제사회에서 최우선적으로 논의되는 현안은 아니지만, 그 역사가 길뿐 아니라 관련 행위자와 쟁점이 많은 사안이다. 여기 서는 북한 인권문제를 둘러싼 대표적 쟁점 두 가지를 살펴보고자 한다.

1) 인권의 보편성과 상대성

인권의 보편성과 상대성에 대한 논쟁은 북한 인권문제뿐 아니라 1948년 유 엔 세계인권선언 채택 당시부터 지금까지 이어지는 국제사회의 인권 논의를 둘러싼 주요 쟁점이다. 실제 사우디아라비아는 세계인권선언 제18조(종교의 자유)가 자국(自國)의 법과 이슬람 율법에 어긋난다는 이유로 유엔인권선언 채 택 찬반투표에 기권하였다.

또한 인권의 보편성에 대한 논쟁은 주권과 불개입 원칙을 우선시하는 국제 사회 규범 속에서 '인권문제'를 주권국가의 국내적 문제로 볼 것인지, 국제적 문제로 볼 것인지에 대한 논쟁과도 연관된다.

인권의 보편성을 주장하는 입장은 각 국가의 정치·경제·사회 수준과 관계없이 보편적인 인권을 적용할 수 있고 보장되어야 한다고 주장한다. 그리고 인권의 상대성은 독재 국가, 권위주의 국가가 자신들의 체제를 정당화하기 위한 논리라고 비난한다.

반면, 인권의 상대성을 주장하는 입장에서는 '보편적' 인권의 정의가 명확하지 않고 지나치게 서양 중심적이며, 강대국들이 다른 나라의 주권침해 수단으로 활용하려는 논리라고 비판한다. 때문에 각국의 사회 수준과 문화적 특수성을 고려한 인권의 개념을 규정해야 한다고 주장한다.

이러한 논쟁은 국내 「북한인권법」 제정 과정에서도 잘 드러난다. 국내 「북한인권법」 제정은 북한 주민의 인권 보호라는 본래의 취지를 넘어 정치적 논쟁의 양상을 띄었다. 먼저 「북한인권법」 제정을 주장하는 쪽에서는 미국과 일본에서도 북한 주민들의 보편적 인권을 위해 「북한인권법」을 제정하였는데, 심각한 북한 인권 실태를 알면서도 당사자인 한국이 아무런 노력을 하지 않는 것을 비판하며 국내 「북한인권법」 제정의 필요성을 강조하였다.

반면, 「북한인권법」 제정에 반대하는 쪽에서는 「북한인권법」을 제정하더라도 강제력과 실효성이 없고 오히려 북한 당국을 자극하여 남북관계가 악화되어 북한 주민들의 인권을 악화시키는 결과를 초래한다고 주장했다. 그리고 이러한 첨예한 논쟁 속에 2016년 3월 「북한인권법」이 제정되었으나, 「북한인권법」 내의 여러 조항을 둘러싼 논쟁은 여전히 진행 중이다.

2) 인권침해의 원인과 개선방안

인권의 범위는 광범위하며, 인권침해의 원인과 그에 따른 개선방안도 다양하다. 인권을 큰 범위에서 구분하자면, 크게 경제적·사회적 및 문화적 권리에 관한 국제규약(A규약, 사회권규약)과 시민적 및 정치적 권리에 관한 국제규약(B규약, 자유권규약)에 따른 사회권과 자유권으로 구분할 수 있다. 자유권 침해의 경우 일반적으로 국가와 기득권층이 가해자가 되는 경우가 많으며, 당국의 적극적 의지로 개선 가능한 권리 분야이다. 반면, 사회권의 경우 개별 국가의 의지만으로는 개선이 불가하며, 외부의 지원을 필요로 한다.

'자유권'과 '사회권'

자유권은 개인이 국가 권력에 의해 간섭·침해 등을 받지 않을 권리를 의미한다. 신체의 자유, 거주·이전의 자유, 직업 선택의 자유, 사생활의 비밀과 자유, 양심의 자유, 종교의 자유, 언론·출판·집회·결사의 자유, 학문과 예술의 자유 등이 이에 해당한다.
사회권은 국민으로서 개인이 인간다운 삶을 위해 필요한 요건을 만들어 줄 것을 국가에 요구할 수 있는 권리를 의미한다. 건강한 생활을 누릴 권리, 교육을 받을 권리, 노동권, 노동자의 단결권 등이 이에 해당한다.

이러한 권리별 침해 원인과 개선방안의 차이로 인해 한국 정부가 어떤 권리에 우선순위를 두느냐에 따라 대북정책 방향성이 달라졌고, 특히 '대북지원'과 연계되어 논쟁의 대상이 되었다.

앞서 살펴본 것처럼, 북한 주민들의 자유권 개선에 초점을 두는 경우 근본적 해결을 위해 가해자인 북한 당국과 기득권이 적극적으로 인권을 개선하도록 인식 변화를 유도해야 한다. 반면, 사회권 개선에 초점을 두는 경우 우선 대북 인도적 지원을 통해 직·간접적으로 북한 주민들의 인권을 개선시켜야 한다고 본다.

그러나 자유권 개선에 무게를 두는 입장에서는 북한 주민들의 사회권 개선을 위한 대북 인도적 지원이 실제 북한 주민들의 인권을 개선하는 것이 아닌 북한 당국과 기득권층의 권력을 유지하는 데 도움이 된다고 주장하며 비난한다. 한편, 사회권 개선에 무게를 두는 입장에서는 북한 당국과 갈등할수록 오히려 북한이 폐쇄적으로 변하기 때문에 북한 주민들의 인권을 개선할 수 있는 기회를 없앤다고 본다. 때문에 사회권을 우선적으로 개선하고, 이를 통해 북한 주민들의 인권 의식 성장 및 북한의 개방을 유도하여 자유권을 개선해야 한다고 주장한다.

3) 북한 인권문제, 어떻게 바라볼 것인가?

북한 인권문제는 남북관계의 다른 사안들 중 최우선적 의제로 다뤄지지는 않지만, 변수가 많고 복잡한 논쟁 구조를 가진 사안이다. 인권의 보편성의 측면에서 국제적인 문제이고, 남남갈등의 원인이자, 앞으로 남북의 통합과 통일을 이루어나가는 과정에서 직면할 현실적 문제이기도 하다.

그렇다면 우리는 북한 인권문제를 어떻게 접근해야 할까? 지금까지 북한 인권문제는 남한과 북한, 그리고 진보와 보수가 상대방을 비난하고 압박하는 수단으로 종종 이용되었다. 여기에 자극적인 제목과 내용 위주의 언론보도는 문제의 본질보다는 국민들의 여론을 분열시켰다.

인권의 보편성과 상대성, 어떠한 권리에 우선순위를 두어야 하는지에 대한 정답은 정해져 있지 않다. 이는 북한에 대한 인식, 북한 인권문제의 특성 그리고 개인의 가치관과 판단에 의해 결정될 것이다.

그러므로 북한 인권문제를 둘러싼 쟁점과 합의점에 대해 이성적·체계적으로 사고하고, 건설적인 토론과 논의를 통해 개선방안을 찾는 노력이 필요하다. 이러한 노력은 북한 인권문제를 넘어 남북이 함께할 미래에 보다 성숙한 인권 국가로 발돋움하기 위한 중요한 과정이 될 것이다.

학습 정리

❶ 북한 인권문제는 국제사회의 노력과 북한이탈주민들의 증언을 통해 대두되기 시작하였다.

❷ 북한은 '집단적, 계급적, 문화상대주의적' 입장에서 인권을 인식하고, 남한과 국제사회의 인권문제 제기에 대응해왔다.

❸ 북한 인권문제는 복잡한 논쟁구조를 가졌다. 그러므로 북한 인권문제의 쟁점과 합의점에 대해 이성적·체계적으로 사고하고, 이를 통해 개선방안을 찾는 노력이 필요하다.

추천문헌 ────────────────────────────────

김혜련 외,『인권을 말하다』평양: 평양출판사, 2017.

서보혁,『코리아 인권-북한 인권과 한반도 평화』서울: 챵세상, 2011.

조효제,『인권 오디세이』서울: 교양인, 2019.

통일부,『2021 북한인권 알아가기』서울: 통일부 북한인권과, 2021.

통일연구원,『북한인권백서 2021』서울: 통일연구원, 2021.

한동호 외,『북한인권 정책환경 분석』서울: 통일연구원, 2017.

한동호,『한국의 대북 인권정책 연구』서울: 통일연구원, 2014.

참고자료 ────────────────────────────────

김병로,『북한 인권문제와 국제협력』서울: 민족통일연구원, 1997.

김수암, "국제사회의 인권개입과 북한의 인권정책결정 요소 분석,"『국제문제연구』제11권 제3호 (2011).

김혜련 외,『인권을 말하다』평양: 평양출판사, 2017.

이백규, "북한의 개정 형사소송법의 동향과 평가,"『북한법연구』제8호 (2005).

임예준 외,『북한인권 제도 및 실태 변화추이 연구』서울: 통일연구원, 2016.

정상우 외,『북한이탈주민 인권의식 실태조사 연구』국가인권위원회 연구용역보고서 (2016).

황재옥,『북한인권문제, 원인과 해법』서울: 선인, 2012.

약어표

〈국제기구 및 일반약어〉

개발원조위원회(Development Assistance Committee): DAC

국제원자력기구(International Atomic Energy Agency): IAEA

국제적십자위원회(International Committee of the Red Cross): ICRC

국제태권도연맹(International Taekwondo Federation): ITF

물과위생(Water, Sanitation and Hygiene): WASH

비정부기구(Non Government Organization): NGO

세계기아지수(Global Hunger Index): GHI

세계태권도연맹(World Taekwondo Federation): WTF

유엔개발계획(United Nations Development Programme): UNDP

유엔세계식량계획(United Nations World Food Programme): WFP

유엔아동기구(United Children's Fund): UNICEF

카프(Korea Artista Proletaria Federatio): KAPF

〈국제조약〉

경제적·사회적 및 문화적 권리에 관한 국제규약(International Covenant on Economic, Social and Cultural Rights): ICESCR

시민적 및 정치적 권리에 관한 국제규약(International Covenant on Civil and Political Rights): ICCPR

여성에 대한 모든 형태의 차별철폐에 관한 협약(Convention on the Elimination of All Forms of Discrimination Against Women): CEDAW

유엔 아동의 권리에 관한 협약(United Nations Convention on the Rights of the Child): UNCRC

장애인의 권리에 관한 협약(Convention on the Rights of Persons with Disabilities): CRPD

핵확산금지조약(Non-Proliferation Treaty): NPT

부록

7.4 남북공동성명

최근 평양과 서울에서 남북관계를 개선하며 갈라진 조국을 통일하는 문제를 협의하기 위한 회담이 있었다.

서울의 이후락 중앙정보부장이 1972년 5월 2일부터 5월 5일까지 평양을 방문하여 평양의 김영주 조직지도부장과 회담을 진행하였으며, 김영주 부장을 대신한 박성철 제2부수상이 1972년 5월 29일부터 6월 1일까지 서울을 방문하여 이후락 부장과 회담을 진행하였다.

이 회담들에서 쌍방은 조국의 평화적 통일을 하루빨리 가져와야 한다는 공통된 염원을 안고 허심탄회하게 의견을 교환하였으며 서로의 이해를 증진시키는데서 큰 성과를 거두었다.

이 과정에서 쌍방은 오랫동안 서로 만나보지 못한 결과로 생긴 남북사이의 오해와 불신을 풀고 긴장의 고조를 완화시키며 나아가서 조국통일을 촉진시키기 위하여 다음과 같은 문제들에 완전한 견해의 일치를 보았다.

1. 쌍방은 다음과 같은 조국통일원칙들에 합의를 보았다.

   첫째, 통일은 외세에 의존하거나 외세의 간섭을 받음이 없이 자주적으로 해결하여야 한다.

   둘째, 통일은 서로 상대방을 반대하는 무력행사에 의거하지 않고 평화적 방법으로 실현하여야 한다.

   셋째, 사상과 이념·제도의 차이를 초월하여 우선 하나의 민족으로서 민족적 대단결을 도모하여야 한다.

2. 쌍방은 남북사이의 긴장상태를 완화하고 신뢰의 분위기를 조성하기 위하여 서로 상대방을 중상 비방하지 않으며 크고 작은 것을 막론하고 무장도발을 하지 않으며 불의의 군사적 충돌사건을 방지하기 위한 적극적인 조치를 취하기로 합의하였다.

3. 쌍방은 끊어졌던 민족적 연계를 회복하며 서로의 이해를 증진시키고 자주적 평화통일을 촉진시키기 위하여 남북사이에 다방면적인 제반교류를 실시하기로 합의하였다.

4. 쌍방은 지금 온 민족의 거대한 기대속에 진행되고 있는 남북적십자회담이 하루빨리 성사되도록 적극 협조하는데 합의하였다.

5. 쌍방은 돌발적 군사사고를 방지하고 남북사이에 제기되는 문제들을 직접, 신속 정확히 처리하기 위하여 서울과 평양 사이에 상설 직통전화를 놓기로 합의하였다.

6. 쌍방은 이러한 합의사항을 추진시킴과 함께 남북사이의 제반문제를 개선 해결하며 또 합의된 조국통일원칙에 기초하여 나라의 통일문제를 해결할 목적으로 이후락 부장과 김영주 부장을 공동위원장으로 하는 남북조절위원회를 구성·운영하기로 합의하였다.

7. 쌍방은 이상의 합의사항이 조국통일을 일일천추로 갈망하는 온 겨레의 한결같은 염원에 부합된다고 확신하면서 이 합의사항을 성실히 이행할 것을 온 민족 앞에 엄숙히 약속한다.

서로 상부의 뜻을 받들어

이 후 락   김 영 주

1972년 7월 4일

남북 사이의 화해와 불가침 및 교류·협력에 관한 합의서남(「남북기본합의서」)

남과 북은 분단된 조국의 평화적 통일을 염원하는 온 겨레의 뜻에 따라, 7·4남북공동성명에서 천명된 조국통일 3대원칙을 재확인하고, 정치 군사적 대결상태를 해소하여 민족적 화해를 이룩하고, 무력에 의한 침략과 충돌을 막고 긴장 완화와 평화를 보장하며, 다각적인 교류·협력을 실현하여 민족공동의 이익과 번영을 도모하며, 쌍방 사이의 관계가 나라와 나라사이의 관계가 아닌 통일을 지향하는 과정에서 잠정적으로 형성되는 특수관계라는 것을 인정하고, 평화 통일을 성취하기 위한 공동의 노력을 경주할 것을 다짐하면서, 다음과 같이 합의하였다.

제1장 남북화해

제1조 남과 북은 서로 상대방의 체제를 인정하고 존중한다.

제2조 남과 북은 상대방의 내부문제에 간섭하지 아니한다.

제3조 남과 북은 상대방에 대한 비방·중상을 하지 아니한다.

제4조 남과 북은 상대방을 파괴·전복하려는 일체 행위를 하지 아니한다.

제5조 남과 북은 현정전상태를 남북 사이의 공고한 평화상태로 전환시키기 위하여 공동으로 노력하며 이러한 평화상태가 이룩될 때까지 현군사정전협정을 준수한다.

제6조 남과 북은 국제무대에서 대결과 경쟁을 중지하고 서로 협력하며 민족의 존엄과 이익을 위하여 공동으로 노력한다.

제7조 남과 북은 서로의 긴밀한 연락과 협의를 위하여 이 합의서 발효 후 3개월 안에 판문점에 남북연락사무소를 설치·운영한다.

제8조 남과 북은 이 합의서 발효 후 1개월 안에 본회담 테두리 안에서 남북정치분과위원회를 구성하여 남북화해에 관한 합의의 이행과 준수를 위한 구체적 대책을 협의한다.

제2장 남북불가침

제9조 남과 북은 상대방에 대하여 무력을 사용하지 않으며 상대방을 무력으로 침
　략하지 아니한다.

제10조 남과 북은 의견대립과 분쟁문제들을 대화와 협상을 통하여 평화적으로 해
　결한다.

제11조 남과 북의 불가침 경계선과 구역은 1953년 7월 27일자 군사정전에 관한 협
　정에 규정된 군사분계선과 지금까지 쌍방이 관할하여 온 구역으로 한다.

제12조 남과 북은 불가침의 이행과 보장을 위하여 이 합의서 발효 후 3개월 안에 남
　북군사 공동위원회를 구성·운영한다. 남북군사공동위원회에서는 대규모 부대이
　동과 군사연습의 통보 및 통제문제, 비무장지대의 평화적 이용문제, 군인사교류
　및 정보교환 문제, 대량살상무기와 공격능력의 제거를 비롯한 단계적 군축 실현문
　제, 검증문제 등 군사적 신뢰조성과 군축을 실현하기 위한 문제를 협의·추진한다.

제13조 남과 북은 우발적인 무력충돌과 그 확대를 방지하기 위하여 쌍방 군사당국
　자 사이에 직통 전화를 설치·운영한다.

제14조 남과 북은 이 합의서 발효 후 1개월 안에 본회담 테두리 안에서 남북군사분
　과위원회를 구성하여 불가침에 관한 합의의 이행과 준수 및 군사적 대결상태를
　해소하기 위한 구체적 대책을 협의한다.

제3장 남북교류·협력

제15조 남과 북은 민족경제의 통일적이며 균형적인 발전과 민족전체의 복리향상
　을 도모하기 위하여 자원의 공동개발, 민족 내부 교류로서의 물자교류, 합작투자
　등 경제교류와 협력을 실시한다.

제16조 남과 북은 과학·기술, 교육, 문화·예술, 보건, 체육, 환경과 신문, 라디오, 텔
　레비전 및 출판물을 비롯한 출판·보도 등 여러분야에서 교류와 협력을 실시한다.

제17조 남과 북은 민족구성원들의 자유로운 왕래와 접촉을 실현한다.

제18조 남과 북은 흩어진 가족·친척들의 자유로운 서신거래와 왕래와 상봉 및 방문을 실시하고 자유의사에 의한 재결합을 실현하며, 기타 인도적으로 해결할 문제에 대한 대책을 강구한다.

제19조 남과 북은 끊어진 철도와 도로를 연결하고 해로, 항로를 개설한다.

제20조 남과 북은 우편과 전기통신교류에 필요한 시설을 설치·연결하며, 우편·전기통신 교류의 비밀을 보장한다.

제21조 남과 북은 국제무대에서 경제와 문화 등 여러분야에서 서로 협력하며 대외에 공동으로 진출한다.

제22조 남과 북은 경제와 문화 등 각 분야의 교류와 협력을 실현하기 위한 합의의 이행을 위하여 이 합의서 발효 후 3개월 안에 남북경제교류·협력공동위원회를 비롯한 부문별 공동위원회들을 구성·운영한다.

제23조 남과 북은 이 합의서 발효 후 1개월 안에 본회담 테두리 안에서 남북교류·협력분과 위원회를 구성하여 남북교류·협력에 관한 합의의 이행과 준수를 위한 구체적 대책을 협의한다.

제4장 수정 및 발효

제24조 이 합의서는 쌍방의 합의에 의하여 수정·보충할 수 있다.

제25조 이 합의서는 남과 북이 각기 발효에 필요한 절차를 거쳐 그 문본을 서로 교환한 날부터 효력을 발생한다.

1991년 12월 13일

남북고위급회담	북남고위급회담
남측대표단 수석 대표	북측대표단 단장
대한민국	조선민주주의인민공화국
국무총리 정 원 식	정무원총리 연 형 묵

남북공동선언 (「6.15남북공동선언」)

조국의 평화적 통일을 염원하는 온 겨레의 숭고한 뜻에 따라 대한민국 김대중 대통령
과 조선민주주의인민공화국 김정일 국방위원장은 2000년 6월13일부터 6월15일까
지 평양에서 역사적인 상봉을 하였으며 정상회담을 가졌다.

남북정상들은 분단 역사상 처음으로 열린 이번 상봉과 회담이 서로 이해를 증진시
키고 남북관계를 발전시키며 평화통일을 실현하는데 중대한 의의를 가진다고 평가하
고 다음과 같이 선언한다.

1. 남과 북은 나라의 통일문제를 그 주인인 우리 민족끼리 서로 힘을 합쳐 자주적
   으로 해결해 나가기로 하였다.

2. 남과 북은 나라의 통일을 위한 남측의 연합제 안과 북측의 낮은 단계의 연방제
   안이 서로 공통성이 있다고 인정하고 앞으로 이 방향에서 통일을 지향시켜 나가
   기로 하였다.

3. 남과 북은 올해 8·15에 즈음하여 흩어진 가족, 친척 방문단을 교환하며, 비전향
   장기수 문제를 해결하는 등 인도적 문제를 조속히 풀어 나가기로 하였다.

4. 남과 북은 경제협력을 통하여 민족경제를 균형적으로 발전시키고, 사회, 문화, 체
   육, 보건, 환경 등 제반분야의 협력과 교류를 활성화하여 서로의 신뢰를 다져 나
   가기로 하였다.

5. 남과 북은 이상과 같은 합의사항을 조속히 실천에 옮기기 위하여 빠른 시일 안에
   당국 사이의 대화를 개최하기로 하였다.

김대중 대통령은 김정일 국방위원장이 서울을 방문하도록 정중히 초청하였으며, 김정일 국방위원장은 앞으로 적절한 시기에 서울을 방문하기로 하였다.

2000년 6월 15일

대한민국	조선민주주의인민공화국
대 통 령	국 방 위 원 장
김 대 중	김 정 일

남북관계 발전과 평화번영을 위한 선언(「10.4남북정상선언」)

대한민국 노무현 대통령과 조선민주주의인민공화국 김정일 국방위원장 사이의 합의에 따라 노무현 대통령이 2007년 10월 2일부터 4일까지 평양을 방문하였다.

방문기간중 역사적인 상봉과 회담들이 있었다.

상봉과 회담에서는 6.15 공동선언의 정신을 재확인하고 남북관계발전과 한반도 평화, 민족공동의 번영과 통일을 실현하는데 따른 제반 문제들을 허심탄회하게 협의하였다.

쌍방은 우리민족끼리 뜻과 힘을 합치면 민족번영의 시대, 자주통일의 새시대를 열어 나갈수 있다는 확신을 표명하면서 6.15 공동선언에 기초하여 남북관계를 확대·발전시켜 나가기 위하여 다음과 같이 선언한다.

1. 남과 북은 6.15 공동선언을 고수하고 적극 구현해 나간다.

남과 북은 우리민족끼리 정신에 따라 통일문제를 자주적으로 해결해 나가며 민족의 존엄과 이익을 중시하고 모든 것을 이에 지향시켜 나가기로 하였다.

남과 북은 6.15 공동선언을 변함없이 이행해 나가려는 의지를 반영하여 6월 15일을 기념하는 방안을 강구하기로 하였다.

2. 남과 북은 사상과 제도의 차이를 초월하여 남북관계를 상호존중과 신뢰 관계로 확고히 전환시켜 나가기로 하였다.

남과 북은 내부문제에 간섭하지 않으며 남북관계 문제들을 화해와 협력, 통일에 부합되게 해결해 나가기로 하였다.

남과 북은 남북관계를 통일 지향적으로 발전시켜 나가기 위하여 각기 법률적·제도적 장치들을 정비해 나가기로 하였다.

남과 북은 남북관계 확대와 발전을 위한 문제들을 민족의 염원에 맞게 해결하기 위해 양측 의회 등 각 분야의 대화와 접촉을 적극 추진해 나가기로 하였다.

3. 남과 북은 군사적 적대관계를 종식시키고 한반도에서 긴장완화와 평화를 보장하기 위해 긴밀히 협력하기로 하였다.

남과 북은 서로 적대시하지 않고 군사적 긴장을 완화하며 분쟁문제들을 대화와 협상을 통하여 해결하기로 하였다.

남과 북은 한반도에서 어떤 전쟁도 반대하며 불가침의무를 확고히 준수하기로 하였다.

남과 북은 서해에서의 우발적 충돌방지를 위해 공동어로수역을 지정하고 이 수역을 평화수역으로 만들기 위한 방안과 각종 협력사업에 대한 군사적 보장조치 문제 등 군사적 신뢰구축조치를 협의하기 위하여 남측 국방부 장관과 북측 인민무력부 부장간 회담을 금년 11월중에 평양에서 개최하기로 하였다.

4. 남과 북은 현 정전체제를 종식시키고 항구적인 평화체제를 구축해 나가야 한다는데 인식을 같이하고 직접 관련된 3자 또는 4자 정상들이 한반도지역에서 만나 종전을 선언하는 문제를 추진하기 위해 협력해 나가기로 하였다.

남과 북은 한반도 핵문제 해결을 위해 6자회담 9.19 공동성명과 2.13 합의가 순조롭게 이행되도록 공동으로 노력하기로 하였다.

5. 남과 북은 민족경제의 균형적 발전과 공동의 번영을 위해 경제협력사업을 공리공영과 유무상통의 원칙에서 적극 활성화하고 지속적으로 확대 발전시켜 나가기로 하였다.

남과 북은 경제협력을 위한 투자를 장려하고 기반시설 확충과 자원개발을 적극 추진하며 민족내부협력사업의 특수성에 맞게 각종 우대조건과 특혜를 우선적으로 부여하기로 하였다.

남과 북은 해주지역과 주변해역을 포괄하는 서해평화협력특별지대를 설치하고 공동어로구역과 평화수역 설정, 경제특구건설과 해주항 활용, 민간선박의 해주 직항로 통과, 한강하구 공동이용 등을 적극 추진해 나가기로 하였다.

남과 북은 개성공업지구 1단계 건설을 빠른 시일안에 완공하고 2단계 개발에 착수하며 문산-봉동간 철도화물수송을 시작하고, 통행·통신·통관 문제를 비롯한 제반 제도적 보장조치들을 조속히 완비해 나가기로 하였다.

남과 북은 개성-신의주 철도와 개성-평양 고속도로를 공동으로 이용하기 위해 개보수 문제를 협의·추진해 가기로 하였다.

남과 북은 안변과 남포에 조선협력단지를 건설하며 농업, 보건의료, 환경보호 등 여러 분야에서의 협력사업을 진행해 나가기로 하였다.

남과 북은 남북 경제협력사업의 원활한 추진을 위해 현재의 「남북경제협력추진위원회」를 부총리급 「남북경제협력공동위원회」로 격상하기로 하였다.

6. 남과 북은 민족의 유구한 역사와 우수한 문화를 빛내기 위해 역사, 언어, 교육, 과학기술, 문화예술, 체육 등 사회문화 분야의 교류와 협력을 발전시켜 나가기로 하였다.

남과 북은 백두산관광을 실시하며 이를 위해 백두산-서울 직항로를 개설하기로 하였다.

남과 북은 2008년 북경 올림픽경기대회에 남북응원단이 경의선 열차를 처음으로 이용하여 참가하기로 하였다.

7. 남과 북은 인도주의 협력사업을 적극 추진해 나가기로 하였다.

남과 북은 흩어진 가족과 친척들의 상봉을 확대하며 영상 편지 교환사업을 추진하기로 하였다.

이를 위해 금강산면회소가 완공되는데 따라 쌍방 대표를 상주시키고 흩어진 가족과 친척의 상봉을 상시적으로 진행 하기로 하였다.

남과 북은 자연재해를 비롯하여 재난이 발생하는 경우 동포애와 인도주의, 상부상조의 원칙에 따라 적극 협력해 나가기로 하였다.

8. 남과 북은 국제무대에서 민족의 이익과 해외 동포들의 권리와 이익을 위한 협력을 강화해 나가기로 하였다.

남과 북은 이 선언의 이행을 위하여 남북총리회담을 개최하기로 하고, 제1차회의를 금년 11월중 서울에서 갖기로 하였다.

남과 북은 남북관계 발전을 위해 정상들이 수시로 만나 현안 문제들을 협의하기로 하였다.

2007년 10월 4일

평양

대한민국   조선민주주의인민공화국

대 통 령   국 방 위 원 장

노 무 현   김 정 일

한반도의 평화와 번영, 통일을 위한 판문점선언(「4.27판문점선언」)

대한민국 문재인 대통령과 조선민주주의인민공화국 김정은 국무위원장은 평화와 번영, 통일을 염원하는 온 겨레의 한결같은 지향을 담아 한반도에서 역사적인 전환이 일어나고 있는 뜻 깊은 시기에 2018년 4월 27일 판문점「평화의 집」에서 남북정상회담을 진행하였다.

양 정상은 한반도에 더 이상 전쟁은 없을 것이며 새로운 평화의 시대가 열리었음을 8천만 우리 겨레와 전 세계에 엄숙히 천명하였다.

양 정상은 냉전의 산물인 오랜 분단과 대결을 하루 빨리 종식시키고 민족적 화해와 평화번영의 새로운 시대를 과감하게 열어나가며 남북관계를 보다 적극적으로 개선하고 발전시켜 나가야 한다는 확고한 의지를 담아 역사의 땅 판문점에서 다음과 같이 선언하였다.

1. 남과 북은 남북관계의 전면적이며 획기적인 개선과 발전을 이룩함으로써 끊어진 민족의 혈맥을 잇고 공동번영과 자주통일의 미래를 앞당겨나갈 것이다.

　남북관계를 개선하고 발전시키는 것은 온 겨레의 한결같은 소망이며 더 이상 미룰 수 없는 시대의 절박한 요구이다.

① 남과 북은 우리 민족의 운명은 우리 스스로 결정한다는 민족자주의 원칙을 확인하였으며 이미 채택된 남북 선언들과 모든 합의들을 철저히 이행함으로써 관계 개선과 발전의 전환적 국면을 열어나가기로 하였다.

② 남과 북은 고위급회담을 비롯한 각 분야의 대화와 협상을 빠른 시일안에 개최하여 정상회담에서 합의된 문제들을 실천하기 위한 적극적인 대책을 세워나가기로 하였다.

③ 남과 북은 당국간 협의를 긴밀히 하고 민간교류와 협력을 원만히 보장하기 위하여 쌍방 당국자가 상주하는 남북공동연락사무소를 개성지역에 설치하기로 하였다.

④ 남과 북은 민족적 화해와 단합의 분위기를 고조시켜 나가기 위하여 각계각층의

다방면적인 협력과 교류, 왕래와 접촉을 활성화하기로 하였다.

안으로는 6.15를 비롯하여 남과 북에 다같이 의의가 있는 날들을 계기로 당국과 국회, 정당, 지방자치단체, 민간단체 등 각계각층이 참가하는 민족공동행사를 적극 추진하여 화해와 협력의 분위기를 고조시키며, 밖으로는 2018년 아시아경기대회를 비롯한 국제경기들에 공동으로 진출하여 민족의 슬기와 재능, 단합된 모습을 전 세계에 과시하기로 하였다.

⑤ 남과 북은 민족 분단으로 발생된 인도적 문제를 시급히 해결하기 위하여 노력하며, 남북적십자회담을 개최하여 이산가족·친척 상봉을 비롯한 제반 문제들을 협의 해결해나가기로 하였다. 당면하여 오는 8.15를 계기로 이산가족·친척 상봉을 진행하기로 하였다.

⑥ 남과 북은 민족경제의 균형적 발전과 공동번영을 이룩하기 위하여 10.4 선언에서 합의된 사업들을 적극 추진해나가며, 1차적으로 동해선 및 경의선 철도와 도로들을 연결하고 현대화하여 활용하기 위한 실천적 대책들을 취해 나가기로 하였다.

2. 남과 북은 한반도에서 첨예한 군사적 긴장상태를 완화하고 전쟁 위험을 실질적으로 해소하기 위하여 공동으로 노력해나갈 것이다.

한반도의 군사적 긴장상태를 완화하고 전쟁위험을 해소하는 것은 민족의 운명과 관련되는 매우 중대한 문제이며 우리 겨레의 평화롭고 안정된 삶을 보장하기 위한 관건적인 문제이다.

① 남과 북은 지상과 해상, 공중을 비롯한 모든 공간에서 군사적 긴장과 충돌의 근원으로 되는 상대방에 대한 일체의 적대행위를 전면 중지하기로 하였다.

당면하여 5월 1일부터 군사분계선 일대에서 확성기 방송과 전단살포를 비롯한 모든 적대행위들을 중지하고 그 수단을 철폐하며, 앞으로 비무장지대를 실질적인 평화지대로 만들어 나가기로 하였다.

② 남과 북은 서해 북방한계선 일대를 평화수역으로 만들어 우발적인 군사적 충돌

을 방지하고 안전한 어로활동을 보장하기 위한 실제적인 대책을 세워나가기로 하였다.

③ 남과 북은 상호 협력과 교류, 왕래와 접촉이 활성화되는 데 따른 여러 가지 군사적 보장대책을 취하기로 하였다.

남과 북은 쌍방 사이에 제기되는 군사적 문제를 지체없이 협의 해결하기 위하여 국방부장관회담을 비롯한 군사당국자회담을 자주 개최하며 5월중에 먼저 장성급 군사회담을 열기로 하였다.

3. 남과 북은 한반도의 항구적이며 공고한 평화체제 구축을 위하여 적극 협력해 나갈 것이다.

한반도에서 비정상적인 현재의 정전상태를 종식시키고 확고한 평화체제를 수립하는 것은 더 이상 미룰 수 없는 역사적 과제이다.

① 남과 북은 그 어떤 형태의 무력도 서로 사용하지 않을 데 대한 불가침 합의를 재확인하고 엄격히 준수해 나가기로 하였다.

② 남과 북은 군사적 긴장이 해소되고 서로의 군사적 신뢰가 실질적으로 구축되는 데 따라 단계적으로 군축을 실현해 나가기로 하였다.

③ 남과 북은 정전협정체결 65년이 되는 올해에 종전을 선언하고 정전협정을 평화협정으로 전환하며 항구적이고 공고한 평화체제 구축을 위한 남·북·미 3자 또는 남·북·미·중 4자회담 개최를 적극 추진해 나가기로 하였다.

④ 남과 북은 완전한 비핵화를 통해 핵 없는 한반도를 실현한다는 공동의 목표를 확인하였다.

남과 북은 북측이 취하고 있는 주동적인 조치들이 한반도 비핵화를 위해 대단히 의의 있고 중대한 조치라는데 인식을 같이하고 앞으로 각기 자기의 책임과 역할을 다하기로 하였다.

남과 북은 한반도 비핵화를 위한 국제사회의 지지와 협력을 위해 적극 노력해나가기로 하였다.

양 정상은 정기적인 회담과 직통전화를 통하여 민족의 중대사를 수시로 진지하게 논의하고 신뢰를 굳건히 하며, 남북관계의 지속적인 발전과 한반도의 평화와 번영, 통일을 향한 좋은 흐름을 더욱 확대해 나가기 위하여 함께 노력하기로 하였다.

당면하여 문재인 대통령은 올해 가을 평양을 방문하기로 하였다.

2018년 4월 27일

판 문 점

대한민국	조선민주주의인민공화국
대 통 령	국무위원회 위원장
문 재 인	김 정 은

「9월평양공동선언」

대한민국 문재인 대통령과 조선민주주의인민공화국 김정은 국무위원장은 2018년 9월 18일부터 20일까지 평양에서 남북정상회담을 진행하였다.

양 정상은 역사적인 판문점선언 이후 남북 당국간 긴밀한 대화와 소통, 다방면적 민간교류와 협력이 진행되고, 군사적 긴장완화를 위한 획기적인 조치들이 취해지는 등 훌륭한 성과들이 있었다고 평가하였다.

양 정상은 민족자주와 민족자결의 원칙을 재확인하고, 남북관계를 민족적 화해와 협력, 확고한 평화와 공동번영을 위해 일관되고 지속적으로 발전시켜 나가기로 하였으며, 현재의 남북관계 발전을 통일로 이어갈 것을 바라는 온 겨레의 지향과 여망을 정책적으로 실현하기 위하여 노력해 나가기로 하였다.

양 정상은 판문점선언을 철저히 이행하여 남북관계를 새로운 높은 단계로 진전시켜 나가기 위한 제반 문제들과 실천적 대책들을 허심탄회하고 심도있게 논의하였으며, 이번 평양정상회담이 중요한 역사적 전기가 될 것이라는 데 인식을 같이 하고 다음과 같이 선언하였다.

1. 남과 북은 비무장지대를 비롯한 대치지역에서의 군사적 적대관계 종식을 한반도 전 지역에서의 실질적인 전쟁위험 제거와 근본적인 적대관계 해소로 이어나가기로 하였다.

   ① 남과 북은 이번 평양정상회담을 계기로 체결한 「판문점선언 군사분야 이행합의서」를 평양공동선언의 부속합의서로 채택하고 이를 철저히 준수하고 성실히 이행하며, 한반도를 항구적인 평화지대로 만들기 위한 실천적 조치들을 적극 취해 나가기로 하였다.

   ② 남과 북은 남북군사공동위원회를 조속히 가동하여 군사분야 합의서의 이행실태를 점검하고 우발적 무력충돌 방지를 위한 상시적 소통과 긴밀한 협의를 진행하기로 하였다.

2. 남과 북은 상호호혜와 공리공영의 바탕위에서 교류와 협력을 더욱 증대시키고, 민족경제를 균형적으로 발전시키기 위한 실질적인 대책들을 강구해나가기로 하였다.

① 남과 북은 금년내 동, 서해선 철도 및 도로 연결을 위한 착공식을 갖기로 하였다.

② 남과 북은 조건이 마련되는 데 따라 개성공단과 금강산관광 사업을 우선 정상화하고, 서해경제공동특구 및 동해관광공동특구를 조성하는 문제를 협의해나가기로 하였다.

③ 남과 북은 자연생태계의 보호 및 복원을 위한 남북 환경협력을 적극 추진하기로 하였으며, 우선적으로 현재 진행 중인 산림분야 협력의 실천적 성과를 위해 노력하기로 하였다.

④ 남과 북은 전염성 질병의 유입 및 확산 방지를 위한 긴급조치를 비롯한 방역 및 보건·의료 분야의 협력을 강화하기로 하였다.

3. 남과 북은 이산가족 문제를 근본적으로 해결하기 위한 인도적 협력을 더욱 강화해나가기로 하였다.

① 남과 북은 금강산 지역의 이산가족 상설면회소를 빠른 시일내 개소하기로 하였으며, 이를 위해 면회소 시설을 조속히 복구하기로 하였다.

② 남과 북은 적십자 회담을 통해 이산가족의 화상상봉과 영상편지 교환 문제를 우선적으로 해결해나가기로 하였다.

4. 남과 북은 화해와 단합의 분위기를 고조시키고 우리 민족의 기개를 내외에 과시하기 위해 다양한 분야의 협력과 교류를 적극 추진하기로 하였다.

① 남과 북은 문화 및 예술분야의 교류를 더욱 증진시켜 나가기로 하였으며, 우선적으로 10월 중에 평양예술단의 서울공연을 진행하기로 하였다.

② 남과 북은 2020년 하계올림픽경기대회를 비롯한 국제경기들에 공동으로 적극 진출하며, 2032년 하계올림픽의 남북공동개최를 유치하는 데 협력하기로 하였다.

③ 남과 북은 10.4 선언 11주년을 뜻깊게 기념하기 위한 행사들을 의의있게 개최하며, 3.1운동 100주년을 남북이 공동으로 기념하기로 하고, 그를 위한 실무적인 방안을 협의해나가기로 하였다.

5. 남과 북은 한반도를 핵무기와 핵위협이 없는 평화의 터전으로 만들어나가야 하며 이를 위해 필요한 실질적인 진전을 조속히 이루어나가야 한다는 데 인식을 같이 하였다.

① 북측은 동창리 엔진시험장과 미사일 발사대를 유관국 전문가들의 참관 하에 우선 영구적으로 폐기하기로 하였다.

② 북측은 미국이 6.12 북미공동성명의 정신에 따라 상응조치를 취하면 영변 핵시설의 영구적 폐기와 같은 추가적인 조치를 계속 취해나갈 용의가 있음을 표명하였다.

③ 남과 북은 한반도의 완전한 비핵화를 추진해나가는 과정에서 함께 긴밀히 협력해나가기로 하였다.

6. 김정은 국무위원장은 문재인 대통령의 초청에 따라 가까운 시일 내로 서울을 방문하기로 하였다.

2018년 9월 19일

대한민국	조선민주주의인민공화국
대 통 령	국무위원장
문 재 인	김 정 은

역사적인 '판문점선언' 이행을 위한 군사분야 합의서(「9.19남북군사합의」)

남과 북은 한반도에서 군사적 긴장 상태를 완화하고 신뢰를 구축하는 것이 항구적이며 공고한 평화를 보장하는 데 필수적이라는 공통된 인식으로부터 한반도의 평화와 번영, 통일을 위한 판문점선언을 군사적으로 철저히 이행하기 위하여 다음과 같이 포괄적으로 합의하였다.

1. 남과 북은 지상과 해상, 공중을 비롯한 모든 공간에서 군사적 긴장과 충돌의 근원으로 되는 상대방에 대한 일체의 적대행위를 전면 중지하기로 하였다.

① 쌍방은 지상과 해상, 공중을 비롯한 모든 공간에서 무력충돌을 방지하기 위해 다양한 대책을 강구하였다.

쌍방은 군사적 충돌을 야기할 수 있는 모든 문제를 평화적 방법으로 협의·해결하며, 어떤 경우에도 무력을 사용하지 않기로 하였다.

쌍방은 어떠한 수단과 방법으로도 상대방의 관할구역을 침입 또는 공격하거나 점령하는 행위를 하지 않기로 하였다.

쌍방은 상대방을 겨냥한 대규모 군사훈련 및 무력증강 문제, 다양한 형태의 봉쇄 차단 및 항행방해 문제, 상대방에 대한 정찰행위 중지 문제 등에 대해 '남북군사 공동위원회'를 가동하여 협의해 나가기로 하였다.

쌍방은 군사적 긴장 해소 및 신뢰구축에 따라 단계적 군축을 실현해 나가기로 합의한 판문점선언을 구현하기 위해 이와 관련된 다양한 실행 대책들을 계속 협의하기로 하였다.

② 쌍방은 2018년 11월 1일부터 군사분계선 일대에서 상대방을 겨냥한 각종 군사연습을 중지하기로 하였다.

지상에서는 군사분계선으로부터 5km 안에서 포병 사격훈련 및 연대급 이상 야외기동훈련을 전면 중지하기로 하였다.

해상에서는 서해 남측 덕적도 이북으로부터 북측 초도 이남까지의 수역, 동해 남측 속초 이북으로부터 북측 통천 이남까지의 수역에서 포사격 및 해상 기동훈련을 중지하고 해안포와 함포의 포구 포신 덮개 설치 및 포문폐쇄 조치를 취하기로 하였다.

공중에서는 군사분계선 동 서부 지역 상공에 설정된 비행금지구역 내에서 고정익항공기의 공대지유도무기사격 등 실탄사격을 동반한 전술훈련을 금지하기로 하였다.

③ 쌍방은 2018년 11월 1일부터 군사분계선 상공에서 모든 기종들의 비행금지구역을 다음과 같이 설정하기로 하였다.

고정익항공기는 군사분계선으로부터 동부지역(군사분계선표식물 제0646호부터 제1292호 까지의 구간)은 40km, 서부지역(군사분계선표식물 제0001호부터 제0646호까지의 구간)은 20km를 적용하여 비행금지구역을 설정한다.

회전익항공기는 군사분계선으로부터 10km로, 무인기는 동부지역에서 15km, 서부지역에서 10km로, 기구는 25km로 적용한다.

다만, 산불 진화, 지 해상 조난 구조, 환자 후송, 기상 관측, 영농지원 등으로 비행기 운용이 필요한 경우에는 상대측에 사전 통보하고 비행할 수 있도록 한다. 민간 여객기(화물기 포함)에 대해서는 상기 비행금지구역을 적용하지 않는다.

④ 쌍방은 지상과 해상, 공중을 비롯한 모든 공간에서 어떠한 경우에도 우발적인 무력충돌 상황이 발생하지 않도록 대책을 취하기로 하였다.

이를 위해 지상과 해상에서는 경고방송 → 2차 경고방송 → 경고사격 → 2차 경고사격 → 군사적 조치의 5개 단계로, 공중에서는 경고교신 및 신호 → 차단비행 → 경고사격 → 군사적 조치의 4개 단계의 절차를 적용하기로 하였다.

쌍방은 수정된 절차를 2018년 11월 1일부터 시행하기로 하였다.

⑤ 쌍방은 지상과 해상, 공중을 비롯한 모든 공간에서 어떠한 경우에도 우발적 충돌이 발생하지 않도록 상시 연락체계를 가동하며, 비정상적인 상황이 발생하는 경우 즉시 통보하는 등 모든 군사적 문제를 평화적으로 협의하여 해결하기로 하였다.

2. 남과 북은 비무장지대를 평화지대로 만들어 나가기 위한 실질적인 군사적 대책을 강구하기로 하였다.

① 쌍방은 비무장지대 안에 감시초소(GP)를 전부 철수하기 위한 시범적 조치로 상호 1km 이내 근접해 있는 남북 감시초소들을 완전히 철수하기로 하였다.

② 쌍방은 판문점 공동경비구역을 비무장화하기로 하였다.

③ 쌍방은 비무장지대내에서 시범적 남북공동유해발굴을 진행하기로 하였다.

④ 쌍방은 비무장지대 안의 역사유적에 대한 공동조사 및 발굴과 관련한 군사적 보장대책을 계속 협의하기로 하였다.

3. 남과 북은 서해 북방한계선 일대를 평화수역으로 만들어 우발적인 군사적 충돌을 방지하고 안전한 어로활동을 보장하기 위한 군사적 대책을 취해 나가기로 하였다.

① 쌍방은 2004년 6월 4일 제2차 남북장성급군사회담에서 서명한 '서해 해상에서의 우발적 충돌 방지' 관련 합의를 재확인하고, 전면적으로 복원 이행해 나가기로 하였다.

② 쌍방은 서해 해상에서 평화수역과 시범적 공동어로구역을 설정하기로 하였다.

③ 쌍방은 평화수역과 시범적 공동어로구역에 출입하는 인원 및 선박에 대한 안전을 철저히 보장하기로 하였다.

④ 쌍방은 평화수역과 시범적 공동어로구역 내에서 불법어로 차단 및 남북 어민들의 안전한 어로활동 보장을 위하여 남북 공동순찰 방안을 마련하여 시행하기로 하였다.

4. 남과 북은 교류협력 및 접촉 왕래 활성화에 필요한 군사적 보장대책을 강구하기로 하였다.

① 쌍방은 남북관리구역에서의 통행 통신 통관(3통)을 군사적으로 보장하기 위한 대책을 마련하기로 하였다.

② 쌍방은 동·서해선 철도·도로 연결과 현대화를 위한 군사적 보장대책을 강구하기로 하였다.

③ 쌍방은 북측 선박들의 해주직항로 이용과 제주해협 통과 문제 등을 남북군사공동위에서 협의하여 대책을 마련하기로 하였다.

④ 쌍방은 한강(임진강) 하구 공동이용을 위한 군사적 보장대책을 강구하기로 하였다.

5. 남과 북은 상호 군사적 신뢰구축을 위한 다양한 조치들을 강구해 나가기로 하였다.

① 쌍방은 남북군사당국자사이에 직통전화 설치 및 운영 문제를 계속 협의해 나가기로 하였다.

② 쌍방은 남북군사공동위원회 구성 및 운영과 관련한 문제를 구체적으로 협의·해결해 나가기로 하였다.

③ 쌍방은 남북군사당국간 채택한 모든 합의들을 철저히 이행하며, 그 이행상태를 정기적으로 점검·평가해 나가기로 하였다.

6. 이 합의서는 쌍방이 서명하고 각기 발효에 필요한 절차를 거쳐 그 문본을 교환한 날부터 효력을 발생한다.

① 합의서는 쌍방의 합의에 따라 수정 및 보충할 수 있다.

② 합의서는 2부 작성되었으며, 같은 효력을 가진다.

2018년 9월 19일

대한민국   조선민주주의인민공화국

국방부 장관   인민무력상 조선인민군

송 영 무   대장 노 광 철